U0061755

論堅持
人民當家作主

習近平

中共中央黨史和文獻研究院　編

堅持人民當家作主。堅持黨的領導、人民當家作主、依法治國有機統一是社會主義政治發展的必然要求。必須堅持中國特色社會主義政治發展道路，堅持和完善人民代表大會制度、中國共產黨領導的多黨合作和政治協商制度、民族區域自治制度、基層群眾自治制度，鞏固和發展最廣泛的愛國統一戰線，發展社會主義協商民主，健全民主制度，豐富民主形式，拓寬民主渠道，保證人民當家作主落實到國家政治生活和社會生活之中。

—— 在中國共產黨第十九次全國代表大會上的報告《決勝全面建成小康社會，奪取新時代中國特色社會主義偉大勝利》

出 版 説 明

　　我國是工人階級領導的、以工農聯盟為基礎的人民民主專政的社會主義國家，國家一切權力屬於人民。人民當家作主是社會主義民主政治的本質和核心。黨的十八大以來，以習近平同志為核心的黨中央堅持人民主體地位，積極發展社會主義民主政治，黨的領導、人民當家作主、依法治國有機統一的制度建設全面加強，黨的領導體制機制不斷完善，社會主義民主不斷發展，黨內民主更加廣泛，社會主義協商民主全面展開，愛國統一戰線鞏固發展，民族宗教工作創新推進，有力促進了改革開放和社會主義現代化建設，有力維護了國家統一、民族團結、社會穩定。

　　堅持人民當家作主，是習近平新時代中國特色社會主義思想的重要組成部分，對於堅持中國特色社會主義政治發展道路，推進全過程人民民主建設，完善和發展中國特色社會主義制度、推進國家治理體系和治理能力現代化，奪取全面建設社會主義現代化國家新勝利、實現中華民族偉大復興的中國夢，具有十分重要的指導意義。為了幫助廣大幹部群眾深入學習習近平同志關於堅持人民當家作主的重要論述，我們將習近平同志的相關論述彙編為《論堅持人民當家作主》一書。

　　本書收入黨的十八大以來習近平同志關於堅持人民當家作主的文稿共五十篇，其中部分文稿是首次公開發表。

中共中央黨史和文獻研究院

二〇二一年十月

目 錄

二〇一四年

二〇一五年

二〇一六年

二〇一七年

二〇一八年

二〇一九年

二〇二〇年

二〇二一年

二〇一二年

在首都各界紀念現行憲法公佈施行
三十週年大會上的講話

（二〇一二年十二月四日）

同志們，朋友們：

一九八二年十二月四日，五屆全國人大五次會議通過了《中華人民共和國憲法》。我國現行憲法公佈施行至今已經三十年了。今天，我們在這裏隆重集會，紀念這一具有重大歷史意義和現實意義的事件，就是要保證憲法全面有效實施、推動全面貫徹黨的十八大精神。

歷史總能給人以深刻啟示。回顧我國憲法制度發展歷程，我們愈加感到，我國憲法同黨和人民進行的艱苦奮鬥和創造的輝煌成就緊密相連，同黨和人民開闢的前進道路和積累的寶貴經驗緊密相連。

我國現行憲法可以追溯到一九四九年具有臨時憲法作用的《中國人民政治協商會議共同綱領》和一九五四年一屆全國人大一次會議通過的《中華人民共和國憲法》。這些文獻都以國家根本法的形式，確認了近代一百多年來中國人民為反對內外敵人、爭取民族獨立和人民自由幸福進行的英勇鬥爭，確認了中國共產黨領導中國人民奪取新民主主義革命勝利、中國人民掌握國家權力的歷史變革。

一九七八年，我們黨召開具有重大歷史意義的十一屆三中全

會，開啟了改革開放歷史新時期，發展社會主義民主、健全社會主義法制成為黨和國家堅定不移的基本方針。就是在這次會議上，鄧小平同志深刻指出：「為了保障人民民主，必須加強法制。必須使民主制度化、法律化，使這種制度和法律不因領導人的改變而改變，不因領導人的看法和注意力的改變而改變。」根據黨的十一屆三中全會確立的路線方針政策，總結我國社會主義建設正反兩方面經驗，深刻吸取十年「文化大革命」的沉痛教訓，借鑒世界社會主義成敗得失，適應我國改革開放和社會主義現代化建設、加強社會主義民主法制建設的新要求，我們制定了我國現行憲法。同時，憲法只有不斷適應新形勢、吸納新經驗、確認新成果，才能具有持久生命力。一九八八年、一九九三年、一九九九年、二〇〇四年，全國人大分別對我國憲法個別條款和部分內容作出必要的、也是十分重要的修正，使我國憲法在保持穩定性和權威性的基礎上緊跟時代前進步伐，不斷與時俱進。

我國憲法以國家根本法的形式，確立了中國特色社會主義道路、中國特色社會主義理論體系、中國特色社會主義制度的發展成果，反映了我國各族人民的共同意志和根本利益，成為歷史新時期黨和國家的中心工作、基本原則、重大方針、重要政策在國家法制上的最高體現。

三十年來，我國憲法以其至上的法制地位和強大的法制力量，有力保障了人民當家作主，有力促進了改革開放和社會主義現代化建設，有力推動了社會主義法治國家進程，有力促進了人權事業發

展，有力維護了國家統一、民族團結、社會穩定，對我國政治、經濟、文化、社會生活產生了極為深刻的影響。

三十年來的發展歷程充分證明，我國憲法是符合國情、符合實際、符合時代發展要求的好憲法，是充分體現人民共同意志、充分保障人民民主權利、充分維護人民根本利益的好憲法，是推動國家發展進步、保證人民創造幸福生活、保障中華民族實現偉大復興的好憲法，是我們國家和人民經受住各種困難和風險考驗、始終沿着中國特色社會主義道路前進的根本法制保證。

再往前追溯至新中國成立以來六十多年我國憲法制度的發展歷程，我們可以清楚地看到，憲法與國家前途、人民命運息息相關。維護憲法權威，就是維護黨和人民共同意志的權威。捍衛憲法尊嚴，就是捍衛黨和人民共同意志的尊嚴。保證憲法實施，就是保證人民根本利益的實現。只要我們切實尊重和有效實施憲法，人民當家作主就有保證，黨和國家事業就能順利發展。反之，如果憲法受到漠視、削弱甚至破壞，人民權利和自由就無法保證，黨和國家事業就會遭受挫折。這些從長期實踐中得出的寶貴啟示，必須倍加珍惜。我們要更加自覺地恪守憲法原則、弘揚憲法精神、履行憲法使命。

在充分肯定成績的同時，我們也要看到存在的不足，主要表現在：保證憲法實施的監督機制和具體制度還不健全，有法不依、執法不嚴、違法不究現象在一些地方和部門依然存在；關係人民群眾切身利益的執法司法問題還比較突出；一些公職人員濫用職權、失

職瀆職、執法犯法甚至徇私枉法嚴重損害國家法制權威；公民包括一些領導幹部的憲法意識還有待進一步提高。對這些問題，我們必須高度重視，切實加以解決。

同志們、朋友們！

黨的十八大強調，依法治國是黨領導人民治理國家的基本方略，法治是治國理政的基本方式，要更加注重發揮法治在國家治理和社會管理中的重要作用，全面推進依法治國，加快建設社會主義法治國家。實現這個目標要求，必須全面貫徹實施憲法。

全面貫徹實施憲法，是建設社會主義法治國家的首要任務和基礎性工作。憲法是國家的根本法，是治國安邦的總章程，具有最高的法律地位、法律權威、法律效力，具有根本性、全局性、穩定性、長期性。全國各族人民、一切國家機關和武裝力量、各政黨和各社會團體、各企業事業組織，都必須以憲法為根本的活動準則，並且負有維護憲法尊嚴、保證憲法實施的職責。任何組織或者個人，都不得有超越憲法和法律的特權。一切違反憲法和法律的行為，都必須予以追究。

憲法的生命在於實施，憲法的權威也在於實施。我們要堅持不懈抓好憲法實施工作，把全面貫徹實施憲法提高到一個新水平。

第一，堅持正確政治方向，堅定不移走中國特色社會主義政治發展道路。改革開放以來，我們黨團結帶領人民在發展社會主義民主政治方面取得了重大進展，成功開闢和堅持了中國特色社會主義政治發展道路，為實現最廣泛的人民民主確立了正確方向。這一政

治發展道路的核心思想、主體內容、基本要求，都在憲法中得到了確認和體現，其精神實質是緊密聯繫、相互貫通、相互促進的。國家的根本制度和根本任務，國家的領導核心和指導思想，工人階級領導的、以工農聯盟為基礎的人民民主專政的國體，人民代表大會制度的政體，中國共產黨領導的多黨合作和政治協商制度、民族區域自治制度以及基層群眾自治制度，愛國統一戰線，社會主義法制原則，民主集中制原則，尊重和保障人權原則，等等，這些憲法確立的制度和原則，我們必須長期堅持、全面貫徹、不斷發展。

堅持中國特色社會主義政治發展道路，關鍵是要堅持黨的領導、人民當家作主、依法治國有機統一，以保證人民當家作主為根本，以增強黨和國家活力、調動人民積極性為目標，擴大社會主義民主，發展社會主義政治文明。我們要堅持國家一切權力屬於人民的憲法理念，最廣泛地動員和組織人民依照憲法和法律規定，通過各級人民代表大會行使國家權力，通過各種途徑和形式管理國家和社會事務、管理經濟和文化事業，共同建設，共同享有，共同發展，成為國家、社會和自己命運的主人。我們要按照憲法確立的民主集中制原則、國家政權體制和活動準則，實行人民代表大會統一行使國家權力，實行決策權、執行權、監督權既有合理分工又有相互協調，保證國家機關依照法定權限和程序行使職權、履行職責，保證國家機關統一有效組織各項事業。我們要根據憲法確立的體制和原則，正確處理中央和地方關係，正確處理民族關係，正確處理各方面利益關係，調動一切積極因素，鞏固和發展民主團結、生動

活潑、安定和諧的政治局面。我們要適應擴大人民民主、促進經濟社會發展的新要求，積極穩妥推進政治體制改革，發展更加廣泛、更加充分、更加健全的人民民主，充分發揮我國社會主義政治制度優越性，不斷推進社會主義政治制度自我完善和發展。

第二，落實依法治國基本方略，加快建設社會主義法治國家。憲法確立了社會主義法制的基本原則，明確規定中華人民共和國實行依法治國，建設社會主義法治國家，國家維護社會主義法制的統一和尊嚴。落實依法治國基本方略，加快建設社會主義法治國家，必須全面推進科學立法、嚴格執法、公正司法、全民守法進程。

我們要以憲法為最高法律規範，繼續完善以憲法為統帥的中國特色社會主義法律體系，把國家各項事業和各項工作納入法制軌道，實行有法可依、有法必依、執法必嚴、違法必究，維護社會公平正義，實現國家和社會生活制度化、法制化。全國人大及其常委會要加強重點領域立法，拓展人民有序參與立法途徑，通過完備的法律推動憲法實施，保證憲法確立的制度和原則得到落實。國務院和有立法權的地方人大及其常委會要抓緊制定和修改與法律相配套的行政法規和地方性法規，保證憲法和法律得到有效實施。各級國家行政機關、審判機關、檢察機關要堅持依法行政、公正司法，加快推進法治政府建設，不斷提高司法公信力。國務院和地方各級人民政府作為國家權力機關的執行機關，作為國家行政機關，負有嚴格貫徹實施憲法和法律的重要職責，要規範政府行為，切實做到嚴格規範公正文明執法。我們要深化司法體制改革，保證依法獨立公

正行使審判權、檢察權。全國人大及其常委會和國家有關監督機關要擔負起憲法和法律監督職責，加強對憲法和法律實施情況的監督檢查，健全監督機制和程序，堅決糾正違憲違法行為。地方各級人大及其常委會要依法行使職權，保證憲法和法律在本行政區域內得到遵守和執行。

第三，堅持人民主體地位，切實保障公民享有權利和履行義務。公民的基本權利和義務是憲法的核心內容，憲法是每個公民享有權利、履行義務的根本保證。憲法的根基在於人民發自內心的擁護，憲法的偉力在於人民出自真誠的信仰。只有保證公民在法律面前一律平等，尊重和保障人權，保證人民依法享有廣泛的權利和自由，憲法才能深入人心，走入人民群眾，憲法實施才能真正成為全體人民的自覺行動。

我們要依法保障全體公民享有廣泛的權利，保障公民的人身權、財產權、基本政治權利等各項權利不受侵犯，保證公民的經濟、文化、社會等各方面權利得到落實，努力維護最廣大人民根本利益，保障人民群眾對美好生活的嚮往和追求。我們要依法公正對待人民群眾的訴求，努力讓人民群眾在每一個司法案件中都能感受到公平正義，決不能讓不公正的審判傷害人民群眾感情、損害人民群眾權益。我們要在全社會加強憲法宣傳教育，提高全體人民特別是各級領導幹部和國家機關工作人員的憲法意識和法制觀念，弘揚社會主義法治精神，努力培育社會主義法治文化，讓憲法家喻戶曉，在全社會形成學法尊法守法用法的良好氛圍。我們要通過不懈

努力，在全社會牢固樹立憲法和法律的權威，讓廣大人民群眾充分相信法律、自覺運用法律，使廣大人民群眾認識到憲法不僅是全體公民必須遵循的行為規範，而且是保障公民權利的法律武器。我們要把憲法教育作為黨員幹部教育的重要內容，使各級領導幹部和國家機關工作人員掌握憲法的基本知識，樹立忠於憲法、遵守憲法、維護憲法的自覺意識。法律是成文的道德，道德是內心的法律。我們要堅持把依法治國和以德治國結合起來，高度重視道德對公民行為的規範作用，引導公民既依法維護合法權益，又自覺履行法定義務，做到享有權利和履行義務相一致。

第四，堅持黨的領導，更加注重改進黨的領導方式和執政方式。依法治國，首先是依憲治國；依法執政，關鍵是依憲執政。新形勢下，我們黨要履行好執政興國的重大職責，必須依據黨章從嚴治黨、依據憲法治國理政。黨領導人民制定憲法和法律，黨領導人民執行憲法和法律，黨自身必須在憲法和法律範圍內活動，真正做到黨領導立法、保證執法、帶頭守法。

我們要堅持黨總攬全局、協調各方的領導核心作用，堅持依法治國基本方略和依法執政基本方式，善於使黨的主張通過法定程序成為國家意志，善於使黨組織推薦的人選成為國家政權機關的領導人員，善於通過國家政權機關實施黨對國家和社會的領導，支持國家權力機關、行政機關、審判機關、檢察機關依照憲法和法律獨立負責、協調一致地開展工作。各級黨組織和黨員領導幹部要帶頭厲行法治，不斷提高依法執政能力和水平，不斷推進各項治國理政活

動的制度化、法律化。各級領導幹部要提高運用法治思維和法治方式深化改革、推動發展、化解矛盾、維護穩定能力，努力推動形成辦事依法、遇事找法、解決問題用法、化解矛盾靠法的良好法治環境，在法治軌道上推動各項工作。我們要健全權力運行制約和監督體系，有權必有責，用權受監督，失職要問責，違法要追究，保證人民賦予的權力始終用來為人民謀利益。

同志們、朋友們！

全黨全國各族人民要緊密團結在黨中央周圍，高舉中國特色社會主義偉大旗幟，堅持以鄧小平理論、「三個代表」重要思想、科學發展觀為指導，堅持依法治國、依法執政、依法行政共同推進，堅持法治國家、法治政府、法治社會一體建設，扎扎實實把黨的十八大精神落實到各項工作中去，為全面建成小康社會、開創中國特色社會主義事業新局面而努力奮鬥！

二〇一三年

加強中國共產黨同各民主黨派和
無黨派人士的團結合作 [*]

（二〇一三年二月六日）

　　回顧過去的五年，面對複雜多變的國際形勢和艱巨繁重的國內改革發展穩定任務，中國共產黨緊緊依靠包括各民主黨派、工商聯和無黨派人士在內的全國各族人民，推動中國特色社會主義取得了新的重大勝利。

　　實現我們的奮鬥目標，需要全國上下共同努力，需要加強中國共產黨同各民主黨派和無黨派人士的團結合作。各民主黨派是同中國共產黨通力合作的中國特色社會主義參政黨，無黨派人士是我國政治生活中的一支重要力量。各民主黨派和無黨派人士一定要把堅持中國特色社會主義政治發展道路作為根本方向，提高參政議政、民主監督的水平，提高政治把握能力、組織領導能力、合作共事能力。工商聯要加強思想政治建設和履職能力建設，努力成為政治堅定、特色鮮明、作風優良的人民團體和商會組織。

　　中國共產黨同各民主黨派和無黨派人士團結合作，是建立在共同思想政治基礎之上的。今天，我們的共同思想政治基礎就是中國

＊ 這是習近平同志在同黨外人士共迎新春時講話的要點。

特色社會主義。中國特色社會主義事業越是向前推進，越需要凝聚最廣泛的力量。同志們要充分認識肩負的重要責任和使命，堅定政治信念，堅持前進方向，多建睿智之言，多獻務實之策，共同開創中國特色社會主義事業新局面。

要繼續加強民主監督。對中國共產黨而言，要容得下尖銳批評，做到有則改之、無則加勉；對黨外人士而言，要敢於講真話，敢於講逆耳之言，真實反映群眾心聲，做到知無不言、言無不盡。希望同志們積極建諍言、作批評，幫助我們查找問題、分析問題、解決問題，幫助我們克服工作中的不足。中共各級黨委要主動接受、真心歡迎民主黨派和無黨派人士監督，切實改進工作作風，不斷提高工作水平。

轉變政府職能是深化行政體制改革的核心 *

（二〇一三年二月二十八日）

這次全會上，大家對《國務院機構改革和職能轉變方案》提出了一些很好的意見和建議，已經吸收到修改後的文件裏。全會贊成將國務院機構改革方案提請十二屆全國人大一次會議審議。方案通過後，各地區各部門要把思想認識統一到中央精神上來，加強領導，抓好落實。

行政體制改革是經濟體制改革和政治體制改革的重要內容，必須隨着改革開放和社會主義現代化建設發展不斷推進。轉變政府職能是深化行政體制改革的核心，實質上要解決的是政府應該做什麼、不應該做什麼，重點是政府、市場、社會的關係，即哪些事應該由市場、社會、政府各自分擔，哪些事應該由三者共同承擔。這個問題，應該說我們黨在改革開放一開始就認識到了。改革開放三十多年來，我國行政體制改革的過程，就是從計劃經濟條件下的政府職能體系不斷向社會主義市場經濟條件下的政府職能體系轉變的過程。黨的十四大、十五大、十六大、十七大、十八大都對轉變政府職能提出了明確要求。黨的十八大在總結行政體制改革經驗的

---

* 這是習近平同志在中共十八屆二中全會第二次全體會議上講話的一部分。

基礎上，提出要建立中國特色社會主義行政體制，深化行政審批制度改革，**繼續簡政放權**，推動政府職能向創造良好發展環境、提供優質公共服務、維護社會公平正義轉變。

我們對政府職能的認識和定位，是隨着改革開放和社會主義市場經濟發展而發展的，從傳統計劃經濟體制向社會主義市場經濟體制轉變是一個不斷前進的過程。改革的推進，經濟基礎的發展，自然而然會對上層建築提出新的要求。我們黨在實踐中不斷深化對這個問題的認識，持續推進政府職能轉變。總體上看，改革開放以來，我們在轉變政府職能方面取得了重大成就，積累了寶貴經驗，有力推進了社會主義現代化建設。同時，我們也必須看到，現在政府職能轉變還不到位，政府對微觀經濟運行干預過多過細，宏觀經濟調節還不完善，市場監管問題較多，社會管理亟待加強，公共服務比較薄弱，這些問題的存在與全面建成小康社會的新要求是不相符合的。進一步改革政府機構、轉變政府職能，不僅是提高政府效能的必然要求，也是增強社會發展活力的必然要求。我們必須下更大決心、以更大力度推進政府職能轉變，以更好適應深化改革開放、加快轉變經濟發展方式、轉變工作作風、維護社會和諧穩定的迫切要求。

方向決定成敗。轉變政府職能，關鍵是要明確往哪裏轉、怎麼轉。在總結經驗的基礎上，我們提出了現在轉變政府職能的總方向，這就是黨的十八大確定的創造良好發展環境、提供優質公共服務、維護社會公平正義。要按照這個總方向，科學界定政府職能範

圍，優化各級政府組織結構，理順部門職責分工，突出強化責任，確保權責一致。當今社會發展很快，經濟社會事務千頭萬緒，事無巨細都要由政府來管，只能是眉毛鬍子一把抓，不僅管不過來、抓不深入，而且不利於發揮全社會的積極性和主動性。政府要全面正確履行經濟調節、市場監管、社會管理、公共服務職能，應該有所為有所不為，減少對微觀事務的管理，把不該由政府管理的事項轉移出去，把該由政府管理的事項管住管好，努力做到不越位、不錯位、不缺位，以充分發揮市場在資源配置中的基礎性作用，更好發揮社會力量在管理社會事務中的作用，充分發揮中央和地方兩個積極性。

推進行政體制改革，要堅持積極穩妥、循序漸進、成熟先行，抓住主要矛盾和重點問題，把職能轉變放在更加突出的位置，既鞏固以往的改革成果，又着力破解重大難題。這方面，我們也要講究瓜熟蒂落、水到渠成，條件成熟、形成共識的就先推進，能改的先改起來。上層建築需要不斷適應經濟基礎發展的要求，但這是一個不斷調整的過程，不可能畢其功於一役，不可能通過一次改革就統統解決，有的改革還需要探索、還需要時間，可以進一步積累共識和經驗、條件成熟時再作推進。

推進機構改革和職能轉變，要處理好大和小、收和放、政府和社會、管理和服務的關係。大部門制要穩步推進，但也不是所有職能部門都要大，有些部門是專項職能部門，有些部門是綜合部門。綜合部門需要的可以搞大部門制，但不是所有綜合部門都要搞大部

門制，不是所有相關職能都要往一個筐裹裝，關鍵要看怎樣擺佈符合實際、科學合理、更有效率。轉變政府職能需要放權，以發揮地方的積極性和主動性，但並不是說什麼權都要下放，該下放的當然要下放，但該加強的也要加強，有些職能搞得太分散反而形不成合力。我們要發揮社會力量在管理社會事務中的作用，因為有些事情是政府管不了也管不好的，可以讓群眾依法實行自我管理、自我服務，同時也要加強對各類社會組織的規範和引導，特別是要注意防範一些別有用心的人打着社會組織的旗號幹非法勾當。政府要切實履行好服務職能，這是毫無疑義的，但同時也不要忘了政府管理職能也很重要，也要履行好，只講服務不講管理也不行，寓管理於服務之中是講管理的，管理和服務不能偏廢，政府該管的不僅要管，而且要切實管好。

國務院機構改革和職能轉變在行政體制改革中具有至關重要的作用，必須首先抓好。這次全會提出一些轉變政府職能的重大改革措施，提出了國務院機構改革方案，力度不小，涉及面也很大。轉變政府職能是一個系統工程。落實這次全會確定的改革舉措，需要周密部署、精心組織。要強化的職能怎麼強化，要放的職能怎麼放，要合的職能怎麼合，都要有工作方案和嚴密程序。各地區各部門要講政治、顧大局，正確處理改革發展穩定關係，對涉及本地區本部門的改革任務要克服困難、堅決抓好落實，做到令行禁止、承擔責任，同時要做到思想不亂、工作不斷、隊伍不散，確保改革順利推進。政府職能轉變到哪一步，法治建設就要跟進到哪一步。要

發揮法治對轉變政府職能的引導和規範作用，既要重視通過制訂新的法律法規來固定轉變政府職能已經取得的成果，引導和推動轉變政府職能的下一步工作，又要重視通過修改或廢止不合適的現行法律法規為轉變政府職能掃除障礙。只有讓人民監督權力、讓權力在陽光下運行，做到依法行政，才能更好把政府職能轉變過來。要推進法治政府建設，堅持用制度管權管事管人，完善政務公開制度，做到有權必有責、用權受監督、違法要追究。

為人民服務是我們黨的根本宗旨，也是各級政府的根本宗旨。不論政府職能怎麼轉，為人民服務的宗旨都不能變。要堅持以人為本、執政為民，接地氣、通下情，想群眾之所想，急群眾之所急，解群眾之所憂，在服務中實施管理，在管理中實現服務。要加強公務員隊伍建設和政風建設，改進工作方式，轉變工作作風，改變門難進、臉難看、事難辦現象，糾正老爺作風、衙門習氣，杜絕吃拿卡要那一套，提高工作效率和服務水平，提高政府公信力和執行力。

在第十二屆全國人民代表大會
第一次會議上的講話

（二〇一三年三月十七日）

各位代表：

這次大會選舉我擔任中華人民共和國主席，我對各位代表和全國各族人民的信任，表示衷心的感謝！

我深知，擔任國家主席這一崇高職務，使命光榮，責任重大。我將忠實履行憲法賦予的職責，忠於祖國，忠於人民，恪盡職守，夙夜在公，為民服務，為國盡力，自覺接受人民監督，決不辜負各位代表和全國各族人民的信任和重託。

各位代表！

中華人民共和國走過了光輝的歷程。在以毛澤東同志為核心的黨的第一代中央領導集體、以鄧小平同志為核心的黨的第二代中央領導集體、以江澤民同志為核心的黨的第三代中央領導集體、以胡錦濤同志為總書記的黨中央領導下，全國各族人民勠力同心、接力奮鬥，戰勝前進道路上的各種艱難險阻，取得了舉世矚目的輝煌成就。

今天，我們的人民共和國正以昂揚的姿態屹立在世界東方。

胡錦濤同志擔任國家主席十年間，以豐富的政治智慧、高超

的領導才能、勤勉的工作精神，為堅持和發展中國特色社會主義建立了卓越的功勳，贏得了全國各族人民衷心愛戴和國際社會普遍讚譽。我們向胡錦濤同志，表示衷心的感謝和崇高的敬意！

各位代表！

中華民族具有五千多年連綿不斷的文明歷史，創造了博大精深的中華文化，為人類文明進步作出了不可磨滅的貢獻。經過幾千年的滄桑歲月，把我國五十六個民族、十三億多人緊緊凝聚在一起的，是我們共同經歷的非凡奮鬥，是我們共同創造的美好家園，是我們共同培育的民族精神，而貫穿其中的、更重要的是我們共同堅守的理想信念。

實現全面建成小康社會、建成富強民主文明和諧的社會主義現代化國家的奮鬥目標，實現中華民族偉大復興的中國夢，就是要實現國家富強、民族振興、人民幸福，既深深體現了今天中國人的理想，也深深反映了我們先人們不懈追求進步的光榮傳統。

面對浩浩蕩蕩的時代潮流，面對人民群眾過上更好生活的殷切期待，我們不能有絲毫自滿，不能有絲毫懈怠，必須再接再厲、一往無前，繼續把中國特色社會主義事業推向前進，繼續為實現中華民族偉大復興的中國夢而努力奮鬥。

——實現中國夢必須走中國道路。這就是中國特色社會主義道路。這條道路來之不易，它是在改革開放三十多年的偉大實踐中走出來的，是在中華人民共和國成立六十多年的持續探索中走出來的，是在對近代以來一百七十多年中華民族發展歷程的深刻總結中

走出來的，是在對中華民族五千多年悠久文明的傳承中走出來的，具有深厚的歷史淵源和廣泛的現實基礎。中華民族是具有非凡創造力的民族，我們創造了偉大的中華文明，我們也能夠繼續拓展和走好適合中國國情的發展道路。全國各族人民一定要增強對中國特色社會主義的道路自信、理論自信、制度自信，堅定不移沿着正確的中國道路奮勇前進。

——實現中國夢必須弘揚中國精神。這就是以愛國主義為核心的民族精神，以改革創新為核心的時代精神。這種精神是凝心聚力的興國之魂、強國之魂。愛國主義始終是把中華民族堅強團結在一起的精神力量，改革創新始終是鞭策我們在改革開放中與時俱進的精神力量。全國各族人民一定要弘揚偉大的民族精神和時代精神，不斷增強團結一心的精神紐帶、自強不息的精神動力，永遠朝氣蓬勃邁向未來。

——實現中國夢必須凝聚中國力量。這就是中國各族人民大團結的力量。中國夢是民族的夢，也是每個中國人的夢。只要我們緊密團結，萬眾一心，為實現共同夢想而奮鬥，實現夢想的力量就無比強大，我們每個人為實現自己夢想的努力就擁有廣闊的空間。生活在我們偉大祖國和偉大時代的中國人民，共同享有人生出彩的機會，共同享有夢想成真的機會，共同享有同祖國和時代一起成長與進步的機會。有夢想，有機會，有奮鬥，一切美好的東西都能夠創造出來。全國各族人民一定要牢記使命，心往一處想，勁往一處使，用十三億人的智慧和力量匯集起不可戰勝的磅礴力量。

中國夢歸根到底是人民的夢，必須緊緊依靠人民來實現，必須不斷為人民造福。

我們要堅持黨的領導、人民當家作主、依法治國有機統一，堅持人民主體地位，擴大人民民主，推進依法治國，堅持和完善人民代表大會制度的根本政治制度，中國共產黨領導的多黨合作和政治協商制度、民族區域自治制度以及基層群眾自治制度等基本政治制度，建設服務政府、責任政府、法治政府、廉潔政府，充分調動人民積極性。

我們要堅持發展是硬道理的戰略思想，堅持以經濟建設為中心，全面推進社會主義經濟建設、政治建設、文化建設、社會建設、生態文明建設，深化改革開放，推動科學發展，不斷夯實實現中國夢的物質文化基礎。

我們要隨時隨刻傾聽人民呼聲、回應人民期待，保證人民平等參與、平等發展權利，維護社會公平正義，在學有所教、勞有所得、病有所醫、老有所養、住有所居上持續取得新進展，不斷實現好、維護好、發展好最廣大人民根本利益，使發展成果更多更公平惠及全體人民，在經濟社會不斷發展的基礎上，朝着共同富裕方向穩步前進。

我們要鞏固和發展最廣泛的愛國統一戰線，加強中國共產黨同民主黨派和無黨派人士團結合作，鞏固和發展平等團結互助和諧的社會主義民族關係，發揮宗教界人士和信教群眾在促進經濟社會發展中的積極作用，最大限度團結一切可以團結的力量。

各位代表！

「功崇惟志，業廣惟勤。」我國仍處於並將長期處於社會主義初級階段，實現中國夢，創造全體人民更加美好的生活，任重而道遠，需要我們每一個人繼續付出辛勤勞動和艱苦努力。

全國廣大工人、農民、知識分子，要發揮聰明才智，勤奮工作，積極在經濟社會發展中發揮主力軍和生力軍作用。一切國家機關工作人員，要克己奉公，廉政勤政，關心人民疾苦，為人民辦實事。中國人民解放軍全體指戰員，中國人民武裝警察部隊全體官兵，要按照聽黨指揮、能打勝仗、作風優良的強軍目標，提高履行使命能力，堅決捍衛國家主權、安全、發展利益，堅決保衛人民生命財產安全。一切非公有制經濟人士和其他新的社會階層人士，要發揚勞動創造精神和創業精神，回饋社會，造福人民，做合格的中國特色社會主義事業的建設者。全國廣大青少年，要志存高遠，增長知識，錘煉意志，讓青春在時代進步中煥發出絢麗的光彩。

香港特別行政區同胞、澳門特別行政區同胞，要以國家和香港、澳門整體利益為重，共同維護和促進香港、澳門長期繁榮穩定。廣大台灣同胞和大陸同胞要攜起手來，支持、維護、推動兩岸關係和平發展，增進兩岸同胞福祉，共同開創中華民族新的前程。廣大海外僑胞，要弘揚中華民族勤勞善良的優良傳統，努力為促進祖國發展、促進中國人民同當地人民的友誼作出貢獻。

中國人民愛好和平。我們將高舉和平、發展、合作、共贏的旗幟，始終不渝走和平發展道路，始終不渝奉行互利共贏的開放戰

略，致力於同世界各國發展友好合作，履行應盡的國際責任和義務，繼續同各國人民一道推進人類和平與發展的崇高事業。

各位代表！

中國共產黨是領導和團結全國各族人民建設中國特色社會主義偉大事業的核心力量，肩負着歷史重任，經受着時代考驗，必須堅持立黨為公、執政為民，堅持黨要管黨、從嚴治黨，全面加強黨的建設，不斷提高黨的領導水平和執政水平、提高拒腐防變和抵禦風險能力。全體共產黨員特別是黨的領導幹部，要堅定理想信念，始終把人民放在心中最高的位置，弘揚黨的光榮傳統和優良作風，堅決反對形式主義、官僚主義，堅決反對享樂主義、奢靡之風，堅決同一切消極腐敗現象作鬥爭，永葆共產黨人政治本色，矢志不移為黨和人民事業而奮鬥。

各位代表！

實現偉大目標需要堅忍不拔的努力。全國各黨派、各團體、各民族、各階層、各界人士要更加緊密地團結在中共中央周圍，全面貫徹落實中共十八大精神，以鄧小平理論、「三個代表」重要思想、科學發展觀為指導，始終謙虛謹慎、艱苦奮鬥，始終埋頭苦幹、銳意進取，不斷奪取全面建成小康社會、加快推進社會主義現代化新的更大的勝利，不斷為人類作出新的更大的貢獻！

必須充分發揮我國工人階級的重要作用 *

（二〇一三年四月二十八日）

我們已經確定了今後的奮鬥目標，這就是到中國共產黨成立一百年時全面建成小康社會，到新中國成立一百年時建成富強民主文明和諧的社會主義現代化國家，努力實現中華民族偉大復興的中國夢。

儘管前進道路並不平坦，改革發展穩定任務仍很艱巨而繁重，但面對未來，我們充滿必勝信心。我國工人階級一定要在堅持中國道路、弘揚中國精神、凝聚中國力量上發揮模範帶頭作用，萬眾一心、眾志成城，為實現中華民族偉大復興的中國夢而不懈奮鬥。

人民創造歷史，勞動開創未來。勞動是推動人類社會進步的根本力量。幸福不會從天而降，夢想不會自動成真。實現我們的奮鬥目標，開創我們的美好未來，必須緊緊依靠人民、始終為了人民，必須依靠辛勤勞動、誠實勞動、創造性勞動。我們說「空談誤國，實幹興邦」，實幹首先就要腳踏實地勞動。

在邁向未來的征程上，我們必須充分發揮我國工人階級的重要作用，煥發他們的歷史主動精神，調動勞動和創造的積極性。

---

* 這是習近平同志在同全國勞動模範代表座談時講話的一部分。

　　第一，必須充分發揮工人階級的主力軍作用。工人階級是我國的領導階級，是我國先進生產力和生產關係的代表，是我們黨最堅實最可靠的階級基礎，是全面建成小康社會、堅持和發展中國特色社會主義的主力軍。

　　改革開放以來，我國工人階級隊伍不斷壯大，素質全面提高，結構更加優化，面貌煥然一新，先進性不斷增強。展望未來，堅持和發展中國特色社會主義，必須全心全意依靠工人階級、鞏固工人階級的領導階級地位，充分發揮工人階級的主力軍作用。全心全意依靠工人階級不能只當口號喊、標籤貼，而要貫徹到黨和國家政策制定、工作推進全過程，落實到企業生產經營各方面。

　　第二，必須緊緊依靠工人階級發展中國特色社會主義。中國特色社會主義是當代中國發展進步的根本方向，是實現中國夢的必由之路，也是引領我國工人階級走向更加光明未來的必由之路。我國工人階級要增強歷史使命感和責任感，立足本職、胸懷全局，自覺把人生理想、家庭幸福融入國家富強、民族復興的偉業之中，把個人夢與中國夢緊密聯繫在一起，始終以國家主人翁姿態為堅持和發展中國特色社會主義作出貢獻。

　　我國工人階級要牢固樹立中國特色社會主義理想信念，堅定永遠跟黨走的信念，堅決擁護社會主義制度，堅決擁護改革開放，始終做堅持中國道路的柱石；要自覺踐行社會主義核心價值觀，發揚我國工人階級的偉大品格，用先進思想、模範行動影響和帶動全社會，不斷為中國精神注入新能量，始終做弘揚中國精神的楷模；要

堅持以振興中華為己任，充分發揮偉大創造力量，發揚工人階級識大體、顧大局的光榮傳統，自覺維護安定團結的政治局面，始終做凝聚中國力量的中堅。

第三，必須堅持崇尚勞動、造福勞動者。勞動是財富的源泉，也是幸福的源泉。人世間的美好夢想，只有通過誠實勞動才能實現；發展中的各種難題，只有通過誠實勞動才能破解；生命裏的一切輝煌，只有通過誠實勞動才能鑄就。勞動創造了中華民族，造就了中華民族的輝煌歷史，也必將創造出中華民族的光明未來。「一勤天下無難事。」必須牢固樹立勞動最光榮、勞動最崇高、勞動最偉大、勞動最美麗的觀念，讓全體人民進一步煥發勞動熱情、釋放創造潛能，通過勞動創造更加美好的生活。

全社會都要貫徹尊重勞動、尊重知識、尊重人才、尊重創造的重大方針，維護和發展勞動者的利益，保障勞動者的權利。要堅持社會公平正義，排除阻礙勞動者參與發展、分享發展成果的障礙，努力讓勞動者實現體面勞動、全面發展。全社會都要熱愛勞動，以辛勤勞動為榮，以好逸惡勞為恥。

第四，必須大力弘揚勞模精神、發揮勞模作用。榜樣的力量是無窮的。勞動模範是民族的精英、人民的楷模。長期以來，廣大勞模以平凡的勞動創造了不平凡的業績，鑄就了「愛崗敬業、爭創一流，艱苦奮鬥、勇於創新，淡泊名利、甘於奉獻」的勞模精神，豐富了民族精神和時代精神的內涵，是我們極為寶貴的精神財富。

實現我們的發展目標，不僅要在物質上強大起來，而且要在精

神上強大起來。全國各族人民都要向勞模學習，以勞模為榜樣，發揮只爭朝夕的奮鬥精神，共同投身實現中華民族偉大復興的宏偉事業。廣大勞動模範和先進人物要珍惜榮譽、再接再厲，愛崗敬業、無私奉獻，做堅定理想信念的模範、勤奮勞動的模範、增進團結的模範。當代工人不僅要有力量，還要有智慧、有技術，能發明、會創新，以實際行動奏響時代主旋律。各級黨委、政府和工會組織要高度重視勞模、關心愛護勞模，支持勞模發揮骨幹帶頭作用，幫助勞模解決生產生活中的問題，廣泛宣傳勞模先進事跡，使勞模精神不斷發揚光大。

黨對工會寄予厚望，職工群眾對工會充滿期待。中國工會是中國共產黨領導的工人階級群眾組織，是黨聯繫職工群眾的橋樑和紐帶，是社會主義國家政權的重要社會支柱。中國特色社會主義工會發展道路是中國特色社會主義道路的重要組成部分，深刻反映了中國工會的性質和特點，是工會組織和工會工作始終沿着正確方向前進的重要保證。要始終堅持這條道路，不斷拓展這條道路，努力使這條道路越走越寬廣。

時代在發展，事業在創新，工會工作也要發展、也要創新。要順應時代要求、適應社會變化，善於創造科學有效的工作方法，讓職工群眾真正感受到工會是「職工之家」，工會幹部是最可信賴的「娘家人」。要把竭誠為職工群眾服務作為工會一切工作的出發點和落腳點，全心全意為廣大職工群眾服務，認真傾聽職工群眾呼聲，維護好廣大職工群眾包括農民工合法權益，扎扎實實為職工群眾做

好事、辦實事、解難事，不斷促進社會主義和諧勞動關係。要高度重視廣大職工的多樣化需求，不斷拓展職工成長成才空間，着力培養造就一大批知識型、技術型、創新型的高素質職工。各級黨委和政府要加強和改善對工會的領導，支持工會開展工作，為工會工作提供更多資源和手段，為工會履職創造更好條件。

始終把廣大婦女作為
推動黨和人民事業發展的重要力量 [*]

（二〇一三年十月三十一日）

在革命、建設、改革各個歷史時期，我們黨始終堅持把實現婦女解放和發展、實現男女平等寫在自己奮鬥的旗幟上，始終把廣大婦女作為推動黨和人民事業發展的重要力量，始終把婦女工作放在重要位置，領導我國婦女運動取得了歷史性成就，開闢了中國特色社會主義婦女發展道路。

我們黨帶領人民不懈奮鬥的光輝歷程，每一個勝利都有着廣大婦女的積極參與和卓越貢獻。在血雨腥風的戰爭年代，廣大婦女辛勤勞作、踴躍支前，許多婦女巾幗不讓鬚眉，躍馬橫刀，馳騁在槍林彈雨的戰場上，建立了可歌可泣的卓著功勳。在如火如荼的建設時期，廣大婦女走出家門、參加生產，發揮聰明才智，揮灑熱血汗水，為各項建設事業作出了突出貢獻。在改革開放歷史新時期，廣大婦女解放思想、自強自立，勇於開拓進取，熱情拚搏奉獻，成為改革開放和社會主義現代化建設的重要生力軍。廣大婦女對黨和人民事業的貢獻不可磨滅。婦女事業始終是黨和人民事業的重要組成

---

* 這是習近平同志在同全國婦聯新一屆領導班子集體談話時講話的主要部分。

部分，我們要理直氣壯講中國婦女事業取得的偉大成就。

今天，我們面臨的任務更加繁重，面向的目標更加遠大，更需要我國廣大婦女貢獻智慧和力量。

婦聯組織是黨和政府聯繫婦女群眾的橋樑和紐帶，是黨開展婦女工作最可靠最有力的助手。實現黨的十八大提出的目標任務，必須發揮好我國婦女的偉大作用。

今後五年是黨和國家事業發展的重要時期，婦聯工作大有可為。王岐山同志代表黨中央提出了明確要求，中國婦女十一大作出了具體部署，全國婦聯和各級婦聯組織要抓好落實。這裏，我給大家提幾點希望。

第一，希望婦聯組織緊緊圍繞黨和國家工作大局開展工作。堅持黨的領導，緊緊圍繞黨和國家工作大局謀劃和開展工作，這是婦聯組織發揮作用的根本遵循，是婦聯工作不斷前進的重要保障。婦聯組織要把工作放到大局中去部署、去開展，把黨的主張轉化為廣大婦女的自覺追求和實際行動。

實現黨的十八大提出的目標任務，實現中華民族偉大復興，是黨和國家工作大局，也是當代中國婦女運動的時代主題。只有把握好這一時代主題，才能把握住當代中國婦女運動的前進方向。大家要牢牢把握這一時代主題，把中國發展進步的歷程同促進男女平等發展的歷程更加緊密地融合在一起，使我國婦女事業發展具有更豐富的時代內涵，使我國億萬婦女肩負起更重要的責任擔當。

把握好和落實好這一時代主題，對婦聯工作提出了更高要求。

對中國夢，不但要深刻理解其內涵，而且要深入認識在實現中國夢的過程中每一級婦聯組織、每一位婦女同志應該怎麼定位、怎麼作貢獻。不要把中國夢僅僅作為一句口號，或者僅僅作為一種宣傳上的說法，要付諸實踐、見諸行動。中國夢是一個具有凝聚力的目標，是中華民族的最大公約數，要用來團結中國人民、團結中華民族，讓每一個人的追求奮鬥都融匯到實現中國夢中去，形成一種百川歸海的正能量。要堅定勇往直前的信念，找準具體實在的實踐路徑，發揚腳踏實地的工作作風，找準工作切入點、結合點、着力點。

關鍵是要堅定不移走中國特色社會主義婦女發展道路。中國特色社會主義婦女發展道路是中國特色社會主義道路的重要組成部分，符合我國國情，適應我國婦女事業發展要求，是實現婦女平等依法行使民主權利、平等參與經濟社會發展、平等享有改革發展成果的正確道路。

婦聯組織要通過婦女喜聞樂見的形式和生動活潑的載體，深入開展中國特色社會主義宣傳教育，把國家和民族的光明前景說明白，把婦女解放和發展的正確方向講清楚，引導廣大婦女不斷增強中國特色社會主義道路自信、理論自信、制度自信，把堅持和發展中國特色社會主義作為共同理想追求，使中國特色社會主義婦女發展道路越走越寬廣。

婦聯組織要圍繞中國特色社會主義事業「五位一體」總體佈局，開展富有女性特色的巾幗建功立業活動，激發廣大婦女的歷史責任感和主人翁精神，動員廣大婦女自覺把人生理想、家庭幸福融入國

家富強、民族振興、人民幸福的偉業之中，充分發揮半邊天的獨特作用。

我曾經說過，生活在我們偉大祖國和偉大時代的中國人民，共同享有人生出彩的機會，共同享有夢想成真的機會，共同享有同祖國和時代一起成長與進步的機會。這個話也是要落實的，要從點點滴滴做起，從每一個人做起。積微成著，壘土成山。婦聯組織要幫助婦女點燃夢想、追尋夢想、共築夢想，為婦女釋放創造活力、實現自我價值搭建平台，促進婦女權益更有保障、人生更加出彩、生活更加幸福。

第二，希望婦聯組織把聯繫和服務廣大婦女作為工作生命線。婦聯組織是因為廣大婦女而建立和存在的，聯繫和服務廣大婦女是婦聯組織的根本任務，是婦聯組織區別於其他組織的根本特徵。現在，我國婦女流動分化加速、思想觀念多元、利益訴求多樣，新情況新問題很多。新形勢下，如何同廣大婦女保持緊密聯繫，如何為廣大婦女提供更好服務，是婦聯組織面臨的重要課題。

做好新形勢下婦聯工作，一定要把工作重心放在基層。基層是改革發展穩定的第一線，是各種矛盾和問題的集聚地。任何一項群眾性工作，脫離了基層，脫離了群眾，口號再多，規劃再多，也會成為無源之水、無本之木，都是做不好的。婦聯工作就是做婦女工作，只有深入婦女特別是基層婦女才能做好。

各級婦聯組織幹部特別是領導幹部，要堅持走出機關、走向基層，沉下身子、帶着感情，摸準婦女面臨的緊迫問題，用自己的眼

睛看最真實的情況，用自己的耳朵聽最真實的聲音，幫助廣大婦女排憂解難。特別是要注重深入農村和城市社區，那兒婦女人數多、分佈廣，遇到的困難和問題也比較集中，要作為開展工作主陣地。脈搏搭準了，癥結找到了，工作確定了，就要根據廣大婦女所需所盼，協調動員社會資源，通過實實在在的服務把黨和政府的關懷、婦聯「娘家人」的溫暖送到廣大婦女心中。

深入基層、深入群眾要注意拓寬工作渠道、創新工作手段。現在，群眾很多都是自由就業、靈活就業，很多在流動之中，並不都在單位和家裏待着，用老辦法去聯繫他們往往聯繫不上。因此，聯繫群眾要在走家串戶、蹲點調研中建立面對面的聯繫，要聯合其他女性社會組織同各層面婦女建立廣泛聯繫，也要藉助現代信息手段建立聯繫。網站、網頁、博客、QQ、微博、微信等手段都應該用，只要能聯繫群眾，就要八仙過海、各顯神通。在服務方面，傾聽呼聲、反映婦女心願是服務，撫慰愁苦、解決燃眉之急是服務，牽線搭橋、提供發展機會是服務，分享快樂、共創美好生活也是服務，要一起做、形成合力，使婦女工作常做常新、充滿活力。

做好婦女工作，要注重做實。這裏，我想給大家唸一段一九六一年鄧小平同志講的一段話，他說：「家庭和睦也是經常要做的工作。要處理好的，一是夫妻關係，二是婆媳關係，三是妯娌關係，四是父母子女關係，等等。這是我們長期以來婦女工作中的經常工作。這樣的問題，就是婦女的特殊問題，就是婦聯的特殊工作。子女的教育，父親也有責任，但總是母親擔得更多。婚姻問題

常常要從婦女這個角度反映，一般說婦女總是處於原告地位。她們關心這些問題，這不也是特殊問題嗎？至於婦女衛生、疾病防治、娃娃接生、餵奶等，這些都是婦女的特殊問題。我們的傳統是，無論哪項工作，包括婦女工作在內，都要在自己的職責範圍內，深入工作，充分根據群眾的要求，提出具體辦法，領導群眾去解決問題。」從這段話中可以看出，做好婦女工作，一定要適應廣大婦女的特點和需要，既要解決婦女的實際問題，又要通過發揮婦女的優勢推動工作，把工作做實。做婦女工作，要多抓不可替代的工作，有些事情是工會、共青團沒法做的，或者是雖然可以做、但做起來不如婦聯做得好的，那你們就要發揮獨特優勢、履行這個職責。

我們強調促進男女平等、發揮婦女在各個方面的積極作用，都是對的，要堅定不移。同時，我們也要注重發揮婦女在社會生活和家庭生活中的獨特作用，發揮婦女在弘揚中華民族家庭美德、樹立良好家風方面的獨特作用。中國人一直讚美賢妻良母、相夫教子、勤儉持家，這些是中華民族傳統優秀文化的重要組成部分。我們要強調發揮好婦女在社會上的作用，也要強調發揮好婦女在這些方面的作用。這也十分重要，關係到家庭和睦，關係到社會和諧，關係到下一代健康成長。當然，男同志在家庭中也要發揮作用，但女同志有自己的優勢。男同志在家裏不能當「大爺」，不能回到家裏就衣來伸手、飯來張口。我是能做一手好飯菜的，插隊時練出的基本功。

母親對子女的影響就很大，往往可以影響一個人的一生，中國古代流傳下來的孟母三遷、岳母刺字、畫荻教子講的就是這樣的故

事。我從小就看我媽媽給我買的小人書《岳飛傳》，有十幾本，其中一本就是講「岳母刺字」，精忠報國在我腦海中留下的印象很深。所以，廣大婦女要自覺肩負起尊老愛幼、教育子女的責任，在家庭美德建設中發揮作用。作為母親，應該把愛學習、愛勞動、愛祖國的觀念從小就傳遞給孩子，幫助他們形成美好心靈，促使他們健康成長，長大後成為對國家和人民有用的人。家庭是社會的基本細胞，千千萬萬個家庭的家風好，子女教育得好，社會風氣好才有基礎。我們查處的腐敗案件中，不少領導幹部走上犯罪道路，他們的妻子沒起好作用是一個重要原因，有的不僅不提醒、不勸阻，還積極牽線搭橋、吹「枕邊風」，是始作俑者。要教育廣大婦女發揚中華民族吃苦耐勞、自強不息的優良傳統，樹立正確的世界觀、人生觀、價值觀，千萬不要去追求奢華享受，千萬不要去追求不義之財，自覺抵制腐朽的生活方式，堅決反對拜金主義、享樂主義、極端個人主義和封建迷信、黃賭毒等社會醜惡現象，追求積極向上、文明高尚的生活，促進形成良好社會風尚。

還有個問題要引起我們高度重視，就是隨着人民生活水平不斷提高，我國婦女生存發展環境越來越好，同時由於長期歷史文化的影響，在我國社會，重男輕女、男尊女卑的落後觀念尚未根除，歧視婦女的社會現象時有發生，婦女在發展和權益保障方面仍面臨許多困難和問題。我看了一些材料，這方面的主要問題包括女性人才發展問題，女大學生就業問題，農村婦女土地權益問題，留守流動婦女權益問題，貧困婦女、單親母親、老齡婦女問題，婚姻家庭

中的婦女權益保護問題，等等。有些問題相當嚴重，如拐賣婦女犯罪行為屢禁不止，殘害婦女的案件時有發生，強迫婦女從事淫穢活動的也不少。這些問題，不僅關係婦女切身利益、牽動家庭幸福，而且影響社會和諧穩定，有的甚至影響國家形象。對這些問題，要重點關注、重點解決，婦聯組織要深入研究，拿出切實可行的方案來。婦聯組織自己能做的工作要盡力做，需要各方面特別是中央支持和協調的可以報中央決定。有的事情婦聯可以着眼於發現問題，通過調研找到問題所在，提出解決方案，同有關方面一起解決，有的可以報中央，由中央來指導解決。

第三，希望婦聯組織以改革創新精神加強和改進自身建設。推動婦女事業發展，做好婦聯工作，必須有改革創新精神。

經過長期不懈努力，婦聯組織形成了良好的工作傳統，創造了富有特色的工作載體和辦法。比如，歷經數十年堅持不懈開展「雙學雙比」、「巾幗建功」、「五好文明家庭」創建等活動，把農村和城鎮、崗位和家庭的婦女工作緊緊抓在手上，在社會上和婦女中很有影響力。再比如，自上而下開展「下基層、訪婦情、辦實事」活動，在全國建立七十多萬個基層「婦女之家」，增強了婦聯組織對婦女的凝聚力。還比如，抓住保障和改善民生，同各方面協調聯動，推動解決了一批事關婦女切身利益的實際問題，提高了聯繫和服務婦女的有效性。只要是實踐證明行之有效的好做法好經驗、好傳統好作風，都要一以貫之堅持下去，同時要在實踐中不斷豐富和發展。

現在，中央電視台一些節目是很好的品牌，如「感動中國」人

物評選、尋找最美鄉村醫生和最美鄉村教師等。婦聯要搞一些有社會影響力的品牌，如評選模範人物、賢妻良母、相夫教子、模範家庭的典型等，通過樹立典型，引導全社會見賢思齊。前一段我見到了甘祖昌同志的夫人龔全珍老大姐，我們小時候就知道將軍當農民的故事，老大姐也跟着去了，現在九十多歲了，一生淡泊名利、助人為樂。在職幹部中，如果廳局級、縣處級幹部中有好妻子、好伴侶的典型，也可以宣傳一下，不要讓人說起當官的都是烏煙瘴氣，家裏人也都是烏煙瘴氣。好的還是大多數，要宣傳一下。你們要做這方面工作，中央電視台可以配合。

做好婦聯工作，必須有好的作風。要對照黨中央新要求和婦女新期待，檢視存在有哪些問題、如何加以改進。要緊密結合婦聯實際，加強馬克思主義群眾觀點和黨的群眾路線教育，深入分析和研究形式主義、官僚主義、享樂主義和奢靡之風的表現形式、形成原因、解決辦法，針對自己的不足不斷改進完善，以作風建設的實際成效贏得婦女信任、推進婦女事業發展。

長期以來，婦聯組織自上而下，一直到村和社區，建立了比較完整的組織體系，這是婦聯開展工作的重要優勢。我當村支部書記時，婦女組織就很起作用，婦女主任是村支部副書記。一九三九年，毛澤東同志就說過：「女子有力量，還要加上一條結團體。沒有團體，這種力量是散的、零碎的，人心是各管各的，這叫做心不齊，力不合。有了團體，心就齊了，力量就結合起來了，就能齊心合力幹大事。『心一齊，山可移』，這就是講結團體有力量的道理。」

現在，婦聯組織還存在覆蓋不到、覆蓋不全的問題，特別是在一些新興領域、一些新分化組合的婦女群體中，覆蓋還需要跟進，通過立體化、多層面的組織體系最廣泛地把廣大婦女吸引過來、凝聚起來。

擴大群眾組織覆蓋面，要講廣度，更要講深度。所謂深度，就是組織建立了，網絡健全了，一定要發揮作用，讓廣大婦女在身邊就能找到婦聯組織、得到及時幫助，隨時隨地、實實在在感受到婦聯組織的存在和關心，引導廣大婦女增強信任感和歸屬感，主動向婦聯組織靠攏，把婦聯組織當作可以信賴和依靠的地方。

當前，各領域都有一批綜合素質高、社會責任心強、具有一定影響力和號召力的優秀女性，基層也有活動能力強的優秀女性。婦聯組織要加強同她們的聯繫，做好她們的工作，充分發揮她們在廣大婦女中的作用，使之成為婦聯組織開展工作的一支重要力量。要堅持兩手抓，一手抓各領域已經事業有成、社會影響大的婦女工作，一手抓基層婦女工作，推動婦女工作上層、中層、基層立體展開，特別是要抓好青年婦女工作，着力為我國婦女事業源源不斷培養力量。要注重發揮基層同志在基層鼓動性強、聯繫面廣的作用。當然，他們的水平也要在組織中不斷提高。把這個工作做好了，可以影響一大片。工作中要更多關注和關心工人、農民、知識分子等中的普通婦女，不能只盯着黨政幹部、企業家、高級知識分子、文藝明星等人，那代表性就太窄了，也容易走偏。這些人的作用要充分發揮，要有專門的人去做工作。但是，群眾組織是做群眾工作

的，第一位的還是要做普通群眾工作。這是我們的執政基礎、階級基礎、群眾基礎啊！要以做普通群眾工作為主。婦聯做高層工作有經驗、也有基礎，但我更強調的是做好普通群眾工作。

婦聯幹部最重要的素質是要忠於黨的婦女事業，熱愛本職工作。要對廣大婦女充滿感情，真誠傾聽她們呼聲，真實反映她們意願，真心實意為廣大婦女辦事，在廣大婦女中產生強大感召力。婦女工作是一門大學問，尤其需要加強學習。我國婦女整體素質有了大幅度提升，作為聯繫者、服務者，婦聯幹部自身能力必須跟上。「以其昏昏，使人昭昭」是不行的。不能武大郎開店，社會上高知識、高水平的人很多，要是自己沒那個本事是做不好工作的。要多學黨的理論和方針政策，多學經濟、政治、法律、科技、文化、社會、國際等方面的知識，多學同婦女打交道的方式方法，多學解決實際問題、化解社會矛盾的本領，不斷提高做好婦女工作能力和水平。在座的都是婦聯領導幹部，你們自己要有個標杆，有個很高的標杆，自我完善，自強不息，堅持不懈，切實抓好自身建設。

各級黨委和政府要從夯實黨的群眾基礎、鞏固黨的執政地位的戰略高度，充分認識發展婦女事業、做好婦女工作的重大意義，加大重視、關心、支持力度。要堅持男女平等基本國策，在出台法律、制定政策、編制規劃、部署工作時充分考慮兩性的現實差異和婦女的特殊利益。要抓好婦女發展綱要實施，改善發展環境，解決發展中的突出問題，依法維護婦女權益，嚴厲打擊侵害婦女權益的違法犯罪行為。要重視女幹部培養選拔工作，加大對女幹部的教育

培訓、實踐鍛煉工作力度，關心她們的成長，為更多女性人才脫穎而出打造寬廣舞台。培養女幹部要從年輕人抓起、從基層做起，不要揠苗助長，或者到青黃不接時突擊提拔，而是要未雨綢繆、及早開始培養，為她們的成長成才提供一個符合規律的路徑。不要採取溫室裏養盆景的辦法，而是要讓她們經風雨、見世面，在實踐中經受鍛煉、脫穎而出。要加強和改進對婦聯工作的領導，支持婦聯組織圍繞黨和政府中心任務、結合婦女實際、依照法律和章程創造性開展工作，研究解決婦聯工作面臨的突出問題，為婦聯組織履行職能、開展工作提供更好條件，把黨和政府所急、廣大婦女所需、婦聯組織所能的事情更多交給婦聯組織去辦。要重視婦聯幹部隊伍建設，把婦聯幹部的培養、選拔、使用、輸送有機結合起來，使婦聯組織成為培養、鍛煉、輸送優秀女幹部的重要基地。

總之，黨中央對婦聯組織寄予厚望，廣大婦女對婦聯組織充滿期待。我相信，在黨中央領導下，婦聯組織一定能肩負起歷史和時代賦予的光榮使命，團結帶領全國廣大婦女，同全國各族人民一道，為全面建成小康社會、實現中華民族偉大復興作出更大成績。

把完善和發展中國特色社會主義制度，推進國家治理體系和治理能力現代化作為全面深化改革的總目標[*]

（二〇一三年十一月十二日）

　　堅持把完善和發展中國特色社會主義制度，推進國家治理體系和治理能力現代化作為全面深化改革的總目標。鄧小平同志在一九九二年提出，再有三十年的時間，我們才會在各方面形成一整套更加成熟、更加定型的制度。這次全會在鄧小平同志戰略思想的基礎上，提出要推進國家治理體系和治理能力現代化。這是完善和發展中國特色社會主義制度的必然要求，是實現社會主義現代化的應有之義。我們之所以決定這次三中全會研究全面深化改革問題，不是推進一個領域改革，也不是推進幾個領域改革，而是推進所有領域改革，就是從國家治理體系和治理能力的總體角度考慮的。

　　國家治理體系和治理能力是一個國家制度和制度執行能力的集中體現。國家治理體系是在黨領導下管理國家的制度體系，包括經濟、政治、文化、社會、生態文明和黨的建設等各領域體制機制、法律法規安排，也就是一整套緊密相連、相互協調的國家制度；國

---

[*] 這是習近平同志在中共十八屆三中全會第二次全體會議上講話的一部分。

家治理能力則是運用國家制度管理社會各方面事務的能力，包括改革發展穩定、內政外交國防、治黨治國治軍等各個方面。國家治理體系和治理能力是一個有機整體，相輔相成，有了好的國家治理體系才能提高治理能力，提高國家治理能力才能充分發揮國家治理體系的效能。

實際上，怎樣治理社會主義社會這樣全新的社會，在以往的世界社會主義中沒有解決得很好。馬克思、恩格斯沒有遇到全面治理一個社會主義國家的實踐，他們關於未來社會的原理很多是預測性的；列寧在俄國十月革命後不久就過世了，沒來得及深入探索這個問題；蘇聯在這個問題上進行了探索，取得了一些實踐經驗，但也犯下了嚴重錯誤，沒有解決這個問題。我們黨在全國執政以後，不斷探索這個問題，雖然也發生了嚴重曲折，但在國家治理體系和治理能力上積累了豐富經驗、取得了重大成果，改革開放以來的進展尤為顯著。我國政治穩定、經濟發展、社會和諧、民族團結，同世界上一些地區和國家不斷出現亂局形成了鮮明對照。這說明，我們的國家治理體系和治理能力總體上是好的，是適應我國國情和發展要求的。

同時，我們也要看到，相比我國經濟社會發展要求，相比人民群眾期待，相比當今世界日趨激烈的國際競爭，相比實現國家長治久安，我們在國家治理體系和治理能力方面還有許多不足，有許多亟待改進的地方。真正實現社會和諧穩定、國家長治久安，還是要靠制度，靠我們在國家治理上的高超能力，靠高素質幹部隊伍。我

們要更好發揮中國特色社會主義制度的優越性，必須從各個領域推進國家治理體系和治理能力現代化。

推進國家治理體系和治理能力現代化，就是要適應時代變化，既改革不適應實踐發展要求的體制機制、法律法規，又不斷構建新的體制機制、法律法規，使各方面制度更加科學、更加完善，實現黨、國家、社會各項事務治理制度化、規範化、程序化。要更加注重治理能力建設，增強按制度辦事、依法辦事意識，善於運用制度和法律治理國家，把各方面制度優勢轉化為管理國家的效能，提高黨科學執政、民主執政、依法執政水平。

把群眾路線貫徹到治國理政全部活動之中[*]

（二〇一三年十二月二十六日）

　　群眾路線是我們黨的生命線和根本工作路線，是我們黨永葆青春活力和戰鬥力的重要傳家寶。不論過去、現在和將來，我們都要堅持一切為了群眾，一切依靠群眾，從群眾中來，到群眾中去，把黨的正確主張變為群眾的自覺行動，把群眾路線貫徹到治國理政全部活動之中。

　　群眾路線本質上體現的是馬克思主義關於人民群眾是歷史的創造者這一基本原理。只有堅持這一基本原理，我們才能把握歷史前進的基本規律。只有按歷史規律辦事，我們才能無往而不勝。歷史反覆證明，人民群眾是歷史發展和社會進步的主體力量。正如毛澤東同志所說：「中國的命運一經操在人民自己的手裏，中國就將如太陽升起在東方那樣，以自己的輝煌的光焰普照大地。」

　　堅持群眾路線，就要堅持人民是決定我們前途命運的根本力量。堅持人民主體地位，充分調動人民積極性，始終是我們黨立於不敗之地的強大根基。在人民面前，我們永遠是小學生，必須自覺拜人民為師，向能者求教，向智者問策；必須充分尊重人民所表達

---

* 這是習近平同志在紀念毛澤東同志誕辰一百二十週年座談會上講話的一部分。

的意願、所創造的經驗、所擁有的權利、所發揮的作用。我們要珍惜人民給予的權力，用好人民給予的權力，自覺讓人民監督權力，緊緊依靠人民創造歷史偉業，使我們黨的根基永遠堅如磐石。

堅持群眾路線，就要堅持全心全意為人民服務的根本宗旨。「政之所興在順民心，政之所廢在逆民心。」全心全意為人民服務，是我們黨一切行動的根本出發點和落腳點，是我們黨區別於其他一切政黨的根本標誌。黨的一切工作，必須以最廣大人民根本利益為最高標準。檢驗我們一切工作的成效，最終都要看人民是否真正得到了實惠，人民生活是否真正得到了改善，人民權益是否真正得到了保障。面對人民過上更好生活的新期待，我們不能有絲毫自滿和懈怠，必須再接再厲，使發展成果更多更公平惠及全體人民，朝着共同富裕方向穩步前進。

堅持群眾路線，就要保持黨同人民群眾的血肉聯繫。我們黨的最大政治優勢是密切聯繫群眾，黨執政後的最大危險是脫離群眾。毛澤東同志說：「我們共產黨人好比種子，人民好比土地。我們到了一個地方，就要同那裏的人民結合起來，在人民中間生根、開花。」要把群眾觀點、群眾路線深深植根於全黨同志思想中，真正落實到每個黨員行動上，下最大氣力解決黨內存在的問題特別是人民群眾不滿意的問題，使我們黨永遠贏得人民群眾信任和擁護。

堅持群眾路線，就要真正讓人民來評判我們的工作。「知政失者在草野。」任何政黨的前途和命運最終都取決於人心向背。「人心就是力量。」我們黨的黨員人數，放在人民中間還是少數。我們黨的

宏偉奮鬥目標，離開了人民支持就絕對無法實現。我們黨的執政水平和執政成效都不是由自己說了算，必須而且只能由人民來評判。人民是我們黨的工作的最高裁決者和最終評判者。如果自詡高明、脫離了人民，或者凌駕於人民之上，就必將被人民所拋棄。任何政黨都是如此，這是歷史發展的鐵律，古今中外概莫能外。

二〇一四年

堅持黨的領導、人民當家作主、
依法治國有機統一，最根本的是堅持黨的領導 *

（二〇一四年一月——二〇一八年十二月）

一

　　我們強調堅持黨的領導、人民當家作主、依法治國有機統一，最根本的是堅持黨的領導。堅持黨的領導，就是要支持人民當家作主，實施好依法治國這個黨領導人民治理國家的基本方略。黨的領導和社會主義法治是一致的，只有堅持黨的領導，人民當家作主才能充分實現，國家和社會生活制度化、法治化才能有序推進。不能把堅持黨的領導同人民當家作主、依法治國對立起來，更不能用人民當家作主、依法治國來動搖和否定黨的領導。那樣做在思想上是錯誤的，在政治上是十分危險的。

（二〇一四年一月七日在中央政法工作會議上的講話）

---

* 這是習近平同志二〇一四年一月至二〇一八年十二月期間文稿中有關堅持黨的領導、人民當家作主、依法治國有機統一，最根本的是堅持黨的領導內容的節錄。

二

中國共產黨領導是中國特色社會主義最本質的特徵。我們說的依法治國，黨的十五大早就明確了，就是廣大人民群眾在黨的領導下，依照憲法和法律規定，通過各種途徑和形式管理國家事務，管理經濟文化事業，管理社會事務，保證國家各項工作都依法進行，逐步實現社會主義民主的制度化、法律化，使這種制度和法律不因領導人的改變而改變，不因領導人看法和注意力的改變而改變。我們講依憲治國、依憲執政，不是要否定和放棄黨的領導，而是強調黨領導人民制定憲法和法律，黨領導人民執行憲法和法律，黨自身必須在憲法和法律範圍內活動。我國憲法是以根本法的形式反映了黨帶領人民進行革命、建設、改革取得的成果，反映了在歷史和人民選擇中形成的黨的領導地位。

（二〇一四年二月十七日在省部級主要領導幹部學習貫徹黨的十八屆三中全會精神全面深化改革專題研討班上的講話）

三

把堅持黨的領導、人民當家作主、依法治國有機統一起來是我國社會主義法治建設的一條基本經驗。我國憲法以根本法的形式反映了黨帶領人民進行革命、建設、改革取得的成果，確立了在歷史

和人民選擇中形成的中國共產黨的領導地位。對這一點，要理直氣壯講、大張旗鼓講。要向幹部群眾講清楚我國社會主義法治的本質特徵，做到正本清源、以正視聽。

（二〇一四年十月二十日在中共十八屆四中全會上所作的

《關於〈中共中央關於全面推進依法治國若干重大問題的決定〉的說明》）

四

堅持依憲治國、依憲執政，就包括堅持憲法確定的中國共產黨領導地位不動搖，堅持憲法確定的人民民主專政的國體和人民代表大會制度的政體不動搖。任何人以任何藉口否定中國共產黨領導和我國社會主義制度，都是錯誤的、有害的，都是違反憲法的，都是絕對不能接受的。

（二〇一五年二月二日在省部級主要領導幹部學習貫徹黨的

十八屆四中全會精神全面推進依法治國專題研討班上的講話）

五

實踐表明，黨的領導、人民當家作主、依法治國完全可以有機統一起來。我們一直強調，黨領導人民制定憲法法律，領導人民實施憲法法律，黨自身必須在憲法法律範圍內活動。這是我們黨深刻總結新中國成立以來正反兩方面歷史經驗特別是「文化大革命」慘

痛教訓之後得出的重要結論，是我們黨治國理政必須遵循的一項重要原則。

（二〇一八年一月十九日在中共十九屆二中全會第二次全體會議上的講話）

六

憲法是每個公民享有權利、履行義務的基本遵循。只有保證人民依法享有廣泛的權利和自由，維護最廣大人民根本利益，實現人民群眾對美好生活的嚮往和追求，憲法才能深入人心，走入人民群眾，憲法實施才能真正成為全體人民的自覺行動。要堅持人民主體地位，發展更加廣泛、更加充分、更加健全的人民民主，最廣泛地動員和組織人民依法管理國家事務，管理經濟文化事業，管理社會事務。要保障公民的人身權、財產權、人格權和基本政治權利等各項權利不受侵犯，保證公民的經濟、文化、社會等各方面權利得到落實，保證公民在法律面前一律平等，切實尊重和保障人權。

（二〇一八年一月十九日在中共十九屆二中全會第二次全體會議上的講話）

七

馬克思、恩格斯指出，「無產階級的運動是絕大多數人的，為絕大多數人謀利益的獨立的運動」，「工人階級一旦取得統治權，就不能繼續運用舊的國家機器來進行管理」，必須「以新的真正民主的國

家政權來代替」。國家機關必須由社會主人變為社會公僕，接受人
民監督。我們要堅定不移走中國特色社會主義政治發展道路，在堅
持黨的領導、人民當家作主、依法治國有機統一中推進社會主義民
主政治建設，不斷加強人民當家作主的制度保障，加快推進國家治
理體系和治理能力現代化，充分調動人民的積極性、主動性、創造
性，更加切實、更有成效地實施人民民主。

（二〇一八年五月四日在紀念馬克思誕辰二百週年大會上的講話）

八

　　我們要堅持黨的領導、人民當家作主、依法治國有機統一，堅
持和完善人民代表大會制度、中國共產黨領導的多黨合作和政治協
商制度、民族區域自治制度、基層群眾自治制度，全面推進依法治
國，鞏固和發展最廣泛的愛國統一戰線，發展社會主義協商民主，
用制度體系保證人民當家作主。

（二〇一八年十二月十八日在慶祝改革開放四十週年大會上的講話）

為什麼要提出全面深化改革的總目標 *

（二〇一四年二月十七日）

　　三中全會提出的全面深化改革的總目標，就是完善和發展中國特色社會主義制度、推進國家治理體系和治理能力現代化。我們講過很多現代化，包括農業現代化、工業現代化、科技現代化、國防現代化等，國家治理體系和治理能力現代化是第一次講。深刻理解和準確把握這個總目標，是貫徹落實各項改革舉措的關鍵。

　　大家都知道，一九九二年，鄧小平同志在南方談話中說：「恐怕再有三十年的時間，我們才會在各方面形成一整套更加成熟、更加定型的制度。在這個制度下的方針、政策，也將更加定型化。」當年看到鄧小平同志這段話，我腦子裏就浮現幾個問題：為什麼鄧小平同志要強調形成一整套更加成熟、更加定型的制度？什麼是更加成熟、更加定型的制度？為什麼鄧小平同志要強調「再有三十年的時間」才行？這些年來，我一直在思考這個問題。

　　在主持起草黨的十八大報告過程中，我要求在提出全面建成小康社會發展目標的同時提出制度建設的目標。後來，黨的十八大從經濟、政治、文化、社會、生態文明五個方面提出了全面深化改革

---

* 這是習近平同志在省部級主要領導幹部學習貫徹黨的十八屆三中全會精神全面深化改革專題研討班上講話的一部分。

開放的制度目標，並強調全面建成小康社會，必須構建系統完備、科學規範、運行有效的制度體系。

接下來，在主持起草三中全會決定過程中，我覺得鄧小平同志講的「再有三十年的時間」就是二〇二二年，時間很緊了，必須儘早把這個戰略構想落下來，提出一個總目標，並用它來統領各領域改革。在集思廣益的基礎上，三中全會把完善和發展中國特色社會主義制度、推進國家治理體系和治理能力現代化確定為全面深化改革的總目標。這是堅持和發展中國特色社會主義的必然要求，也是實現社會主義現代化的應有之義。

全面深化改革，全面者，就是要統籌推進各領域改革，就需要有管總的目標，也要回答推進各領域改革最終是為了什麼、要取得什麼樣的整體結果這個問題。正所謂「立治有體，施治有序」。

過去，我們也提出過改革目標，但大多是從具體領域提的。比如，我們講過，政治體制改革總的目標是鞏固社會主義制度，發展社會主義社會的生產力，發揚社會主義民主，調動廣大人民的積極性。黨的十四大提出，我國經濟體制改革的目標是建立社會主義市場經濟體制。黨的十八屆三中全會提出全面深化改革的總目標，並在總目標統領下明確了經濟體制、政治體制、文化體制、社會體制、生態文明體制和黨的建設制度深化改革的分目標。這是改革進程本身向前拓展提出的客觀要求，體現了我們黨對改革認識的深化和系統化。

總目標問題，要用廣闊的世界歷史眼光來看。我曾經說過，縱

觀社會主義從誕生到現在的歷史過程，怎樣治理社會主義社會這樣的全新社會，在以往的世界社會主義實踐中沒有解決得很好。馬克思、恩格斯沒有經歷全面治理一個社會主義國家的實踐，他們關於未來社會的設想很多是預測性的，他們對巴黎公社的實踐提出了指導意見、作出了深刻總結，但巴黎公社的實踐畢竟範圍比較小、時間比較短，沒有遇到後來社會主義國家所面臨的大範圍、全局性、長時間的矛盾和問題。列寧在十月革命後不久就逝世了，儘管他生前已經看到社會主義實踐產生的問題超出了預計，創造性地提出了一些政策舉措，但沒有來得及深入探索和實踐。之後，蘇聯在這個問題上進行了探索，取得了一些成功經驗，但也犯下了嚴重錯誤，沒有解決好這個問題，最後的結局是國亡政息。東歐劇變、蘇聯解體有多方面原因，沒有形成有效的國家治理體系和國家治理能力是其中一個重要原因。其實，古往今來，大多數社會動盪、政權更迭，原因最終都可以歸結為沒有形成有效的國家治理體系和治理能力。因為沒有有效的國家治理體系和治理能力，就不能有效解決社會矛盾和問題，各種社會矛盾和問題日積月累、積重難返，必然帶來嚴重政治後果。

總目標問題，還要放到近代以來我國社會變革的歷史過程中去看。黨的十五大報告指出，孫中山先生領導的辛亥革命，推翻統治中國幾千年的君主專制制度。秦始皇統一中國後的二千多年間，發生了多少朝代更替，但「普天之下，莫非王土；率土之濱，莫非王臣」的社會觀念始終沒有改變，君主專制制度始終沒有改變。從鴉

片戰爭到十九世紀末，在列強入侵、國內矛盾尖銳的情況下，這種在中國綿延了幾千年的政治制度遇到了嚴重危機。辛亥革命結束了這種政治制度在中國的存在。辛亥革命雖然未能改變舊中國的社會性質和人民的悲慘境遇，但為中國的進步打開了閘門，使反動統治秩序再也無法穩定下來。

上面這個重要判斷，也是黨的十五大報告說的。辛亥革命之後，中國人就一直在尋找適合我國國情的國家治理體系，社會各種力量進行着激烈鬥爭。君主立憲制、復辟帝制、議會制、多黨制、總統制都想過了、試過了，結果都行不通。十月革命一聲炮響，給中國送來了馬克思列寧主義，同時也送來了一種全新的國家治理理念。我們黨通過對我國社會的深刻分析，認為只有社會主義才能解決中國的問題，才是實現民族獨立和人民解放、國家富強和人民幸福的正確道路。在領導中國革命的進程中，我們黨就不斷思考未來建立什麼樣的國家治理體系問題。關於這個問題，可以看毛澤東同志的《中國革命和中國共產黨》、《新民主主義論》、《論聯合政府》等著作。毛澤東同志在《論聯合政府》也就是黨的七大政治報告中提出「將中國建設成為一個獨立、自由、民主、統一和富強的新國家」的戰略目標，並對未來我國的制度架構作了闡述。

我們黨在全國執政後，繼續探索這個問題。一開始，因為我們沒有搞過社會主義，怎樣治理中國，只能照搬蘇聯模式，但我們黨也沒有全走蘇聯之路，一直在積極探索這個問題，並取得了一些重要成果，毛澤東同志的重要著作《論十大關係》等集中反映了這方

面的探索成果。後來，由於對國際國內形勢的認識逐步發生偏差，指導思想也發生了偏差，發生了「文化大革命」這樣全局性的長時間的嚴重錯誤。可以說，改革開放前，我們在建設社會主義上取得了重要的理論和實踐成果，為我們開闢新路打下了重要基礎、提供了重要啟示，但在國家治理體系上還沒有找到一種完全符合我國實際的模式。

改革開放以來，我們黨開始以全新的角度思考國家治理體系問題。一九八〇年，鄧小平同志在《黨和國家領導制度的改革》中指出：「我們進行社會主義現代化建設，是要在經濟上趕上發達的資本主義國家，在政治上創造比資本主義國家的民主更高更切實的民主，並且造就比這些國家更多更優秀的人才。」鄧小平同志還說：「我們今天再不健全社會主義制度，人們就會說，為什麼資本主義制度所能解決的一些問題，社會主義制度反而不能解決呢？這種比較方法雖然不全面，但是我們不能因此而不加以重視。」「領導制度、組織制度問題更帶有根本性、全局性、穩定性和長期性。這種制度問題，關係到黨和國家是否改變顏色，必須引起全黨的高度重視。」鄧小平同志反覆強調制度問題，想得是很深的。他考慮的不僅是要解決好制約黨和國家事業發展的體制機制弊端問題，而且是要解決好事關黨和國家長治久安的制度現代化問題。

從世界歷史角度看，經過長期劇烈的社會變革之後，一個政權要穩定下來，一個社會要穩定下來，必須加強制度建設，而形成比較完備的一套制度往往需要較長甚至很長的歷史時期。我們說

過，鞏固和發展社會主義制度，還需要一個很長的歷史階段，需要我們幾代人、十幾代人，甚至幾十代人堅持不懈地努力奮鬥。大家想想，幾十代人是個什麼時間概念？孔夫子的後人到現在也就八十代。英國從一六四○年發生資產階級革命到一六八八年「光榮革命」形成君主立憲制度，用了幾十年的時間，而這套制度成熟起來時間就更長了。美國從一七七五年開始獨立戰爭到一八六五年南北戰爭結束，新的體制才大體穩定下來，用了將近九十年的時間。法國從一七八九年發生資產階級革命到一八七○年第二帝國倒台、第三共和國成立，其間經歷了多次復辟和反復辟的較量，用了八十多年時間。就是日本，一八六八年就開始了明治維新，但直到第二次世界大戰結束後才形成了現在這樣的體制。

必須看到，我們黨在推進國家治理體系建設、提高國家治理能力上遇到的問題是極其複雜的。一方面，鴉片戰爭之後，在內憂外患雙重衝擊下，我國進入了社會大動盪、大變革的歷史階段，連年戰火和外敵入侵，基本上摧毀了國家制度的運行機制和社會秩序，到新中國成立前沒有形成有序有效的國家治理體系，國家治理能力就更談不上了。另一方面，新中國成立後，我們面臨的是戰爭留下的廢墟，百廢待興，既要建設完全不同於舊中國的制度體系，又要治理一個人口眾多、基礎薄弱的大國，推進國家治理體系建設、提高國家治理能力的任務必然是長期的、艱巨的、複雜的，需要進行長時間的艱辛探索和艱苦努力。

我們說過，我們黨歷經革命、建設、改革，已經從領導人民

為奪取全國政權而奮鬥的黨，成為領導人民掌握全國政權並長期執政的黨；已經從受到外部封鎖和實行計劃經濟條件下領導國家建設的黨，成為對外開放和發展社會主義市場經濟條件下領導國家建設的黨。今天，我們黨處在這樣的歷史方位上，擺在我們面前的一項重大歷史任務，就是推動中國特色社會主義制度更加成熟、更加定型。可以這麼說，從形成更加成熟、更加定型的制度看，我國社會主義實踐的前半程已經走過了，前半程我們的主要歷史任務是建立社會主義基本制度，並在這個基礎上進行改革，現在已經有了很好的基礎。後半程，我們的主要歷史任務是完善和發展中國特色社會主義制度，為黨和國家事業發展、為人民幸福安康、為社會和諧穩定、為國家長治久安提供一整套更完備、更穩定、更管用的制度體系。這項工程極為宏大，零敲碎打調整不行，碎片化修補也不行，必須是全面的系統的改革和改進，是各領域改革和改進的聯動和集成，在國家治理體系和治理能力現代化上形成總體效應、取得總體效果。

做好新形勢下民族工作 *

（二〇一四年三月四日）

　　我國是統一的多民族國家，五十五個少數民族在全國政協這個大團結組織中都有自己的代表，百萬人口以上的少數民族都有全國政協常委。來自不同地區、不同民族的政協委員聚集在一起，反映民情、表達訴求，參政議政、共商國是，是我國社會主義制度優越性的生動體現。

　　民族工作關乎大局。這裏，我結合當前民族工作實際和委員們的發言，談幾點意見，同大家一起交流。

　　第一，堅定不移走中國特色社會主義道路。總結歷史和現實經驗，處理好民族關係，關鍵是要找到符合自身實際的正確道路。堅持中國特色社會主義道路，是新形勢下做好民族工作必須牢牢把握的正確政治方向。我們的長期實踐和國際比較都證明，我們的民族政策和民族工作是成功的，積累了十分重要的經驗。我這裏點幾個主要方面。一是黨領導的中國革命取得偉大勝利是各族人民共同浴血奮鬥的結果，各族兒女都為中國革命勝利作出了巨大犧牲和重要貢獻，在共同反對外敵入侵、追求自身解放的偉大進程中，各族人

---

* 這是習近平同志在參加全國政協十二屆二次會議少數民族界委員聯組討論時講話的主要部分。

民賦予了中華民族以全新的意義。二是民族平等原則始終是我們立國的根本原則之一，我們黨實行各民族一律平等的政策，反對任何民族壓迫、民族歧視，得到了各族人民一致擁護。三是全國各民族共同進入社會主義，第一次在制度層面上實現了民族平等。四是各少數民族取得了歷史上最快最好的發展，群眾生活有了根本改善。五是平等團結互助和諧的社會主義民族關係已經確立，共同團結奮鬥、共同繁榮發展成為各族人民的共同心願，和睦相處、和衷共濟、和諧發展成為我國民族關係的主流。

我查了一組數據，世界上大約有二千多個民族，分佈在二百多個國家和地區。世界上絕大多數國家都是多民族國家，都面臨如何處理好國內民族關係的任務。

今年是新中國成立六十五週年、民族區域自治法實施三十週年，明年是新疆維吾爾自治區成立六十週年、西藏自治區成立五十週年，要以此為契機，引導各族人民深刻認識中國特色社會主義道路是解決我國民族問題的正確道路，全面貫徹落實黨的民族政策，堅持和完善民族區域自治制度，不斷增強各族人民對偉大祖國的認同、對中華民族的認同、對中華文化的認同、對中國特色社會主義道路的認同，更好維護民族團結、社會穩定、國家統一。

第二，加快推進民族地區全面建設小康社會進程。到二〇二〇年實現全面建成小康社會的奮鬥目標，需要全國各族人民共同奮鬥。改革開放以來，我國民族地區面貌發生了翻天覆地的變化。近年來，我國民族地區經濟發展加快、城鄉居民收入增長加速，各項

社會事業不斷進步。同時，我國民族地區群眾困難多、困難群眾多。

我說過，小康不小康，關鍵看老鄉。看老鄉，千萬別忽視了分佈在農村牧區、邊疆廣大地區的少數民族群眾。中國共產黨一再強調，增強民族團結的核心問題，就是要積極創造條件，千方百計加快少數民族和民族地區經濟社會發展，促進各民族共同繁榮發展。要優化轉移支付和對口支援的體制機制，貫徹落實扶持集中連片特殊困難地區、牧區、邊境地區、人口較少民族地區發展等政策舉措，加大基礎設施建設力度，推進基本公共服務均等化，增強民族地區自我發展的「造血」能力。要堅持實事求是、因地制宜，持之以恆、久久為功，建立精準扶貧工作機制，集中力量解決突出問題，不喊脫離實際的口號，不定好高騖遠的目標，在打基礎、謀長遠、見成效上下功夫，讓民族地區群眾不斷得到實實在在的實惠。

第三，鞏固和發展平等團結互助和諧的社會主義民族關係。團結固則百業興。團結穩定是福，分裂動亂是禍。歷史告訴我們，在多民族國家，只有民族團結，才能實現民族解放，才能建設好國家，才能有幸福生活。我國歷史上的各民族、今天的各民族都為中華民族發展作出了貢獻。比如，藏、傣、彝、白、布依、傈僳族等民族對西南地區開發，土家、苗、瑤、壯、黎族等民族對中南地區開發，回、維吾爾、哈薩克、柯爾克孜、東鄉、土族等民族對西北地區開發，蒙古、滿、錫伯、朝鮮族等民族對北方和東北地區開發，都作出了很大貢獻。這就是團結奮鬥的力量。全國各族人民都要珍惜民族大團結的政治局面，都要堅決反對一切危害各民族大團結的言行。

　　我們一直講，國家的統一，人民的團結，國內各民族的團結，這是我們的事業必定要勝利的基本保證。正確認識和處理民族關係，最根本的是要堅持民族平等，加強民族團結，推動民族互助，促進民族和諧。我們要堅持各民族共同團結奮鬥、共同繁榮發展的主題，深入開展民族團結宣傳教育，牢固樹立漢族離不開少數民族、少數民族離不開漢族、各少數民族之間也相互離不開的思想觀念，打牢民族團結的思想基礎。這個觀念要從娃娃抓起，納入社會主義核心價值體系建設之中，使之內化為理念、外化為行動，使各民族同呼吸、共命運、心連心的光榮傳統代代相傳。要及時妥善解決影響民族團結的矛盾糾紛，堅決遏制和依法打擊境內外敵對勢力利用民族問題進行分裂、滲透、破壞活動，堅決依法懲處和打擊暴力恐怖活動，築牢民族團結、社會穩定、國家統一的銅牆鐵壁。

　　第四，加強對民族工作重大問題的調查研究。當前，我國民族工作面臨許多新情況新問題。比如，推進城鎮化增進了各族群眾交往交流交融，同時大規模人口流動給社會管理等提出了新要求；發展社會主義市場經濟激發了民族地區發展內生動力，同時對處理好效率和公平的關係、幫助民族地區增強市場競爭能力帶來新的挑戰；發展開放型經濟提高了民族地區對外開放水平，同時也導致影響民族關係的因素更加複雜，等等，都需要進行深入調查研究。希望各位委員圍繞民族工作中重大問題和涉及少數民族群眾切身利益的實際問題，提出務實有效的應對之策，為做好新形勢下民族工作發揮參謀助手和決策諮詢作用。

在慶祝全國人民代表大會
成立六十週年大會上的講話

（二〇一四年九月五日）

同志們，朋友們：

　　六十年前，我們人民共和國的締造者們，同經過普選產生的一千二百多名全國人大代表一道，召開了第一屆全國人民代表大會第一次會議，通過了《中華人民共和國憲法》，從此建立起中華人民共和國的根本政治制度——人民代表大會制度。中國這樣一個有五千多年文明史、幾億人口的國家建立起人民當家作主的新型政治制度，在中國政治發展史乃至世界政治發展史上都是具有劃時代意義的。

　　今天，我們在這裏隆重集會，慶祝全國人民代表大會成立六十週年，就是要回顧人民代表大會制度建立和發展的歷程，堅定中國特色社會主義道路自信、理論自信、制度自信，在新的歷史起點上堅持和完善人民代表大會制度，更好組織和動員全國各族人民為實現「兩個一百年」奮鬥目標、實現中華民族偉大復興的中國夢而奮鬥。

　　同志們、朋友們！

　　在中國建立什麼樣的政治制度，是近代以後中國人民面臨的一

個歷史性課題。為解決這一歷史性課題，中國人民進行了艱辛探索。

一八四〇年鴉片戰爭後，中國逐步成為半殖民地半封建社會。那個時代，為了挽救民族危亡、實現民族振興，中國人民和無數仁人志士孜孜不倦尋找着適合國情的政治制度模式。辛亥革命之前，太平天國運動、洋務運動、戊戌變法、義和團運動、清末新政等都未能取得成功。辛亥革命之後，中國嘗試過君主立憲制、帝制復辟、議會制、多黨制、總統制等各種形式，各種政治勢力及其代表人物紛紛登場，都沒能找到正確答案，中國依然是山河破碎、積貧積弱，列強依然在中國橫行霸道、攫取利益，中國人民依然生活在苦難和屈辱之中。

事實證明，不觸動舊的社會根基的自強運動，各種名目的改良主義，舊式農民戰爭，資產階級革命派領導的民主主義革命，照搬西方政治制度模式的各種方案，都不能完成中華民族救亡圖存和反帝反封建的歷史任務，都不能讓中國的政局和社會穩定下來，也都談不上為中國實現國家富強、人民幸福提供制度保障。

在中國人民頑強前行的偉大鬥爭中，中國共產黨誕生了。自成立之日起，中國共產黨就以實現中國人民當家作主和中華民族偉大復興為己任，為「索我理想之中華」矢志不渝，「喚起工農千百萬」，進行艱苦卓絕的革命鬥爭，終於徹底推翻了帝國主義、封建主義、官僚資本主義三座大山，建立了人民當家作主的新中國，億萬中國人民從此成為國家和社會的主人。這一偉大歷史事件，從根本上改變了近代以後中國內憂外患、任人宰割的悲慘命運。

　　中國共產黨領導中國人民取得革命勝利後，國家政權應該怎樣組織？國家應該怎樣治理？這是一個關係國家前途、人民命運的根本性問題。經過實踐探索和理論思考，中國共產黨人找到了答案。早在一九四〇年，毛澤東同志就說到：「沒有適當形式的政權機關，就不能代表國家。中國現在可以採取全國人民代表大會、省人民代表大會、縣人民代表大會、區人民代表大會直到鄉人民代表大會的系統，並由各級代表大會選舉政府。」

　　新中國的誕生，為中國人民把這一構想付諸實踐奠定了前提、創造了條件。一九四九年九月，具有臨時憲法地位的《中國人民政治協商會議共同綱領》莊嚴宣告，新中國實行人民代表大會制度。一九五四年九月，一屆全國人大一次會議通過的《中華人民共和國憲法》明確規定：「中華人民共和國的一切權力屬於人民。人民行使權力的機關是全國人民代表大會和地方各級人民代表大會。」

　　在中國實行人民代表大會制度，是中國人民在人類政治制度史上的偉大創造，是深刻總結近代以後中國政治生活慘痛教訓得出的基本結論，是中國社會一百多年激越變革、激盪發展的歷史結果，是中國人民翻身作主、掌握自己命運的必然選擇。

　　六十年來特別是改革開放三十多年來，人民代表大會制度不斷得到鞏固和發展，展現出蓬勃生機活力。六十年的實踐充分證明，人民代表大會制度是符合中國國情和實際、體現社會主義國家性質、保證人民當家作主、保障實現中華民族偉大復興的好制度。鄧小平同志曾經說過：「我們實行的就是全國人民代表大會一院制，這

最符合中國實際。如果政策正確，方向正確，這種體制益處很大，很有助於國家的興旺發達，避免很多牽扯。」江澤民同志強調：人民代表大會制度「是我們黨長期進行人民政權建設的經驗總結，也是我們黨對國家事務實施領導的一大特色和優勢」。胡錦濤同志也指出：「人民代表大會制度是中國人民當家作主的重要途徑和最高實現形式，是中國社會主義政治文明的重要制度載體。」

在新的奮鬥征程上，必須充分發揮人民代表大會制度的根本政治制度作用，繼續通過人民代表大會制度牢牢把國家和民族前途命運掌握在人民手中。這是時代賦予我們的光榮任務。

同志們、朋友們！

在中國，發展社會主義民主政治，保證人民當家作主，保證國家政治生活既充滿活力又安定有序，關鍵是要堅持黨的領導、人民當家作主、依法治國有機統一。人民代表大會制度是堅持黨的領導、人民當家作主、依法治國有機統一的根本制度安排。

——堅持和完善人民代表大會制度，必須毫不動搖堅持中國共產黨的領導。中國共產黨的領導是中國特色社會主義最本質的特徵。沒有共產黨，就沒有新中國，就沒有新中國的繁榮富強。堅持中國共產黨這一堅強領導核心，是中華民族的命運所繫。中國共產黨的領導，就是支持和保證人民實現當家作主。我們必須堅持黨總攬全局、協調各方的領導核心作用，通過人民代表大會制度，保證黨的路線方針政策和決策部署在國家工作中得到全面貫徹和有效執行。要支持和保證國家政權機關依照憲法法律積極主動、獨立負

責、協調一致開展工作。要不斷加強和改善黨的領導，善於使黨的主張通過法定程序成為國家意志，善於使黨組織推薦的人選通過法定程序成為國家政權機關的領導人員，善於通過國家政權機關實施黨對國家和社會的領導，善於運用民主集中制原則維護黨和國家權威、維護全黨全國團結統一。

——堅持和完善人民代表大會制度，必須保證和發展人民當家作主。人民當家作主是社會主義民主政治的本質和核心。人民民主是社會主義的生命。沒有民主就沒有社會主義，就沒有社會主義的現代化，就沒有中華民族偉大復興。我們必須堅持國家一切權力屬於人民，堅持人民主體地位，支持和保證人民通過人民代表大會行使國家權力。要擴大人民民主，健全民主制度，豐富民主形式，拓寬民主渠道，從各層次各領域擴大公民有序政治參與，發展更加廣泛、更加充分、更加健全的人民民主。國家各項工作都要貫徹黨的群眾路線，密切同人民群眾的聯繫，傾聽人民呼聲，回應人民期待，不斷解決好人民最關心最直接最現實的利益問題，凝聚起最廣大人民智慧和力量。

——堅持和完善人民代表大會制度，必須全面推進依法治國。發展人民民主必須堅持依法治國、維護憲法法律權威，使民主制度化、法律化，使這種制度和法律不因領導人的改變而改變，不因領導人的看法和注意力的改變而改變。憲法是國家的根本法，堅持依法治國首先要堅持依憲治國，堅持依法執政首先要堅持依憲執政。我們必須堅持把依法治國作為黨領導人民治理國家的基本方略、把

法治作為治國理政的基本方式，不斷把法治中國建設推向前進。要通過人民代表大會制度，弘揚社會主義法治精神，依照人民代表大會及其常委會制定的法律法規來展開和推進國家各項事業和各項工作，保證人民平等參與、平等發展權利，維護社會公平正義，尊重和保障人權，實現國家各項工作法治化。

——堅持和完善人民代表大會制度，必須堅持民主集中制。民主集中制是中國國家組織形式和活動方式的基本原則。人民代表大會統一行使國家權力，全國人民代表大會是最高國家權力機關，地方各級人民代表大會是地方國家權力機關。我們必須堅持人民通過人民代表大會行使國家權力；各級人民代表大會都由民主選舉產生，對人民負責、受人民監督；各級國家行政機關、審判機關、檢察機關都由人民代表大會產生，對人大負責、受人大監督；國家機關實行決策權、執行權、監督權既有合理分工又有相互協調；在中央統一領導下，充分發揮地方主動性和積極性，保證國家統一高效組織推進各項事業。

同志們、朋友們！

人民代表大會制度是中國特色社會主義制度的重要組成部分，也是支撐中國國家治理體系和治理能力的根本政治制度。新形勢下，我們要毫不動搖堅持人民代表大會制度，也要與時俱進完善人民代表大會制度。當前和今後一個時期，要着重抓好以下幾個重要環節的工作。

第一，加強和改進立法工作。「國無常強，無常弱。奉法者強

則國強，奉法者弱則國弱。」經過長期努力，中國特色社會主義法律體系已經形成，我們國家和社會生活各方面總體上實現了有法可依，這是我們取得的重大成就，也是我們繼續前進的新起點。形勢在發展，時代在前進，法律體系必須隨着時代和實踐發展而不斷發展。

我們要加強重要領域立法，確保國家發展、重大改革於法有據，把發展改革決策同立法決策更好結合起來。要堅持問題導向，提高立法的針對性、及時性、系統性、可操作性，發揮立法引領和推動作用。要抓住提高立法質量這個關鍵，深入推進科學立法、民主立法，完善立法體制和程序，努力使每一項立法都符合憲法精神、反映人民意願、得到人民擁護。

第二，加強和改進法律實施工作。法律的生命力在於實施，法律的權威也在於實施。「法令行則國治，法令弛則國亂。」各級國家行政機關、審判機關、檢察機關是法律實施的重要主體，必須擔負法律實施的法定職責，堅決糾正有法不依、執法不嚴、違法不究現象，堅決整治以權謀私、以權壓法、徇私枉法問題，嚴禁侵犯群眾合法權益。

我們要全面落實依法治國基本方略，堅持法律面前人人平等，加快建設社會主義法治國家，不斷推進科學立法、嚴格執法、公正司法、全民守法進程。要深入推進依法行政，加快建設法治政府。各級行政機關必須依法履行職責，堅持法定職責必須為、法無授權不可為，決不允許任何組織或者個人有超越法律的特權。要深入推

進公正司法，深化司法體制改革，加快建設公正高效權威的司法制度，完善人權司法保障制度，嚴肅懲治司法腐敗，讓人民群眾在每一個司法案件中都感受到公平正義。

第三，加強和改進監督工作。人民的眼睛是雪亮的，人民是無所不在的監督力量。只有讓人民來監督政府，政府才不會懈怠；只有人人起來負責，才不會人亡政息。人民代表大會制度的重要原則和制度設計的基本要求，就是任何國家機關及其工作人員的權力都要受到制約和監督。

各級人大及其常委會要擔負起憲法法律賦予的監督職責，維護國家法制統一、尊嚴、權威，加強對「一府兩院」執法、司法工作的監督，確保法律法規得到有效實施，確保行政權、審判權、檢察權得到正確行使。地方人大及其常委會要依法保證憲法法律、行政法規和上級人大及其常委會決議在本行政區域內得到遵守和執行。要加強黨紀監督、行政監察、審計監督、司法監督和國家機關內部各種形式的紀律監督。要拓寬人民監督權力的渠道，公民對於任何國家機關和國家工作人員有提出批評和建議的權利，對於任何國家機關和國家工作人員的違法失職行為有向有關國家機關提出申訴、控告或者檢舉的權利。要健全申訴控告檢舉機制，加強檢察監督，切實做到有權必有責、用權受監督、侵權要賠償、違法必追究。

一個政黨，一個政權，其前途命運取決於人心向背。人民群眾反對什麼、痛恨什麼，我們就要堅決防範和打擊。人民群眾最痛恨腐敗現象，我們就必須堅定不移反對腐敗。要堅持用制度管權管

事管人，抓緊形成不想腐、不能腐、不敢腐的有效機制，讓人民監督權力，讓權力在陽光下運行，把權力關進制度的籠子裏。要堅持「老虎」、「蒼蠅」一起打，堅持有腐必反、有貪必肅，下最大氣力解決腐敗問題，努力營造風清氣正的黨風政風和社會風氣，不斷以反腐倡廉的新成效取信於民。

第四，加強同人大代表和人民群眾的聯繫。人民代表大會制度之所以具有強大生命力和顯著優越性，關鍵在於它深深植根於人民之中。我們國家的名稱，我們各級國家機關的名稱，都冠以「人民」的稱號，這是我們對中國社會主義政權的基本定位。中國二百六十多萬各級人大代表，都要忠實代表人民利益和意志，依法參加行使國家權力。各級國家機關及其工作人員，不論做何種工作，說到底都是為人民服務。這一基本定位，什麼時候都不能含糊、不能淡化。

各級國家機關加強同人大代表的聯繫、加強同人民群眾的聯繫，是實行人民代表大會制度的內在要求，是人民對自己選舉和委派代表的基本要求。各級國家機關及其工作人員一定要為人民用權、為人民履職、為人民服務，把加強同人大代表和人民群眾的聯繫作為對人民負責、受人民監督的重要內容，虛心聽取人大代表、人民群眾意見和建議，積極回應社會關切，自覺接受人民監督，認真改正工作中的缺點和錯誤。

第五，加強和改進人大工作。新的形勢和任務對各級人大及其常委會工作提出了更高要求。要按照總結、繼承、完善、提高的原則，推進人民代表大會制度理論和實踐創新，推動人大工作提高

水平。

各級人大及其常委會要堅持正確政治方向，增強代表人民行使管理國家權力的政治責任感，履行憲法法律賦予的職責。要健全人大常委會組成人員聯繫本級人大代表機制，暢通社情民意反映和表達渠道，支持和保證人大代表依法履職，優化人大常委會、專門委員會組成人員結構，完善人大組織制度、工作制度、議事程序。各級黨委要加強和改善黨對人大工作的領導，支持和保證人大及其常委會依法行使職權、開展工作。

同志們、朋友們！

人民民主是中國共產黨始終高舉的旗幟。在前進道路上，我們要堅定不移走中國特色社會主義政治發展道路，繼續推進社會主義民主政治建設、發展社會主義政治文明。

以什麼樣的思路來謀劃和推進中國社會主義民主政治建設，在國家政治生活中具有管根本、管全局、管長遠的作用。古今中外，由於政治發展道路選擇錯誤而導致社會動盪、國家分裂、人亡政息的例子比比皆是。中國是一個發展中大國，堅持正確的政治發展道路更是關係根本、關係全局的重大問題。

設計和發展國家政治制度，必須注重歷史和現實、理論和實踐、形式和內容有機統一。要堅持從國情出發、從實際出發，既要把握長期形成的歷史傳承，又要把握走過的發展道路、積累的政治經驗、形成的政治原則，還要把握現實要求、着眼解決現實問題，不能割斷歷史，不能想象突然就搬來一座政治制度上的「飛來峰」。

政治制度是用來調節政治關係、建立政治秩序、推動國家發展、維護國家穩定的，不可能脫離特定社會政治條件來抽象評判，不可能千篇一律、歸於一尊。在政治制度上，看到別的國家有而我們沒有就簡單認為有欠缺，要搬過來；或者，看到我們有而別的國家沒有就簡單認為是多餘的，要去除掉。這兩種觀點都是簡單化的、片面的，因而都是不正確的。

「橘生淮南則為橘，生於淮北則為枳。」我們需要借鑒國外政治文明有益成果，但絕不能放棄中國政治制度的根本。中國有九百六十多萬平方公里土地、五十六個民族，我們能照誰的模式辦？誰又能指手畫腳告訴我們該怎麼辦？對豐富多彩的世界，我們應該秉持兼容並蓄的態度，虛心學習他人的好東西，在獨立自主的立場上把他人的好東西加以消化吸收，化成我們自己的好東西，但決不能囫圇吞棗、決不能邯鄲學步。照抄照搬他國的政治制度行不通，會水土不服，會畫虎不成反類犬，甚至會把國家前途命運葬送掉。只有扎根本國土壤、汲取充沛養分的制度，才最可靠、也最管用。

世界上不存在完全相同的政治制度，也不存在適用於一切國家的政治制度模式。「物之不齊，物之情也。」各國國情不同，每個國家的政治制度都是獨特的，都是由這個國家的人民決定的，都是在這個國家歷史傳承、文化傳統、經濟社會發展的基礎上長期發展、漸進改進、內生性演化的結果。中國特色社會主義政治制度之所以行得通、有生命力、有效率，就是因為它是從中國的社會土壤中生

長起來的。中國特色社會主義政治制度過去和現在一直生長在中國的社會土壤之中，未來要繼續茁壯成長，也必須深深扎根於中國的社會土壤。

同志們、朋友們！

評價一個國家政治制度是不是民主的、有效的，主要看國家領導層能否依法有序更替，全體人民能否依法管理國家事務和社會事務、管理經濟和文化事業，人民群眾能否暢通表達利益要求，社會各方面能否有效參與國家政治生活，國家決策能否實現科學化、民主化，各方面人才能否通過公平競爭進入國家領導和管理體系，執政黨能否依照憲法法律規定實現對國家事務的領導，權力運用能否得到有效制約和監督。

經過長期努力，我們在解決這些重點問題上都取得了決定性進展。我們廢除了實際上存在的領導幹部職務終身制，普遍實行領導幹部任期制度，實現了國家機關和領導層的有序更替。我們不斷擴大人民有序政治參與，人民實現了內容廣泛、層次豐富的當家作主。我們堅持發展最廣泛的愛國統一戰線，發展獨具特色的社會主義協商民主，有效凝聚了各黨派、各團體、各民族、各階層、各界人士的智慧和力量。我們努力建設了解民情、反映民意、集中民智、珍惜民力的決策機制，增強決策透明度和公眾參與度，保證了決策符合人民利益和願望。我們積極發展廣納群賢、充滿活力的選人用人機制，廣泛把各方面優秀人才集聚到黨和國家各項事業中來。我們堅持依法治國、依法執政、依法行政共同推進，堅持法治

國家、法治政府、法治社會一體建設，全社會法治水平不斷提高。
我們建立健全多層次監督體系，完善各類公開辦事制度，保證黨和
國家領導機關和人員按照法定權限和程序行使權力。

　　中國實行工人階級領導的、以工農聯盟為基礎的人民民主專政
的國體，實行人民代表大會制度的政體，實行中國共產黨領導的多
黨合作和政治協商制度，實行民族區域自治制度，實行基層群眾自
治制度，具有鮮明的中國特色。這樣一套制度安排，能夠有效保證
人民享有更加廣泛、更加充實的權利和自由，保證人民廣泛參加國
家治理和社會治理；能夠有效調節國家政治關係，發展充滿活力的
政黨關係、民族關係、宗教關係、階層關係、海內外同胞關係，增
強民族凝聚力，形成安定團結的政治局面；能夠集中力量辦大事，
有效促進社會生產力解放和發展，促進現代化建設各項事業，促進
人民生活質量和水平不斷提高；能夠有效維護國家獨立自主，有力
維護國家主權、安全、發展利益，維護中國人民和中華民族的福祉。

　　改革開放三十多年來，中國經濟實力、綜合國力、人民生活水
平不斷跨上新台階，我們不斷戰勝前進道路上各種世所罕見的艱難
險阻，中國各民族長期共同團結奮鬥、共同繁榮發展，中國社會長
期保持和諧穩定。這些事實充分證明，中國社會主義民主政治具有
強大生命力，中國特色社會主義政治發展道路是符合中國國情、保
證人民當家作主的正確道路。

　　同志們、朋友們！

　　一個國家的政治制度決定於這個國家的經濟社會基礎，同時又

反作用於這個國家的經濟社會基礎，乃至於起到決定性作用。在一個國家的各種制度中，政治制度處於關鍵環節。所以，堅定中國特色社會主義制度自信，首先要堅定對中國特色社會主義政治制度的自信，增強走中國特色社會主義政治發展道路的信心和決心。

中國特色社會主義民主是個新事物，也是個好事物。當然，這並不是說，中國政治制度就完美無缺了，就不需要完善和發展了。制度自信不是自視清高、自我滿足，更不是裹足不前、固步自封，而是要把堅定制度自信和不斷改革創新統一起來，在堅持根本政治制度、基本政治制度的基礎上，不斷推進制度體系完善和發展。我們一直認為，我們的民主法治建設同擴大人民民主和經濟社會發展的要求還不完全適應，社會主義民主政治的體制、機制、程序、規範以及具體運行上還存在不完善的地方，在保障人民民主權利、發揮人民創造精神方面也還存在一些不足，必須繼續加以完善。在全面深化改革進程中，我們要積極穩妥推進政治體制改革，以保證人民當家作主為根本，以增強黨和國家活力、調動人民積極性為目標，不斷建設社會主義政治文明。

發展社會主義民主政治，是推進國家治理體系和治理能力現代化的題中應有之義。黨的十八屆三中全會提出的全面深化改革總目標，是兩句話組成的一個整體，即完善和發展中國特色社會主義制度、推進國家治理體系和治理能力現代化。前一句規定了根本方向，我們的方向就是中國特色社會主義道路，而不是其他什麼道路。後一句規定了在根本方向指引下完善和發展中國特色社會主義

制度的鮮明指向。兩句話都講，才是完整的。

發展社會主義民主政治，關鍵是要增加和擴大我們的優勢和特點，而不是要削弱和縮小我們的優勢和特點。我們要堅持發揮黨總攬全局、協調各方的領導核心作用，提高黨科學執政、民主執政、依法執政水平，保證黨領導人民有效治理國家，切實防止出現群龍無首、一盤散沙的現象。我們要堅持國家一切權力屬於人民，既保證人民依法實行民主選舉，也保證人民依法實行民主決策、民主管理、民主監督，切實防止出現選舉時漫天許諾、選舉後無人過問的現象。我們要堅持和完善中國共產黨領導的多黨合作和政治協商制度，加強社會各種力量的合作協調，切實防止出現黨爭紛沓、相互傾軋的現象。我們要堅持和完善民族區域自治制度，鞏固平等團結互助和諧的社會主義民族關係，促進各民族和睦相處、和衷共濟、和諧發展，切實防止出現民族隔閡、民族衝突的現象。我們要堅持和完善基層群眾自治制度，發展基層民主，保障人民依法直接行使民主權利，切實防止出現人民形式上有權、實際上無權的現象。我們要堅持和完善民主集中制的制度和原則，促使各類國家機關提高能力和效率、增進協調和配合，形成治國理政的強大合力，切實防止出現相互掣肘、內耗嚴重的現象。

總之，我們要不斷推進社會主義民主政治制度化、規範化、程序化，更好發揮中國特色社會主義政治制度的優越性，為黨和國家興旺發達、長治久安提供更加完善的制度保障。

同志們、朋友們！

　　六十年一甲子。此時此刻，讓我們一起來重溫毛澤東同志六十年前在第一屆全國人民代表大會第一次會議上講的一段話，他說：「我們有充分的信心，克服一切艱難困苦，將我國建設成為一個偉大的社會主義共和國。我們正在前進。我們正在做我們的前人從來沒有做過的極其光榮偉大的事業。我們的目的一定要達到。我們的目的一定能夠達到。」

　　當代中國共產黨人和中國人民一定要把這個崇高使命擔當起來，不斷發展具有強大生命力的社會主義民主政治，在實現中國夢的偉大奮鬥中，共同創造中國人民和中華民族更加幸福美好的未來，大家一起努力吧！

在慶祝中國人民政治協商會議
成立六十五週年大會上的講話

（二〇一四年九月二十一日）

同志們，朋友們：

今天，我們在這裏隆重集會，慶祝中國人民政治協商會議成立六十五週年。六十五年來，在中國共產黨領導下，人民政協積極投身建立新中國、建設新中國、探索改革路、實現中國夢的偉大實踐，走過了輝煌的歷程，建立了歷史的功勳！

首先，我代表中共中央，向中國人民政治協商會議成立六十五週年，表示熱烈的祝賀！向共同致力於中國特色社會主義事業、為人民政協事業作出突出貢獻的各民主黨派、全國工商聯和無黨派人士，各人民團體和各族各界人士，致以崇高的敬意！向香港特別行政區同胞、澳門特別行政區同胞、台灣同胞和海外僑胞，表示誠摯的問候！

此時此刻，我們更加深切緬懷毛澤東同志、周恩來同志、鄧小平同志、鄧穎超同志、李先念同志等老一輩人民政協事業領導人。我們將永遠銘記所有為人民政協事業作出貢獻的人們，在新的時代條件下把人民政協事業繼續推向前進。

同志們、朋友們！

一九四九年九月二十一日至三十日，中國人民政治協商會議第一屆全體會議召開。會議代表全國各族人民意志，代行全國人民代表大會職權，通過了具有臨時憲法性質的《中國人民政治協商會議共同綱領》和《中國人民政治協商會議組織法》、《中華人民共和國中央人民政府組織法》，作出關於中華人民共和國國都、國旗、國歌、紀年四個重要決議，選舉中國人民政治協商會議全國委員會和中華人民共和國中央人民政府委員會，宣告中華人民共和國的成立。

這標誌着一百多年來中國人民爭取民族獨立和人民解放運動取得了歷史性的偉大勝利，標誌着愛國統一戰線和全國人民大團結在組織上完全形成，標誌着中國共產黨領導的多黨合作和政治協商制度正式確立。人民政協為新中國的建立作出了重大貢獻。

新中國成立後，人民政協為恢復和發展國民經濟、鞏固新生人民政權、推動各項社會改革、促進社會主義革命和建設作出了歷史性貢獻。一九五四年，全國人民代表大會召開後，人民政協作為多黨合作和政治協商機構、作為統一戰線組織繼續發揮重要作用，在完成社會主義改造、推動各種社會力量為實現國家總任務而奮鬥、活躍國家政治生活、調整統一戰線內部關係、擴大國際交往等方面發揮了重要作用，為推進新中國各項建設貢獻了力量。

中共十一屆三中全會以後，鄧小平同志說：「新時期統一戰線和人民政協的任務，就是要調動一切積極因素，努力化消極因素為積極因素，團結一切可以團結的力量，同心同德，群策群力，維護和發展安定團結的政治局面，為把我國建設成為現代化的社會主義

強國而奮鬥。」以鄧小平同志為核心的中國共產黨第二代中央領導
集體明確提出新時期人民政協的性質和任務，確立中國共產黨同各
民主黨派長期共存、互相監督、肝膽相照、榮辱與共的方針，推動
人民政協性質和作用載入憲法。以江澤民同志為核心的中國共產黨
第三代中央領導集體將中國共產黨領導的多黨合作和政治協商制度
確立為中國的基本政治制度，通過修改憲法明確這一制度將長期存
在和發展，進一步明確了人民政協的性質、主題、職能。以胡錦濤
同志為總書記的中共中央頒發《關於加強人民政協工作的意見》等
文件，為新世紀新階段人民政協事業發展提供了理論基礎、政策依
據、制度保障。

中共十八大以來，中共中央高度重視人民政協工作，強調要進
一步準確把握人民政協性質定位，充分發揮人民政協作為協商民主
重要渠道作用，圍繞團結和民主兩大主題，推進政治協商、民主監
督、參政議政制度建設。人民政協在繼承中發展、在發展中創新，
緊緊圍繞中心、服務大局，聚焦全面深化改革凝聚共識、匯集力
量、建言獻策，作出了新的積極貢獻。

回顧人民政協六十五年的發展歷程，我們更加深刻地認識到，
人民政協植根於中國歷史文化，產生於近代以後中國人民革命的偉
大鬥爭，發展於中國特色社會主義光輝實踐，具有鮮明中國特色，
是實現國家富強、民族振興、人民幸福的重要力量。我們有充分的
理由相信，人民政協創造了輝煌的歷史，也必將創造更加輝煌的
未來！

同志們、朋友們！

人民政協六十五年的豐富實踐積累了寶貴經驗，為我們做好人民政協工作確立了重要原則。

做好人民政協工作，必須堅持中國共產黨的領導。中國共產黨的領導是包括各民主黨派、各團體、各民族、各階層、各界人士在內的全體中國人民的共同選擇，是中國特色社會主義最本質的特徵，也是人民政協事業發展進步的根本保證。人民政協事業要沿着正確方向發展，就必須毫不動搖堅持中國共產黨的領導。

做好人民政協工作，必須堅持人民政協的性質定位。人民政協是統一戰線的組織，是多黨合作和政治協商的機構，是人民民主的重要實現形式，體現了中國特色社會主義制度的鮮明特點。人民政協要在依照憲法法律和政協章程準確定位的基礎上，大力推進自身各項工作和各項事業不斷向前發展。

做好人民政協工作，必須堅持大團結大聯合。大團結大聯合是統一戰線的本質要求，是人民政協組織的重要特徵。人民政協要堅持在熱愛中華人民共和國、擁護中國共產黨的領導、擁護社會主義事業、共同致力於實現中華民族偉大復興的政治基礎上，最大限度調動一切積極因素，團結一切可以團結的人，匯聚起共襄偉業的強大力量。

做好人民政協工作，必須堅持發揚社會主義民主。人民民主是社會主義的生命。人民政協是人民民主的重要形式。人民政協要適應推進國家治理體系和治理能力現代化的要求，堅持改革創新

精神，推進人民政協理論創新、制度創新、工作創新，豐富民主形式，暢通民主渠道，有效組織各黨派、各團體、各民族、各階層、各界人士共商國是，推動實現廣泛有效的人民民主。

同志們、朋友們！

我們的目標越偉大，我們的願景越光明，我們的使命越艱巨，我們的責任越重大，就越需要匯聚起全民族智慧和力量，就越需要廣泛凝聚共識、不斷增進團結。希望人民政協繼承光榮傳統，提高履職能力現代化水平，為實現「兩個一百年」奮鬥目標、實現中華民族偉大復興的中國夢作出新的更大貢獻。

第一，堅持中國特色社會主義制度優勢和特點。「履不必同，期於適足；治不必同，期於利民。」中國特色社會主義制度的生命力，就在於這一制度是在中國的社會土壤中生長起來的，人民政協就是適合中國國情、具有鮮明中國特色的制度安排。

人民政協要始終把堅持和發展中國特色社會主義作為鞏固共同思想政治基礎的主軸。要堅持中國共產黨的領導、人民當家作主、依法治國有機統一，自覺把中國共產黨的決策部署貫徹到人民政協工作中去，準確把握人民政協性質、地位、職能和作用，堅定不移走中國特色社會主義政治發展道路，風雨如磐不動搖。

第二，堅持緊扣改革發展獻計出力。中國仍然處於社會主義初級階段，仍然是世界上最大的發展中國家，發展仍然是解決中國一切問題的關鍵。我們面臨的中心任務就是緊緊抓住和用好重要戰略機遇期，全面深化改革，不斷解放和發展社會生產力，推動各項事

業全面發展，更好改善和保障人民生活。

　　人民政協要充分發揮代表性強、聯繫面廣、包容性大的優勢，聚焦推動科學發展、全面深化改革中的重大問題和群眾最為關切的問題，深入進行調查研究，努力為改革發展出實招、謀良策。要積極宣傳改革發展的大政方針，引導所聯繫群眾支持和參與改革發展，正確對待新形勢下改革發展帶來的利益格局調整，為改革發展添助力、增合力。要敢於講真話、講諍言，及時反映真實情況，勇於提出建議和批評，幫助查找不足、解決問題，推動各項改革發展舉措落到實處。

　　第三，堅持發揮人民政協在發展協商民主中的重要作用。人民政協以憲法、政協章程和相關政策為依據，以中國共產黨領導的多黨合作和政治協商制度為保障，集協商、監督、參與、合作於一體，是社會主義協商民主的重要渠道。

　　人民政協要發揮作為專門協商機構的作用，把協商民主貫穿履行職能全過程，推進政治協商、民主監督、參政議政制度建設，不斷提高人民政協協商民主制度化、規範化、程序化水平，更好協調關係、匯聚力量、建言獻策、服務大局。要拓展協商內容、豐富協商形式，建立健全協商議題提出、活動組織、成果採納落實和反饋機制，更加靈活、更為經常開展專題協商、對口協商、界別協商、提案辦理協商，探索網絡議政、遠程協商等新形式，提高協商實效，努力營造既暢所欲言、各抒己見，又理性有度、合法依章的良好協商氛圍。

第四，堅持廣泛凝聚實現中華民族偉大復興的正能量。人民政協是最廣泛的愛國統一戰線組織。統一戰線是中國共產黨奪取革命、建設、改革事業勝利的重要法寶，也是實現中華民族偉大復興的重要法寶。

「大廈之成，非一木之材也；大海之闊，非一流之歸也。」要堅持和完善中國共產黨領導的多黨合作和政治協商制度，完善工作機制，搭建更多平台，為民主黨派和無黨派人士在政協更好發揮作用創造條件。要全面貫徹黨的民族政策和宗教政策，積極引導各族群眾增強對偉大祖國的認同、對中華民族的認同、對中華文化的認同、對中國特色社會主義道路的認同，充分發揮宗教界人士和信教群眾在推動經濟社會發展中的積極作用，促進民族團結、宗教和睦。要堅定不移貫徹「一國兩制」、「港人治港」、「澳人治澳」、高度自治的方針，推動全面準確落實基本法，推動內地同香港、澳門的交流合作，維護香港、澳門長期繁榮穩定。要堅持「兩岸一家人」，拓展同台灣島內有關黨派團體、社會組織、各界人士的聯繫和溝通，推動兩岸關係和平發展。要加強同海外僑胞、歸僑僑眷的聯繫，維護他們的合法權益，支持他們積極參與和支持祖（籍）國現代化建設與和平統一大業，促進中國同世界各國的文化交流。要高舉和平、發展、合作、共贏旗幟，按照國家對外工作總體部署，加強同各國人民、政治組織、媒體智庫等友好往來，為促進人類和平與發展的崇高事業作出積極貢獻。

第五，堅持推進履職能力建設。人民政協是國家治理體系的

重要組成部分，要適應全面深化改革的要求，以改革思維、創新理念、務實舉措大力推進履職能力建設，努力在推進國家治理體系和治理能力現代化中發揮更大作用。

人民政協要提高政治把握能力，堅定理想信念，增進政治認同，提高運用科學理論分析判斷形勢、研究解決問題的能力和水平。要提高調查研究能力，堅持問題導向，深入實際摸清真實情況，集合眾智提出解決辦法，努力使對策建議有的放矢、切中要害。要提高聯繫群眾能力，創新群眾工作方法，暢通和拓寬各界群眾的利益訴求表達渠道，發揮好橋樑紐帶作用。要提高合作共事能力，發揚求同存異、體諒包容的優良傳統，貫徹民主協商、平等議事的工作原則，尊重和包容不同意見的存在和表達，以民主的作風團結人，不斷增進思想共識、加強合作共事。

中國共產黨各級黨委要重視和支持人民政協事業發展，把人民政協政治協商作為重要環節納入決策程序，會同政府、政協制定實施協商年度工作計劃，對明確規定需要協商的事項必須經協商後提交決策實施。要加強人民政協民主監督，完善民主監督的組織領導、權益保障、知情反饋、溝通協調機制。要推進人民政協參政議政更加深入務實開展，委託政協開展重大課題調研，邀請政協委員參與重大項目研究論證，完善參政議政成果採納落實機制，更好發揮人民政協建言資政作用。要高度重視政協領導班子建設，改進委員產生機制，真正把代表性強、議政水平高、群眾認可、德才兼備的優秀人士吸收到委員隊伍中來。要適應經濟社會發展和統一戰線

內部結構變化，深入研究更好發揮政協界別作用的思路和辦法，擴大團結面、增強包容性，拓展有序政治參與空間。

政協委員是政協工作的主體。要尊重和保障委員民主權利，完善委員聯絡制度，健全委員聯絡機構，為委員履職盡責創造良好條件。政協委員社會知名度大、關注度高，一言一行都具有影響力和示範性。希望廣大政協委員珍惜自身榮譽，恪守憲法法律，自覺踐行社會主義核心價值觀，錘煉道德品行，改進工作作風，切實發揮在本職工作中的帶頭作用、界別群眾中的代表作用，不負重託，不辱使命。

同志們、朋友們！

社會主義協商民主，是中國社會主義民主政治的特有形式和獨特優勢，是中國共產黨的群眾路線在政治領域的重要體現。中共十八大提出，在發展我國社會主義民主政治的進程中，要完善協商民主制度和工作機制，推進協商民主廣泛多層制度化發展。中共十八屆三中全會強調，在黨的領導下，以經濟社會發展重大問題和涉及群眾切身利益的實際問題為內容，在全社會開展廣泛協商，堅持協商於決策之前和決策實施之中。這些重要論述和部署，為中國社會主義協商民主發展指明了方向。

——我們要全面認識社會主義協商民主是中國社會主義民主政治的特有形式和獨特優勢這一重大判斷。中國共產黨領導人民實行人民民主，就是保證和支持人民當家作主。保證和支持人民當家作主不是一句口號、不是一句空話，必須落實到國家政治生活和社會

生活之中，保證人民依法有效行使管理國家事務、管理經濟和文化事業、管理社會事務的權力。

「名非天造，必從其實。」實現民主的形式是豐富多樣的，不能拘泥於刻板的模式，更不能說只有一種放之四海而皆準的評判標準。人民是否享有民主權利，要看人民是否在選舉時有投票的權利，也要看人民在日常政治生活中是否有持續參與的權利；要看人民有沒有進行民主選舉的權利，也要看人民有沒有進行民主決策、民主管理、民主監督的權利。社會主義民主不僅需要完整的制度程序，而且需要完整的參與實踐。人民當家作主必須具體地、現實地體現到中國共產黨執政和國家治理上來，具體地、現實地體現到中國共產黨和國家機關各個方面、各個層級的工作上來，具體地、現實地體現到人民對自身利益的實現和發展上來。

實行人民民主，保證人民當家作主，要求我們在治國理政時在人民內部各方面進行廣泛商量。毛澤東同志說過：「國家各方面的關係都要協商。」「我們政府的性格，你們也都摸熟了，是跟人民商量辦事的」，「可以叫它是個商量政府」。周恩來同志說過：「新民主主義的議事精神不在於最後的表決，主要是在於事前的協商和反覆的討論。」

在中國社會主義制度下，有事好商量，眾人的事情由眾人商量，找到全社會意願和要求的最大公約數，是人民民主的真諦。涉及人民利益的事情，要在人民內部商量好怎麼辦，不商量或者商量不夠，要想把事情辦成辦好是很難的。我們要堅持有事多商量，遇

事多商量，做事多商量，商量得越多越深入越好。涉及全國各族人民利益的事情，要在全體人民和全社會中廣泛商量；涉及一個地方人民群眾利益的事情，要在這個地方的人民群眾中廣泛商量；涉及一部分群眾利益、特定群眾利益的事情，要在這部分群眾中廣泛商量；涉及基層群眾利益的事情，要在基層群眾中廣泛商量。在人民內部各方面廣泛商量的過程，就是發揚民主、集思廣益的過程，就是統一思想、凝聚共識的過程，就是科學決策、民主決策的過程，就是實現人民當家作主的過程。這樣做起來，國家治理和社會治理才能具有深厚基礎，也才能凝聚起強大力量。

古今中外的實踐都表明，保證和支持人民當家作主，通過依法選舉、讓人民的代表來參與國家生活和社會生活的管理是十分重要的，通過選舉以外的制度和方式讓人民參與國家生活和社會生活的管理也是十分重要的。人民只有投票的權利而沒有廣泛參與的權利，人民只有在投票時被喚醒、投票後就進入休眠期，這樣的民主是形式主義的。

在總結新中國人民民主實踐的基礎上，我們明確提出，在我們這個人口眾多、幅員遼闊的社會主義國家裏，關係國計民生的重大問題，在中國共產黨領導下進行廣泛協商，體現了民主和集中的統一；人民通過選舉、投票行使權利和人民內部各方面在重大決策之前進行充分協商，儘可能就共同性問題取得一致意見，是中國社會主義民主的兩種重要形式。在中國，這兩種民主形式不是相互替代、相互否定的，而是相互補充、相得益彰的，共同構成了中國社

會主義民主政治的制度特點和優勢。

協商民主是中國社會主義民主政治中獨特的、獨有的、獨到的民主形式，它源自中華民族長期形成的天下為公、兼容並蓄、求同存異等優秀政治文化，源自近代以後中國政治發展的現實進程，源自中國共產黨領導人民進行革命、建設、改革的長期實踐，源自新中國成立後各黨派、各團體、各民族、各階層、各界人士在政治制度上共同實現的偉大創造，源自改革開放以來中國在政治體制上的不斷創新，具有深厚的文化基礎、理論基礎、實踐基礎、制度基礎。

協商民主深深嵌入了中國社會主義民主政治全過程。中國社會主義協商民主，既堅持了中國共產黨的領導，又發揮了各方面的積極作用；既堅持了人民主體地位，又貫徹了民主集中制的領導制度和組織原則；既堅持了人民民主的原則，又貫徹了團結和諧的要求。所以說，中國社會主義協商民主豐富了民主的形式、拓展了民主的渠道、加深了民主的內涵。

——我們要深刻把握社會主義協商民主是中國共產黨的群眾路線在政治領域的重要體現這一基本定性。中國共產黨來自人民、服務人民，這就決定了中國共產黨領導人民建立的中華人民共和國必須緊緊依靠人民治國理政、管理社會。中國共產黨在自己的工作中實行群眾路線，堅持一切為了群眾，一切依靠群眾，從群眾中來，到群眾中去，把自己的正確主張變為群眾的自覺行動。中華人民共和國憲法規定，國家的一切權力屬於人民，一切國家機關和國家工作人員必須依靠人民的支持，經常保持同人民的密切聯繫，傾聽人

民的意見和建議，接受人民的監督，努力為人民服務。無論是中國
共產黨執政，還是國家機關施政，都必須堅持貫徹群眾路線，緊緊
依靠人民。

「政之所興在順民心，政之所廢在逆民心。」一個政黨，一個政
權，其前途命運最終取決於人心向背。中國共產黨、中華人民共和
國的全部發展歷程都告訴我們，中國共產黨、中華人民共和國之所
以能夠取得事業的成功，靠的是始終保持同人民群眾的血肉聯繫、
代表最廣大人民根本利益。如果脫離群眾、失去人民擁護和支持，
最終也會走向失敗。我們必須把人民利益放在第一位，任何時候任
何情況下，與人民群眾同呼吸共命運的立場不能變，全心全意為人
民服務的宗旨不能忘，堅信群眾是真正英雄的歷史唯物主義觀點不
能丟。

全心全意為人民服務，始終代表最廣大人民根本利益，是我
們能夠實行和發展協商民主的重要前提和基礎。中國共產黨黨章規
定：中國共產黨除了工人階級和最廣大人民群眾的利益，沒有自己
特殊的利益。中國共產黨及其領導的國家是代表最廣大人民根本利
益的，其一切理論和路線方針政策，其一切工作部署和工作安排，
都應該來自人民，都應該為人民利益而制定和實施。在這個大政治
前提下，我們應該也能夠廣泛聽取人民內部各方面的意見和建議。
在中國共產黨統一領導下，通過多種形式的協商，廣泛聽取意見和
建議，廣泛接受批評和監督，可以廣泛達成決策和工作的最大共
識，有效克服黨派和利益集團為自己的利益相互競爭甚至相互傾軋

的弊端；可以廣泛暢通各種利益要求和訴求進入決策程序的渠道，有效克服不同政治力量為了維護和爭取自己的利益固執己見、排斥異己的弊端；可以廣泛形成發現和改正失誤和錯誤的機制，有效克服決策中情況不明、自以為是的弊端；可以廣泛形成人民群眾參與各層次管理和治理的機制，有效克服人民群眾在國家政治生活和社會治理中無法表達、難以參與的弊端；可以廣泛凝聚全社會推進改革發展的智慧和力量，有效克服各項政策和工作共識不高、無以落實的弊端。這就是中國社會主義協商民主的獨特優勢所在。

民主不是裝飾品，不是用來做擺設的，而是要用來解決人民要解決的問題的。中國共產黨的一切執政活動，中華人民共和國的一切治理活動，都要尊重人民主體地位，尊重人民首創精神，拜人民為師，把政治智慧的增長、治國理政本領的增強深深扎根於人民的創造性實踐之中，使各方面提出的真知灼見都能運用於治國理政。

「天視自我民視，天聽自我民聽。」要堅持把實現好、維護好、發展好最廣大人民根本利益作為一切工作的出發點和落腳點，我們的重大工作和重大決策必須識民情、接地氣。要以人民群眾利益為重、以人民群眾期盼為念，真誠傾聽群眾呼聲，真實反映群眾願望，真情關心群眾疾苦。要堅持工作重心下移，深入實際、深入基層、深入群眾，做到知民情、解民憂、紓民怨、暖民心，多幹讓人民滿意的好事實事，充分調動人民群眾的積極性、主動性、創造性。

——我們要切實落實推進協商民主廣泛多層制度化發展這一戰略任務。面向未來，發展好各項事業，鞏固國家安定團結的政治

局面，促進政黨關係、民族關係、宗教關係、階層關係、海內外同胞關係和諧發展，一個很重要的條件就是必須通過民主集中制的辦法，廣開言路，博採眾謀，動員大家一起來想、一起來幹。正所謂「以天下之目視，則無不見也；以天下之耳聽，則無不聞也；以天下之心慮，則無不知也」。

　　社會主義協商民主，應該是實實在在的、而不是做樣子的，應該是全方位的、而不是局限在某個方面的，應該是全國上上下下都要做的、而不是局限在某一級的。因此，必須構建程序合理、環節完整的社會主義協商民主體系，確保協商民主有制可依、有規可守、有章可循、有序可遵。

　　協商就要真協商，真協商就要協商於決策之前和決策之中，根據各方面的意見和建議來決定和調整我們的決策和工作，從制度上保障協商成果落地，使我們的決策和工作更好順乎民意、合乎實際。要通過各種途徑、各種渠道、各種方式就改革發展穩定重大問題特別是事關人民群眾切身利益的問題進行廣泛協商，既尊重多數人的意願，又照顧少數人的合理要求，廣納群言、廣集民智，增進共識、增強合力。要拓寬中國共產黨、人民代表大會、人民政府、人民政協、民主黨派、人民團體、基層組織、企事業單位、社會組織、各類智庫等的協商渠道，深入開展政治協商、立法協商、行政協商、民主協商、社會協商、基層協商等多種協商，建立健全提案、會議、座談、論證、聽證、公示、評估、諮詢、網絡等多種協商方式，不斷提高協商民主的科學性和實效性。

人民群眾是社會主義協商民主的重點。涉及人民群眾利益的大量決策和工作，主要發生在基層。要按照協商於民、協商為民的要求，大力發展基層協商民主，重點在基層群眾中開展協商。凡是涉及群眾切身利益的決策都要充分聽取群眾意見，通過各種方式、在各個層級、各個方面同群眾進行協商。要完善基層組織聯繫群眾制度，加強議事協商，做好上情下達、下情上傳工作，保證人民依法管理好自己的事務。要推進權力運行公開化、規範化，完善黨務公開、政務公開、司法公開和各領域辦事公開制度，讓人民監督權力，讓權力在陽光下運行。

同志們、朋友們！

六十五年前的今天，毛澤東同志在中國人民政治協商會議第一屆全體會議上致開幕詞時說：「我們有一個共同的感覺，這就是我們的工作將寫在人類的歷史上，它將表明：佔人類總數四分之一的中國人從此站立起來了。」「我們的民族將從此列入愛好和平自由的世界各民族的大家庭，以勇敢而勤勞的姿態工作着，創造自己的文明和幸福，同時也促進世界的和平和自由。」今天，早已站起來的中華民族，正以自己的辛勤勞動和艱苦奮鬥書寫着更加輝煌的時代篇章。

「為者常成，行者常至。」人民政協六十五年的光輝歷程已經載入史冊，中華民族的美好未來需要全體中華兒女同心開創。讓我們更加緊密地團結起來，高舉中國特色社會主義偉大旗幟，團結奮進、開拓創新，不斷譜寫人民政協事業新篇章！

堅定不移走中國特色解決民族問題的正確道路 *

（二〇一四年九月二十八日）

　　多民族是我國的一大特色，也是我國發展的一大有利因素。各民族共同開發了祖國的錦繡河山、廣袤疆域，共同創造了悠久的中國歷史、燦爛的中華文化。我國歷史演進的這個特點，造就了我國各民族在分佈上的交錯雜居、文化上的兼收並蓄、經濟上的相互依存、情感上的相互親近，形成了你中有我、我中有你，誰也離不開誰的多元一體格局。中華民族和各民族的關係，是一個大家庭和家庭成員的關係，各民族的關係，是一個大家庭裏不同成員的關係。處理好民族問題、做好民族工作，是關係祖國統一和邊疆鞏固的大事，是關係民族團結和社會穩定的大事，是關係國家長治久安和中華民族繁榮昌盛的大事。全黨要牢記我國是統一的多民族國家這一基本國情，堅持把維護民族團結和國家統一作為各民族最高利益，把各族人民智慧和力量最大限度凝聚起來，同心同德為實現「兩個一百年」奮鬥目標、實現中華民族偉大復興的中國夢而奮鬥。

　　新中國成立六十五年來，黨的民族理論和方針政策是正確的，

---

* 這是習近平同志在中央民族工作會議上講話的要點。

中國特色解決民族問題的道路是正確的，我國民族關係總體是和諧的，我國民族工作做的是成功的。同時，我們的民族工作也面臨着一些新的階段性特徵。做好民族工作要堅定不移走中國特色解決民族問題的正確道路，開拓創新，從實際出發，頂層設計要縝密、政策統籌要到位、工作部署要穩妥，讓各族人民增強對偉大祖國的認同、對中華民族的認同、對中華文化的認同、對中國特色社會主義道路的認同。民族區域自治制度是我國的一項基本政治制度，是中國特色解決民族問題的正確道路的重要內容。要堅持統一和自治相結合、民族因素和區域因素相結合，把憲法和民族區域自治法的規定落實好，關鍵是幫助自治地方發展經濟、改善民生。

民族團結是我國各族人民的生命線。做好民族工作，最關鍵的是搞好民族團結，最管用的是爭取人心。要正確認識我國民族關係的主流，多看民族團結的光明面；善於團結群眾、爭取人心，全社會一起做交流、培養、融洽感情的工作；加強各民族交往交流交融，尊重差異、包容多樣，讓各民族在中華民族大家庭中手足相親、守望相助；創新載體和方式，引導各族群眾牢固樹立正確的祖國觀、歷史觀、民族觀；用法律來保障民族團結，增強各族群眾法律意識；堅決反對大漢族主義和狹隘民族主義，自覺維護國家最高利益和民族團結大局。

新中國成立以來，少數民族和民族地區得到了很大發展，但一些民族地區群眾困難多，困難群眾多，同全國一道實現全面建成小康社會目標難度較大，必須加快發展，實現跨越式發展。要發揮好

中央、發達地區、民族地區三個積極性，對邊疆地區、貧困地區、生態保護區實行差別化的區域政策，優化轉移支付和對口支援體制機制，把政策動力和內生潛力有機結合起來。要緊扣民生抓發展，重點抓好就業和教育；發揮資源優勢，重點抓好惠及當地和保護生態；搞好扶貧開發，重點抓好特困地區和特困群體脫貧；加強邊疆建設，重點抓好基礎設施和對外開放。

解決好民族問題，物質方面的問題要解決好，精神方面的問題也要解決好。要旗幟鮮明地反對各種錯誤思想觀念，增強各族幹部群眾識別大是大非、抵禦國內外敵對勢力思想滲透的能力。加強中華民族大團結，長遠和根本的是增強文化認同，建設各民族共有精神家園，積極培養中華民族共同體意識。要把建設各民族共有精神家園作為戰略任務來抓，抓好愛國主義教育這一課，把愛我中華的種子埋在每個孩子的心靈深處，讓社會主義核心價值觀在祖國下一代的心田生根發芽。弘揚和保護各民族傳統文化，要去粗取精、推陳出新，努力實現創造性轉化和創新性發展。要積極做好雙語教育、信教群眾工作和少數民族代表人士和知識分子工作。

改革開放以來，我國進入了各民族跨區域大流動的活躍期，做好城市民族工作越來越重要。對少數民族流動人口，不能採取「關門主義」的態度，也不能採取放任自流的態度，關鍵是要抓住流入地和流出地的兩頭對接。要把着力點放在社區，推動建立相互嵌入的社會結構和社區環境，注重保障各民族合法權益，堅決糾正和杜絕歧視或變相歧視少數民族群眾、傷害民族感情的言行，引導流入

城市的少數民族群眾自覺遵守國家法律和城市管理規定,讓城市更好接納少數民族群眾,讓少數民族群眾更好融入城市。

做好民族工作關鍵在黨、關鍵在人。只要我們牢牢堅持中國共產黨的領導,就沒有任何人任何政治勢力可以挑撥我們的民族關係,我們的民族團結統一在政治上就是有充分保障的。各級黨委和政府要把民族工作擺上重要議事日程,堅持從政治上把握民族關係、看待民族問題。民族地區的好幹部要做到明辨大是大非的立場特別清醒、維護民族團結的行動特別堅定、熱愛各族群眾的感情特別真誠。要堅持德才兼備的原則,大力培養選拔少數民族幹部,優秀的要放到重要領導崗位上來。無論是少數民族幹部還是漢族幹部,都要以黨和國家的事業為重、以造福各族人民為念,齊心協力做好工作。民族地區要重視基層黨組織建設,加強幹部作風建設。要形成黨委領導、政府負責、有關部門協同配合、全社會通力合作的民族工作格局,堅持好、健全好民委委員制度。

堅定不移走中國特色社會主義法治道路 *

（二〇一四年十月二十三日）

　　全面推進依法治國，必須走對路。如果路走錯了，南轅北轍了，那再提什麼要求和舉措也都沒有意義了。全會通過的《中共中央關於全面推進依法治國若干重大問題的決定》有一條貫穿全篇的紅線，這就是堅持和拓展中國特色社會主義法治道路。中國特色社會主義法治道路是一個管總的東西。具體講我國法治建設的成就，大大小小可以列舉出十幾條、幾十條，但歸結起來就是開闢了中國特色社會主義法治道路這一條。

　　恩格斯說過：「一個新的綱領畢竟總是一面公開樹立起來的旗幟，而外界就根據它來判斷這個黨。」推進任何一項工作，只要我們黨旗幟鮮明了，全黨都行動起來了，全社會就會跟着走。一個政黨執政，最怕的是在重大問題上態度不堅定，結果社會上對有關問題沸沸揚揚、莫衷一是，別有用心的人趁機煽風點火、蠱惑攪和，最終沒有不出事的！所以，道路問題不能含糊，必須向全社會釋放正確而又明確的信號。

　　這次全會部署全面推進依法治國，是我們黨在治國理政上的

---

* 這是習近平同志在中共十八屆四中全會第二次全體會議上講話的一部分。

自我完善、自我提高，不是在別人壓力下做的。在堅持和拓展中國特色社會主義法治道路這個根本問題上，我們要樹立自信、保持定力。走中國特色社會主義法治道路是一個重大課題，有許多東西需要深入探索，但基本的東西必須長期堅持。

第一，必須堅持中國共產黨的領導。黨的領導是中國特色社會主義最本質的特徵，是社會主義法治最根本的保證。堅持中國特色社會主義法治道路，最根本的是堅持中國共產黨的領導。依法治國是我們黨提出來的，把依法治國上升為黨領導人民治理國家的基本方略也是我們黨提出來的，而且黨一直帶領人民在實踐中推進依法治國。全面推進依法治國，要有利於加強和改善黨的領導，有利於鞏固黨的執政地位、完成黨的執政使命，決不是要削弱黨的領導。

堅持黨的領導，是社會主義法治的根本要求，是全面推進依法治國題中應有之義。要把黨的領導貫徹到依法治國全過程和各方面，堅持黨的領導、人民當家作主、依法治國有機統一。只有在黨的領導下依法治國、厲行法治，人民當家作主才能充分實現，國家和社會生活法治化才能有序推進。

堅持黨的領導，不是一句空的口號，必須具體體現在黨領導立法、保證執法、支持司法、帶頭守法上。一方面，要堅持黨總攬全局、協調各方的領導核心作用，統籌依法治國各領域工作，確保黨的主張貫徹到依法治國全過程和各方面。另一方面，要改善黨對依法治國的領導，不斷提高黨領導依法治國的能力和水平。黨既要堅持依法治國、依法執政，自覺在憲法法律範圍內活動，又要發揮好

各級黨組織和廣大黨員、幹部在依法治國中的政治核心作用和先鋒模範作用。

第二，必須堅持人民主體地位。我國社會主義制度保證了人民當家作主的主體地位，也保證了人民在全面推進依法治國中的主體地位。這是我們的制度優勢，也是中國特色社會主義法治區別於資本主義法治的根本所在。

堅持人民主體地位，必須堅持法治為了人民、依靠人民、造福人民、保護人民。要保證人民在黨的領導下，依照法律規定，通過各種途徑和形式管理國家事務，管理經濟和文化事業，管理社會事務。要把體現人民利益、反映人民願望、維護人民權益、增進人民福祉落實到依法治國全過程，使法律及其實施充分體現人民意志。

人民權益要靠法律保障，法律權威要靠人民維護。要充分調動人民群眾投身依法治國實踐的積極性和主動性，使全體人民都成為社會主義法治的忠實崇尚者、自覺遵守者、堅定捍衛者，使尊法、信法、守法、用法、護法成為全體人民的共同追求。

第三，必須堅持法律面前人人平等。平等是社會主義法律的基本屬性，是社會主義法治的基本要求。堅持法律面前人人平等，必須體現在立法、執法、司法、守法各個方面。任何組織和個人都必須尊重憲法法律權威，都必須在憲法法律範圍內活動，都必須依照憲法法律行使權力或權利、履行職責或義務，都不得有超越憲法法律的特權。任何人違反憲法法律都要受到追究，絕不允許任何人以任何藉口任何形式以言代法、以權壓法、徇私枉法。

　　各級領導幹部在推進依法治國方面肩負着重要責任。現在，一些黨員、幹部仍然存在人治思想和長官意識，認為依法辦事條條框框多、束縛手腳，凡事都要自己說了算，根本不知道有法律存在，大搞以言代法、以權壓法。這種現象不改變，依法治國就難以真正落實。必須抓住領導幹部這個「關鍵少數」，首先解決好思想觀念問題，引導各級幹部深刻認識到，維護憲法法律權威就是維護黨和人民共同意志的權威，捍衛憲法法律尊嚴就是捍衛黨和人民共同意志的尊嚴，保證憲法法律實施就是保證黨和人民共同意志的實現。

　　我們必須認認真真講法治、老老實實抓法治。各級領導幹部要對法律懷有敬畏之心，帶頭依法辦事，帶頭遵守法律，不斷提高運用法治思維和法治方式深化改革、推動發展、化解矛盾、維護穩定能力。如果在抓法治建設上喊口號、練虛功、擺花架，只是葉公好龍，並不真抓實幹，短時間內可能看不出什麼大的危害，一旦問題到了積重難返的地步，後果就是災難性的。對各級領導幹部，不管什麼人，不管涉及誰，只要違反法律就要依法追究責任，絕不允許出現執法和司法的「空擋」。要把法治建設成效作為衡量各級領導班子和領導幹部工作實績重要內容，把能不能遵守法律、依法辦事作為考察幹部重要依據。

　　第四，必須堅持依法治國和以德治國相結合。法律是成文的道德，道德是內心的法律，法律和道德都具有規範社會行為、維護社會秩序的作用。治理國家、治理社會必須一手抓法治、一手抓德治，既重視發揮法律的規範作用，又重視發揮道德的教化作用，實

現法律和道德相輔相成、法治和德治相得益彰。

發揮好法律的規範作用，必須以法治體現道德理念、強化法律對道德建設的促進作用。一方面，道德是法律的基礎，只有那些合乎道德、具有深厚道德基礎的法律才能為更多人所自覺遵行。另一方面，法律是道德的保障，可以通過強制性規範人們行為、懲罰違法行為來引領道德風尚。要注意把一些基本道德規範轉化為法律規範，使法律法規更多體現道德理念和人文關懷，通過法律的強制力來強化道德作用、確保道德底線，推動全社會道德素質提升。

發揮好道德的教化作用，必須以道德滋養法治精神、強化道德對法治文化的支撐作用。再多再好的法律，必須轉化為人們內心自覺才能真正為人們所遵行。「不知恥者，無所不為。」沒有道德滋養，法治文化就缺乏源頭活水，法律實施就缺乏堅實社會基礎。在推進依法治國過程中，必須大力弘揚社會主義核心價值觀，弘揚中華傳統美德，培育社會公德、職業道德、家庭美德、個人品德，提高全民族思想道德水平，為依法治國創造良好人文環境。

第五，必須堅持從中國實際出發。走什麼樣的法治道路、建設什麼樣的法治體系，是由一個國家的基本國情決定的。「為國也，觀俗立法則治，察國事本則宜。不觀時俗，不察國本，則其法立而民亂，事劇而功寡。」全面推進依法治國，必須從我國實際出發，同推進國家治理體系和治理能力現代化相適應，既不能罔顧國情、超越階段，也不能因循守舊、墨守成規。

堅持從實際出發，就是要突出中國特色、實踐特色、時代特

色。要總結和運用黨領導人民實行法治的成功經驗，圍繞社會主義法治建設重大理論和實踐問題，不斷豐富和發展符合中國實際、具有中國特色、體現社會發展規律的社會主義法治理論，為依法治國提供理論指導和學理支撐。我們的先人們早就開始探索如何駕馭人類自身這個重大課題，春秋戰國時期就有了自成體系的成文法典，漢唐時期形成了比較完備的法典。我國古代法制蘊含着十分豐富的智慧和資源，中華法系在世界幾大法系中獨樹一幟。要注意研究我國古代法制傳統和成敗得失，挖掘和傳承中華法律文化精華，汲取營養、擇善而用。

堅持從我國實際出發，不等於關起門來搞法治。法治是人類文明的重要成果之一，法治的精髓和要旨對於各國國家治理和社會治理具有普遍意義，我們要學習借鑒世界上優秀的法治文明成果。但是，學習借鑒不等於是簡單的拿來主義，必須堅持以我為主、為我所用，認真鑒別、合理吸收，不能搞「全盤西化」，不能搞「全面移植」，不能照搬照抄。

二〇一五年

在慶祝「五一」國際勞動節暨表彰
全國勞動模範和先進工作者大會上的講話

（二〇一五年四月二十八日）

同志們：

今天，我們在這裏隆重集會，紀念全世界工人階級和勞動群眾的盛大節日——「五一」國際勞動節，表彰全國勞動模範和先進工作者，目的是弘揚勞模精神，弘揚勞動精神，弘揚我國工人階級和廣大勞動群眾的偉大品格。

首先，我代表黨中央、國務院，向全國各族工人、農民、知識分子和其他各階層勞動群眾，向人民解放軍指戰員、武警部隊官兵和公安民警，向香港同胞、澳門同胞、台灣同胞和海外僑胞，致以節日的祝賀！向為改革開放和社會主義現代化建設作出突出貢獻的勞動模範和先進工作者，致以崇高的敬意！在這裏，我代表中國工人階級和廣大勞動群眾，向全世界工人階級和廣大勞動群眾，致以誠摯的問候！

「五一」國際勞動節，是全世界勞動人民共同的節日。從恩格斯領導成立的第二國際明確將一八九〇年五月一日定為第一個國際勞動節起，歷史車輪已走過一百二十五年。我們黨歷來高度重視通過紀念「五一」國際勞動節，啟發職工群眾覺悟，教育引導勞動群眾，

團結帶領工人階級和廣大勞動群眾為民族獨立、人民解放和國家富強、人民幸福而奮鬥。新中國成立後，我國工人階級成為國家的領導階級，我國工人階級和廣大勞動群眾成為國家的主人，我們紀念「五一」國際勞動節具有了新的時代意義。

我們所處的時代是催人奮進的偉大時代，我們進行的事業是前無古人的偉大事業，我們正在從事的中國特色社會主義事業是全體人民的共同事業。全面建成小康社會，進而建成富強民主文明和諧的社會主義現代化國家，根本上靠勞動、靠勞動者創造。因此，無論時代條件如何變化，我們始終都要崇尚勞動、尊重勞動者，始終重視發揮工人階級和廣大勞動群眾的主力軍作用。這就是我們今天紀念「五一」國際勞動節的重大意義。

同志們！

黨的十八大以來，黨中央從堅持和發展中國特色社會主義全局出發，提出並形成了全面建成小康社會、全面深化改革、全面依法治國、全面從嚴治黨的戰略佈局，確立了新形勢下黨和國家各項工作的戰略目標和戰略舉措，為實現「兩個一百年」奮鬥目標、實現中華民族偉大復興的中國夢提供了理論指導和實踐指南。

歷史賦予工人階級和廣大勞動群眾偉大而艱巨的使命，時代召喚工人階級和廣大勞動群眾譜寫壯麗而嶄新的篇章。我國工人階級和廣大勞動群眾一定要以國家主人翁姿態，積極投身經濟社會發展的火熱實踐，為共同創造我們的幸福生活和美好未來作出新的貢獻。

——在前進道路上，我們要始終弘揚勞模精神、勞動精神，為中

國經濟社會發展匯聚強大正能量。勞動是人類的本質活動，勞動光榮、創造偉大是對人類文明進步規律的重要詮釋。「民生在勤，勤則不匱。」中華民族是勤於勞動、善於創造的民族。正是因為勞動創造，我們擁有了歷史的輝煌；也正是因為勞動創造，我們擁有了今天的成就。

中國特色社會主義事業大廈是靠一磚一瓦砌成的，人民的幸福是靠一點一滴創造得來的。勞動模範和先進工作者是堅持中國道路、弘揚中國精神、凝聚中國力量的楷模，他們以高度的主人翁責任感、卓越的勞動創造、忘我的拚搏奉獻，為全國各族人民樹立了學習的榜樣。「愛崗敬業、爭創一流，艱苦奮鬥、勇於創新，淡泊名利、甘於奉獻」的勞模精神，生動詮釋了社會主義核心價值觀，是我們的寶貴精神財富和強大精神力量。今天受到表彰的全國勞動模範和先進工作者，就是我國億萬勞動人民的傑出代表。黨和人民感謝你們！全社會都要向你們學習！

偉大的事業需要偉大的精神，偉大的精神來自於偉大的人民。我們一定要在全社會大力弘揚勞模精神、勞動精神，大力宣傳勞動模範和其他典型的先進事跡，引導廣大人民群眾樹立辛勤勞動、誠實勞動、創造性勞動的理念，讓勞動光榮、創造偉大成為鏗鏘的時代強音，讓勞動最光榮、勞動最崇高、勞動最偉大、勞動最美麗蔚然成風。要教育孩子們從小熱愛勞動、熱愛創造，通過勞動和創造播種希望、收穫果實，也通過勞動和創造磨煉意志、提高自己。

我們的根扎在勞動人民之中。在我們社會主義國家，一切勞動，無論是體力勞動還是腦力勞動，都值得尊重和鼓勵；一切創

造，無論是個人創造還是集體創造，也都值得尊重和鼓勵。全社會都要貫徹尊重勞動、尊重知識、尊重人才、尊重創造的重大方針，全社會都要以辛勤勞動為榮、以好逸惡勞為恥，任何時候任何人都不能看不起普通勞動者，都不能貪圖不勞而獲的生活。

榮譽是繼續前行的動力。廣大勞動模範和先進工作者要珍惜榮譽、再接再厲，愛崗敬業、爭創一流，用工人階級的優秀品格、模範行動引導和鼓舞全體人民，再立新功、再創佳績。各級黨委、政府和工會組織要做好勞模管理服務工作，為他們幹事創業創造環境和條件，更好發揮勞模的榜樣、示範、引領作用。

——在前進道路上，我們要始終堅持人民主體地位，充分調動工人階級和廣大勞動群眾的積極性、主動性、創造性。人民是歷史的創造者，是推動我國經濟社會發展的基本力量和基本依靠。推進「四個全面」戰略佈局，必須充分調動廣大人民群眾的積極性、主動性、創造性。

我們一定要發展社會主義民主，切實保障和不斷發展工人階級和廣大勞動群眾的民主權利。要堅持黨的領導、人民當家作主、依法治國有機統一，堅持工人階級的國家領導階級地位，加快推進社會主義民主政治制度化、規範化、程序化，堅持和完善人民代表大會制度，推進協商民主廣泛多層制度化發展，促進人民依法、有序、廣泛參與管理國家事務和社會事務、管理經濟和文化事業。要推進基層民主建設，健全以職工代表大會為基本形式的企事業單位民主管理制度，更加有效地落實職工群眾的知情權、參與權、表達權、監督權。要尊重人民首創精神，甘當人民群眾小學生，把蘊藏

於工人階級和廣大勞動群眾中的無窮創造活力煥發出來，把工人階級和廣大勞動群眾智慧和力量凝聚到推動各項事業上來。

我國工人階級和廣大勞動群眾要增強歷史使命感和責任感，立足本職、胸懷全局，自覺把人生理想、家庭幸福融入國家富強、民族復興的偉業之中，把個人夢與中國夢緊密聯繫在一起，把實現黨和國家確立的發展目標變成自己的自覺行動。

——在前進道路上，我們要始終實現好、維護好、發展好最廣大人民根本利益，讓改革發展成果更多更公平惠及人民。人民對美好生活的嚮往，就是我們的奮鬥目標。全心全意為工人階級和廣大勞動群眾謀利益，是我國社會主義制度的根本要求，是黨和國家的神聖職責，也是發揮我國工人階級和廣大勞動群眾主力軍作用最重要最基礎的工作。

國家建設是全體人民共同的事業，國家發展過程也是全體人民共享成果的過程。我們一定要適應改革開放和發展社會主義市場經濟的新形勢，從政治、經濟、社會、文化、法律、行政等各方面採取有力措施，促進社會公平正義，實現好、維護好、發展好最廣大人民根本利益，特別是要實現好、維護好、發展好廣大普通勞動者根本利益。

黨和國家要實施積極的就業政策，創造更多就業崗位，改善就業環境，提高就業質量，不斷增加勞動者特別是一線勞動者勞動報酬。要建立健全黨和政府主導的維護群眾權益機制，抓住勞動就業、技能培訓、收入分配、社會保障、安全衛生等問題，關注一線職工、農民工、困難職工等群體，完善制度，排除阻礙勞動者參與發展、分享發展成果的障礙，努力讓勞動者實現體面勞動、全面發

展。要面對面、心貼心、實打實做好群眾工作，把人民群眾安危冷暖放在心上，雪中送炭，紓難解困，扎扎實實解決好群眾最關心最直接最現實的利益問題、最困難最憂慮最急迫的實際問題。

勞動關係是最基本的社會關係之一。要最大限度增加和諧因素、最大限度減少不和諧因素，構建和發展和諧勞動關係，促進社會和諧。要依法保障職工基本權益，健全勞動關係協調機制，及時正確處理勞動關係矛盾糾紛。我國工人階級和廣大勞動群眾要發揚識大體、顧大局的光榮傳統，正確認識和對待改革發展過程中利益關係和利益格局的調整，正確處理個人利益和集體利益、局部利益和全局利益、眼前利益和長遠利益的關係，樹立法治觀念，增強法律意識，自覺維護社會和諧穩定。

——在前進道路上，我們要始終高度重視提高勞動者素質，培養宏大的高素質勞動者大軍。勞動者素質對一個國家、一個民族發展至關重要。勞動者的知識和才能積累越多，創造能力就越大。提高包括廣大勞動者在內的全民族文明素質，是民族發展的長遠大計。面對日趨激烈的國際競爭，一個國家發展能否搶佔先機、贏得主動，越來越取決於國民素質特別是廣大勞動者素質。要實施職工素質建設工程，推動建設宏大的知識型、技術型、創新型勞動者大軍。

我們一定要深入實施科教興國戰略、人才強國戰略、創新驅動發展戰略，把提高職工隊伍整體素質作為一項戰略任務抓緊抓好，幫助職工學習新知識、掌握新技能、增長新本領，拓展廣大職工和勞動者成長成才空間，引導廣大職工和勞動者樹立終身學習理念，

不斷提高思想道德素質和科學文化素質。要深入開展中國特色社會主義理想信念教育，培育和踐行社會主義核心價值觀，弘揚中華優秀傳統文化，開展以職業道德為重點的「四德」教育，深化「中國夢·勞動美」教育實踐活動，不斷引導廣大群眾增強中國特色社會主義道路自信、理論自信、制度自信。要創新思想政治工作方式方法，加強人文關懷和心理疏導，打造健康文明、昂揚向上的職工文化，豐富職工精神文化生活，不斷滿足廣大職工群眾精神文化需求。

三百六十行，行行出狀元。任何一名勞動者，要想在百舸爭流、千帆競發的洪流中勇立潮頭，在不進則退、不強則弱的競爭中贏得優勢，在報效祖國、服務人民的人生中有所作為，就要孜孜不倦學習、勤勉奮發幹事。一切勞動者，只要肯學肯幹肯鑽研，練就一身真本領，掌握一手好技術，就能立足崗位成長成才，就都能在勞動中發現廣闊的天地，在勞動中體現價值、展現風采、感受快樂。

同志們！

我國工人階級是我們黨最堅實最可靠的階級基礎。我國工人階級從來都具有走在前列、勇挑重擔的光榮傳統，我國工人運動從來都同黨的中心任務緊密聯繫在一起。在當代中國，工人階級和廣大勞動群眾始終是推動我國經濟社會發展、維護社會安定團結的根本力量。那種無視我國工人階級成長進步的觀點，那種無視我國工人階級主力軍作用的觀點，那種以為科技進步條件下工人階級越來越無足輕重的觀點，都是錯誤的、有害的。不論時代怎樣變遷，不論社會怎樣變化，我們黨全心全意依靠工人階級的根本方針都不能忘

記、不能淡化，我國工人階級地位和作用都不容動搖、不容忽視。

全心全意依靠工人階級，要解決認識問題，更要解決實踐問題。各級黨委和政府要把全心全意依靠工人階級的根本方針貫徹到經濟、政治、文化、社會、生態文明建設以及黨的建設各方面，落實到黨和國家制定政策、推進工作全過程，體現到企業生產經營各環節。要不斷營造環境、搭建平台、暢通渠道、創新方式，為廣大職工成長成才、就業創業、報效國家、服務社會創造更多機會，為廣大職工參與企事業單位民主管理、參與國家治理和社會治理打開更廣闊的通道。

同志們！

今年是中華全國總工會成立九十週年。九十年來，在中國共產黨領導下，中華全國總工會及其各工會組織為我國革命、建設、改革事業作出了重大貢獻。在此，我代表黨中央、國務院，向為黨的工運事業作出卓越貢獻的老一代工會工作者，向全國各級工會組織和廣大工會幹部，向廣大職工和工會積極分子，表示熱烈的祝賀！

工會是黨聯繫職工群眾的橋樑和紐帶，工會工作是黨的群團工作、群眾工作的重要組成部分，是黨治國理政的一項經常性、基礎性工作。新形勢下，工會工作只能加強，不能削弱；只能改進提高，不能停滯不前。希望各級工會組織和廣大工會幹部堅定不移走中國特色社會主義工會發展道路，堅守工會工作的主戰場，狠抓工會工作的中心任務，模範履行工會組織的政治責任，更好發揮工會組織作用。要堅持自覺接受黨的領導的優良傳統，牢牢把握正確政治方向，牢牢把握我國工人運動的時代主題，帶領億萬職工群眾堅

定不移跟黨走。要堅決履行維護職工合法權益的基本職責,把竭誠為職工群眾服務作為工會一切工作的出發點和落腳點,幫助職工群眾通過正常途徑依法表達利益訴求,把黨和政府的關懷送到廣大勞動群眾心坎上,不斷贏得職工群眾的信賴和支持。要堅持把群眾路線作為工會工作的生命線和根本工作路線,把工作重心放在最廣大普通職工身上,着力強化服務意識、提高維權能力,改進工作作風,破除衙門作風,堅決克服機關化、脫離職工群眾現象,讓職工群眾真正感受到工會是「職工之家」,工會幹部是最可信賴的「娘家人」。要自覺運用改革精神謀劃推進工會工作,創新組織體制、運行機制、活動方式、工作方法,推動工會工作再上新台階。要發揮民間外交優勢,增進我國工人階級同各國工人階級的友誼,發展同各國工會組織、國際和區域工會組織的關係,為維護世界和平、促進共同發展作出新的更大貢獻。

各級黨委要加強和改善對工會的領導,注重發揮工會組織的作用,健全組織制度,完善工作機制,加大對工會工作的支持保障力度,及時研究解決工會工作中的重大問題,熱情關心、嚴格要求、重視培養工會幹部,為工會工作創造更加有利的條件。

同志們!

偉大的事業呼喚着我們,莊嚴的使命激勵着我們。我國工人階級和廣大勞動群眾要更加緊密地團結在黨中央周圍,勤奮勞動、扎實工作,銳意進取、勇於創造,在實現「兩個一百年」奮鬥目標的偉大征程上再創新的業績,以勞動托起中國夢!

深刻認識做好新形勢下統戰工作的重大意義[*]

（二〇一五年五月十八日）

新形勢下統戰工作在黨和國家工作大局中居於什麼地位？我一直在思考這個問題，不由想起了毛澤東同志講過的三句話。第一句是：統一戰線，武裝鬥爭，黨的建設，是中國共產黨在中國革命中戰勝敵人的三個法寶。這是毛澤東同志一九三九年在《〈共產黨人〉發刊詞》中講的，首次明確了統一戰線的法寶地位。第二句是：所謂政治，就是把我們的人搞得多多的，把敵人搞得少少的。這是毛澤東同志在延安時期討論什麼是政治時講的。第三句是：統戰工作是最大的工作。這是毛澤東同志在新中國成立初期講的。這三句話提出了一個什麼問題呢？概括起來說，就是人心向背、力量對比是決定黨和人民事業成敗的關鍵，是最大的政治。統戰工作的本質要求是大團結大聯合，解決的就是人心和力量問題。這是我們黨治國理政必須花大心思、下大氣力解決好的重大戰略問題。

在革命、建設、改革各個歷史時期，我們黨始終把統一戰線和統戰工作擺在全黨工作的重要位置，努力團結一切可以團結的力量、調動一切可以調動的積極因素，為黨和人民事業不斷發展營造

---

* 這是習近平同志在中央統戰工作會議上講話的一部分。

了十分有利的條件。現在，我們黨所處的歷史方位、所面臨的內外形勢、所肩負的使命任務發生了重大變化。越是變化大，越是要把統一戰線發展好、把統戰工作開展好。這些年來，黨中央反覆強調必須重視統一戰線、做好統戰工作。總的看，各級黨委對統一戰線和統戰工作是高度重視的，貫徹落實黨中央決策部署是有力的。同時，也有一些同志對統一戰線和統戰工作不那麼重視了，工作不那麼投入了，甚至在思想上行動上產生了一些不全面甚至錯誤的觀點和做法。

第一個問題，不重視統一戰線。一些同志產生了輕視或忽視統一戰線和統戰工作的問題，主要原因是思想認識上有三個結沒有解開。

一是認為黨外人士不是什麼了不起的力量。有的同志說，過去我們黨曾經力量薄弱、人才匱乏，所以需要通過統一戰線贏得黨外人士支持，而現在黨內人才濟濟，統一戰線可有可無了。的確，同過去相比，黨內匯聚的各方面人才很集中、很龐大，但依然有大量人才在黨外。就拿黨外知識分子來說，數量大概有八千九百多萬人，佔知識分子總數的百分之七十五，特別是各民主黨派擁有一大批人才。我到一些國家訪問時，不少發展中國家領導人羨慕我們的多黨合作制度，說他們就缺少像中國民主黨派這樣跟執政黨通力合作的政治力量，各政黨相互爭鬥，不僅很難幹成什麼事，而且造成社會政治動盪不已。試想一下，如果民主黨派等統一戰線成員不是同我們黨肝膽相照、榮辱與共，而是同我們黨唱不一樣的調，甚至跑到我們黨的對立面去了，那我國政治生活會變成什麼樣子？就不會有政局穩定。沒有政局穩定，什麼事都做不成。人們有的時候就

是這樣，對一些很重要的東西，擁有時不懂得珍惜，失去了方覺可貴。所以，對黨外人士，我們任何時候都不能忽視，都不能輕視。

二是認為黨外人士是一支比較麻煩的力量。有的同志雖然承認統一戰線是一支重要力量，但又覺得用起來比較麻煩，不像我們黨內，一聲令下大家都行動起來，誰不行動還有黨的紀律約束。有的同志覺得同黨外人士搞協商是自找麻煩，不如自己說了算，多一事不如少一事。這種想法是不正確的。我們常講，海納百川，有容乃大。既然要發展統一戰線，既然要做統戰工作，就不可能是清一色的，各式各樣的人都會有，也應該有，否則搞統一戰線就沒有意義了。雖然黨外人士有些人說的話、提的意見有時聽着不舒服，徵求意見、統一思想要花時間，但只要他們的出發點是好的，即便說得尖銳一些，即便工作費時一些，也是十分有益的。良藥苦口，忠言逆耳，我們共產黨人要有這個胸襟和氣度。別人的批評，正確的要聽、要改正，不正確的要容、要引導，不能因為怕麻煩就拒人於千里之外。

我們發展社會主義民主政治、加強社會主義協商民主建設，就是為了發揚民主、集思廣益，避免發生大的失誤。民主和協商是實現黨的領導的重要方式。通過發揚民主、廣泛協商，可以使統一戰線廣大成員更加普遍地認同黨的主張，更加自覺地團結在黨的周圍、跟黨走。劉少奇同志說過，做統戰工作是找麻煩，但又省麻煩，找來的是小麻煩，省去的是大麻煩。我看，搞政治就要不怕麻煩，不怕麻煩才能有良政。天下哪有不麻煩的政治呢？更不要說治理一個十三億多人口的大國。

　　三是認為黨外人士是一支消極甚至異己的力量。比如，有的人看不慣非公有制經濟人士，簡單地把他們看成社會財富的攫取者、貧富分化的製造者。之所以有人對非公有制經濟人士產生這樣的看法，根子還在對我國基本經濟制度認識不正確，總是覺得非公有制經濟會出這樣那樣的問題。我們黨反覆講，要毫不動搖堅持公有制為主體、多種所有制經濟共同發展，但有的人至今還沒有摘下有色眼鏡。社會主義基本制度和市場經濟有機結合、公有制經濟和非公有制經濟共同發展，是我們黨推動解放和發展社會生產力的偉大創舉。目前，非公有制經濟組織數量已經佔到市場主體的百分之九十左右，創造的國內生產總值超過百分之六十。事實表明，只要堅持中國共產黨領導，只要堅持公有制為主體、多種所有制經濟共同發展，社會主義制度的優越性不但不會削弱、而且會不斷增強，我們黨執政的基礎不但不會動搖、而且會更加穩固。

　　當然，現實生活中確實有一些非公有制經濟人士存在這樣那樣的問題，但不能因此就不分青紅皂白把響應黨的號召、積極發展非公有制經濟的所有人員都一棍子打死。相反，正因為他們中一些人有這樣那樣的不足，才需要我們加強同他們的接觸，團結他們，引導他們，幫助他們，讓他們都能同我們一條心。對他們中幹了違法事情的人，依法處理就是了。

　　再比如，有的人不加區別地把特定少數民族群眾同民族分裂勢力、宗教極端勢力、暴力恐怖勢力劃等號，把信教群眾同我們在信仰上的不同看成政治上的對立。對「三股勢力」，必須人人喊打、毫

不手軟，但不能把特定少數民族群眾與這一小撮壞人劃等號。為保護人民生命財產安全、防範「三股勢力」製造事端，需要採取必要的防範措施，但要把握好政策，過猶不及。一些地方出現了針對特定少數民族群眾的歧視性措施和選擇性執法，登機要特別安檢，住宿要特別檢查，對廣大少數民族群眾造成了感情傷害。維護民族團結、反對民族分裂，必須依靠包括少數民族群眾在內的各族人民。同樣，不能因為我們共產黨人是無神論者，不能因為有宗教極端勢力特別是有境外敵對勢力利用宗教進行滲透，就把宗教界人士和信教群眾打入另冊。敵對勢力越是想藉民族、宗教問題做文章，我們就越是要讓各族群眾像石榴籽一樣緊緊抱在一起，把信教群眾緊緊團結在黨的周圍。

第二個問題，不會做統戰工作。統一戰線有其特點，做好統戰工作不容易。現在，有不少同志不熟悉統戰工作的特點，不善於團結黨外人士，拿着海龍王的法寶不會用。

一是不會領導。統戰工作具有很強的政治性。做好黨外人士思想政治工作，鞏固共同思想政治基礎，是統戰工作的主要內容。有的同志缺乏這樣的認識，出現了兩種值得注意的現象。一種現象是，不重視思想政治引導，對黨外人士思想活動不關注。有的同志對無底線的言論開綠燈，以為這就是發揚民主、政治開明；有的同志對錯誤觀點不敢批評、不會批評，怕批評傷和氣；有的同志不善於用談心說理的辦法闡明重大問題的原則立場，難以以理服人。另一種現象是，有的同志工作方法簡單粗暴、盛氣凌人，要黨外人士絕對服從

自己,甚至把民主黨派組織當成下屬單位,對民主黨派內部事務直接干預、包辦代替。這兩種現象都會影響統一戰線健康發展。

二是不懂政策。政策性強,也是統戰工作的一個重要特徵。統一戰線中的各種關係、各種問題,很多都要靠政策來調節。有的同志不學習、不熟悉統戰政策,遇到問題荒腔走板、動作變形。比如,一些黨外人大代表、政協委員涉腐涉案,仔細一查,一個重要原因是不按政策規定提名推薦人選,源頭上就有隱患。再比如,有的同志認為民族、宗教問題很敏感,能不管就儘量不管,出了事不是依據法律和政策去解決,而是能捂就捂,捂不住就「花錢買平安」。又比如,有的同志習慣於行政命令,對一些敏感問題一查了之、一堵了之,不但治不了本,還會激化矛盾。有個地方在協助民主黨派換屆時,讓八個民主黨派主委相互對調,還美其名曰學習當年毛主席指揮八大軍區司令調動。這樣瞎指揮,不出問題才怪!

三是不講方法。統戰工作還有一個重要特徵,就是講求很強的工作藝術。統戰工作是黨的特殊群眾工作,要有特殊的方式方法。有的同志不會跟黨外人士談心交心,說話官腔十足,發言照本宣科,說完就走人,人情味少,程式化多,讓黨外人士感覺自己像外人。值得重視的是,當前社會上出現了許多新群體,但不少還沒有納入我們的工作視野,牽不上線,對不上話,做不進工作。西方敵對勢力正在加緊拉攏這些人,如果我們不改進工作,長此以往,這些人就會同我們黨漸行漸遠。

我這裏舉了當前統戰工作中存在的一些問題,並不是全部,但

這些問題對發展統一戰線、做好統戰工作都是不利的,甚至是有害的。我們一定要認真分析、找出癥結、端正思想,積極加以克服。

做好新形勢下統戰工作,必須掌握規律、堅持原則、講究方法,最根本的是要堅持黨的領導。統一戰線是黨領導的統一戰線。在統戰工作中,實行的政策、採取的措施都要有利於堅持和鞏固黨的領導地位和執政地位。同時,必須明確,黨對統一戰線的領導主要是政治領導,即政治原則、政治方向、重大方針政策的領導,主要體現為黨委領導而不是部門領導、集體領導而不是個人領導。堅持黨的領導要堅定不移,但在這個過程中也要尊重、維護、照顧同盟者的利益,幫助黨外人士排憂解難。這是我們黨的職責,也是實現黨對統一戰線領導的重要條件。

做好新形勢下統戰工作,必須正確處理一致性和多樣性關係。統一戰線是一致性和多樣性的統一體,只有一致性、沒有多樣性,或者只有多樣性、沒有一致性,都不能建立和發展統一戰線,正所謂「非一則不能成兩,非兩則不能致一」。一致性和多樣性不是一成不變的,而是歷史的、具體的、發展的。有的同志要麼過於追求一致性,要麼過於放任多樣性,結果都會動搖統一戰線的基礎。正確處理一致性和多樣性關係,關鍵是要堅持求同存異。一方面,要不斷鞏固共同思想政治基礎,包括鞏固已有共識、推動形成新的共識,這是基礎和前提。另一方面,要充分發揚民主、尊重包容差異。對危害中國共產黨領導、危害我國社會主義政權、危害國家制度和法治、損害最廣大人民根本利益的問題,必須旗幟鮮明反對,

不能讓其以多樣性的名義大行其道。這是政治底線，不能動搖。除此之外，對其他各種多樣性，要儘可能通過耐心細緻的工作找到最大公約數。只要我們把政治底線這個圓心固守住，包容的多樣性半徑越長，畫出的同心圓就越大。

做好新形勢下統戰工作，必須善於聯誼交友。聯誼交友是統戰工作的重要內容，也是統戰工作的重要方式。黨政領導幹部、統戰幹部要掌握這個方式。我們搞統一戰線，從來不是為了好看、為了好聽，而是因為有用、有大用、有不可或缺的作用。說到底，統一戰線是做人的工作，搞統一戰線是為了壯大共同奮鬥的力量。民主黨派、無黨派、民族、宗教、新的社會階層、港澳台海外等各方面統一戰線成員達數億之多。可以肯定地說，只要把這麼多人團結起來，我們就能為實現「兩個一百年」奮鬥目標、實現中華民族偉大復興的中國夢增添強大力量。從某種意義上說，統一戰線工作做得好不好，要看交到的朋友多不多、合格不合格、夠不夠鐵。多不多是數量問題，合格不合格、夠不夠鐵是質量問題。俗話說：「一人為仇嫌太多，百人為友嫌太少。」交朋友的面要廣，朋友越多越好，特別是要交一些能說心裏話的摯友諍友。想交到這樣的朋友，不能做快餐，而是要做佛跳牆這樣的功夫菜。對黨外人士，要多接觸、多談心、多幫助，講尊重、講平等、講誠懇，不隨意傷害對方自尊心，不以勢壓人。同黨外人士交朋友當然會有私誼，但私誼要服從公誼。要講原則、講紀律、講規矩，不能把黨外人士當成個人資源，而要出於公心為黨交一大批肝膽相照的黨外朋友。

保持和增強黨的群團工作和群團組織的
政治性先進性群眾性 *

（二〇一五年七月六日）

中國特色社會主義事業是億萬人民的事業，黨的群團工作肩負着莊嚴使命。工會、共青團、婦聯等群團組織一定要堅持解放思想、改革創新、銳意進取、扎實苦幹，切實保持和增強黨的群團工作和群團組織的政治性、先進性、群眾性，組織動員廣大人民群眾更加緊密地團結在黨的周圍，把廣大人民群眾對美好生活的追求匯聚成強大動力，共同譜寫實現「兩個一百年」奮鬥目標、實現中華民族偉大復興中國夢的新篇章。

由黨中央召開黨的群團工作會議，在黨的歷史上還是第一次。這次會議的主要任務是分析研究新形勢下黨的群團工作面臨的新情況新問題，貫徹落實《關於加強和改進黨的群團工作的意見》，總結成功經驗，解決突出問題，推動改革創新，努力開創黨的群團工作新局面。

群團事業是黨的事業的重要組成部分。黨的群團工作是黨通過群團組織開展的群眾工作，是黨組織動員廣大人民群眾為完成黨的

---

* 這是習近平同志在中央黨的群團工作會議上講話的要點。

中心任務而奮鬥的重要工作。這是我們黨的一大創舉，也是我們黨
的一大優勢。在革命、建設、改革各個歷史時期，在黨的領導下，
工會、共青團、婦聯等群團組織積極發揮作用，組織動員廣大人民
群眾堅定不移跟黨走，為黨和人民事業發展作出了重大貢獻。事實
充分說明，新形勢下，黨的群團工作只能加強、不能削弱，只能改
進提高、不能停滯不前。我們必須根據形勢和任務發展變化，加強
和改進黨的群團工作，把工人階級主力軍、青年生力軍、婦女半
邊天作用和人才第一資源作用充分發揮出來，把十三億多人民的積
極性充分調動起來。我們必須從鞏固黨執政的階級基礎和群眾基礎
的政治高度，抓好黨的群團工作，保證黨始終同廣大人民群眾同呼
吸、共命運、心連心。我們必須把群團組織建設得更加充滿活力、
更加堅強有力，使之成為推進國家治理體系和治理能力現代化的重
要力量。

對黨的群團工作取得的顯著成績，必須充分肯定，同時必須注
重解決存在的問題，特別是要重點解決脫離群眾的問題。工會、共
青團、婦聯等群團組織要增強自我革新的勇氣，抓住鞏固和拓展黨
的群眾路線教育實踐活動成果、開展「三嚴三實」專題教育的時機，
在群團組織中深入推動思想教育、問題整改、體制創新，轉變思想
觀念，強化群眾意識，改進工作作風，提高工作水平。

要切實保持和增強黨的群團工作的政治性。政治性是群團組織
的靈魂，是第一位的。群團組織要始終把自己置於黨的領導之下，
在思想上政治上行動上始終同黨中央保持高度一致，自覺維護黨中

央權威，堅決貫徹黨的意志和主張，嚴守政治紀律和政治規矩，經得住各種風浪考驗，承擔起引導群眾聽黨話、跟黨走的政治任務，把自己聯繫的群眾最廣泛最緊密地團結在黨的周圍。

中國特色社會主義群團發展道路，是中國特色社會主義道路在群團工作領域的具體展開。這條道路是在黨探索中國特色社會主義工會發展道路、中國特色社會主義青年運動方向、中國特色社會主義婦女發展道路的長期實踐中形成和發展起來的，符合我國國情和歷史發展趨勢。要堅持黨對群團工作的統一領導，堅持發揮橋樑和紐帶作用，堅持圍繞中心、服務大局，堅持服務群眾的工作生命線，堅持與時俱進、改革創新，堅持依法依章程獨立自主開展工作。黨組織要鼓勵和引導群團組織充分發揮作用，群團組織要積極作為、敢於作為。

要切實保持和增強群團組織的先進性。我們的工會、共青團、婦聯等群團組織是黨直接領導的群眾組織，承擔着組織動員廣大人民群眾為完成黨的中心任務而共同奮鬥的重大責任，必須把保持和增強先進性作為重要着力點。要牢牢把握為實現中華民族偉大復興中國夢而奮鬥的時代主題，緊緊圍繞黨和國家工作大局，組織動員廣大人民群眾走在時代前列，在改革發展穩定第一線建功立業。要以先進引領後進，以文明進步代替蒙昧落後，以真善美抑制假惡醜，教育引導廣大人民群眾不斷提高思想覺悟和道德水平，堅定走中國特色社會主義道路，自覺踐行社會主義核心價值觀，真正成為黨執政的堅實依靠力量、強大支持力量、深厚社會基礎。

　　群團組織必須始終站在黨和人民的立場上，堅持為黨分憂、為民謀利，把思想政治工作貫穿所開展的各種活動，多做組織群眾、宣傳群眾、教育群眾、引導群眾的工作，多做統一思想、凝聚人心、化解矛盾、增進感情、激發動力的工作。

　　要切實保持和增強群團組織的群眾性。群眾性是群團組織的根本特點。群團組織開展工作和活動要以群眾為中心，讓群眾當主角，而不能讓群眾當配角、當觀眾。要更多關注、關心、關愛普通群眾，進萬家門、訪萬家情、結萬家親，經常同群眾進行面對面、手拉手、心貼心的零距離接觸，增進對群眾的真摯感情。要大力健全組織特別是基層組織，加快新領域新階層組織建設。群團組織和群團幹部特別是領導機關幹部要深入基層、深入群眾，爭當全心全意為人民服務宗旨的忠實踐行者、黨的群眾路線的堅定執行者、黨的群眾工作的行家裏手。

　　要堅持眼睛向下、面向基層，改革和改進機關機構設置、管理模式、運行機制，堅持力量配備、服務資源向基層傾斜。要積極聯繫和引導相關社會組織。要高度注意群眾的廣泛性和代表性問題，更多把普通群眾中的優秀人物納入組織，明顯提高基層一線人員比例。

　　群團組織要着眼黨和國家工作大局，在大局下思考，在大局下行動，同時立足職責定位、立足所聯繫的群眾，尋找工作結合點和着力點，推動群團組織職能與時俱進。群團組織要強化服務意識，提升服務能力，挖掘服務資源，堅持從群眾需要出發開展工作，更

多把注意力放在困難群眾身上，努力為群眾排憂解難，成為群眾信得過、靠得住、離不開的知心人、貼心人。

各級黨委要堅持德才兼備、五湖四海，加強群團幹部培養管理，選好配強群團領導班子，提高群團幹部隊伍整體素質。廣大群團幹部要加強思想道德修養，堅定理想信念，嚴格要求自己，自覺踐行「三嚴三實」，自覺抵制和糾正「四風」問題。

各級黨委必須從黨和國家工作大局出發，切實加強和改進對黨的群團工作的領導。要堅持黨委統一領導、黨政齊抓共管、部門各負其責、黨員幹部帶頭示範、群團履職盡責的工作格局。各級黨委和政府要為群團組織開展工作創造有利條件。要深入把握黨的群團工作規律，完善黨委領導群團組織的制度，提高黨的群團工作科學化水平。

不斷提高尊重與保障中國人民
各項基本權利的水平 *

（二〇一五年九月——二〇一八年十二月）

一

　　中國共產黨和中國政府始終尊重和保障人權。長期以來，中國堅持把人權的普遍性原則同中國實際相結合，不斷推動經濟社會發展，增進人民福祉，促進社會公平正義，加強人權法治保障，努力促進經濟、社會、文化權利和公民、政治權利全面協調發展，顯著提高了人民生存權、發展權的保障水平，走出了一條適合中國國情的人權發展道路。

　　實現人民充分享有人權是人類社會的共同奮鬥目標。人權保障沒有最好，只有更好。國際社會應該積極推進世界人權事業，尤其是要關注廣大發展中國家民眾的生存權和發展權。中國人民正在為實現中華民族偉大復興的中國夢而奮鬥，這將在更高水平上保障中國人民的人權，促進人的全面發展。

---

* 這是習近平同志二〇一五年九月至二〇一八年十二月期間文稿中有關不斷提高尊重與保障中國人民各項基本權利的水平內容的節錄。

中國主張加強不同文明交流互鑒、促進各國人權交流合作，推動各國人權事業更好發展。希望各方嘉賓積極探討、集思廣益，為促進世界人權事業健康發展作出貢獻。

（二〇一五年九月十六日致「二〇一五・北京人權論壇」的賀信）

二

發展是人類社會永恆的主題。聯合國《發展權利宣言》確認發展權利是一項不可剝奪的人權。作為一個擁有十三億多人口的世界最大發展中國家，發展是解決中國所有問題的關鍵，也是中國共產黨執政興國的第一要務。中國堅持把人權的普遍性原則同本國實際相結合，堅持生存權和發展權是首要的基本人權。多年來，中國堅持以人民為中心的發展思想，把增進人民福祉、保障人民當家作主、促進人的全面發展作為發展的出發點和落腳點，有效保障了人民發展權益，走出了一條中國特色人權發展道路。中國積極參與全球治理，着力推進包容性發展，努力為各國特別是發展中國家人民共享發展成果創造條件和機會。

當前，中國人民正在為實現「兩個一百年」奮鬥目標、實現中華民族偉大復興的中國夢而努力，中國人民生活將更加幸福，中國人民權利將得到更充分保障，中國將為人類發展進步作出更大貢獻。

三十年前，經過包括中國在內的世界多國共同努力，聯合國通過了《發展權利宣言》，對促進人類社會發展進步發揮了重要作用。

中國希望國際社會以聯合國二〇三〇年可持續發展議程為新起點，努力走出一條公平、開放、全面、創新的發展之路，實現各國共同發展。希望各位嘉賓深入探討交流，發表真知灼見，為促進各國人民享有更加充分的人權貢獻智慧和力量。

（二〇一六年十二月四日致「紀念《發展權利宣言》通過三十週年國際研討會」的賀信）

三

人人充分享有人權，是人類社會的偉大夢想。近代以來，發展中國家人民為爭取民族解放和國家獨立，獲得自由和平等，享有尊嚴和幸福，實現和平與發展，進行了長期鬥爭和努力，為世界人權事業發展作出了重大貢獻。

中國共產黨和中國政府堅持以人民為中心的發展思想，始終把人民利益擺在至高無上的地位，把人民對美好生活的嚮往作為奮鬥目標，不斷提高尊重與保障中國人民各項基本權利的水平。前不久召開的中國共產黨第十九次全國代表大會描繪了中國發展的宏偉藍圖，必將有力推動中國人權事業發展，為人類進步事業作出新的更大的貢獻。

當今世界，發展中國家人口佔百分之八十以上，全球人權事業發展離不開廣大發展中國家共同努力。人權事業必須也只能按照各國國情和人民需求加以推進。發展中國家應該堅持人權的普遍性和特殊性相結合的原則，不斷提高人權保障水平。國際社會應該本着

公正、公平、開放、包容的精神，尊重並反映發展中國家人民的意願。中國人民願與包括廣大發展中國家在內的世界各國人民同心協力，以合作促發展，以發展促人權，共同構建人類命運共同體。

（二〇一七年十二月七日致首屆「南南人權論壇」的賀信）

四

《世界人權宣言》是人類文明發展史上具有重大意義的文獻，對世界人權事業發展產生了深刻影響。

人民幸福生活是最大的人權。中國共產黨從誕生那一天起，就把為人民謀幸福、為人類謀發展作為奮鬥目標。中華人民共和國成立近七十年特別是改革開放四十年來，中華民族迎來了從站起來、富起來到強起來的偉大飛躍。中國發展成就歸結到一點，就是億萬中國人民生活日益改善。

時代在發展，人權在進步。中國堅持把人權的普遍性原則和當代實際相結合，走符合國情的人權發展道路，奉行以人民為中心的人權理念，把生存權、發展權作為首要的基本人權，協調增進全體人民的經濟、政治、社會、文化、環境權利，努力維護社會公平正義，促進人的全面發展。

德合天地，道濟天下。中國人民願同各國人民一道，秉持和平、發展、公平、正義、民主、自由的人類共同價值，維護人的尊嚴和權利，推動形成更加公正、合理、包容的全球人權治理，共同

構建人類命運共同體，開創世界美好未來。我國人權研究工作者要與時俱進、守正創新，為豐富人類文明多樣性、推進世界人權事業發展作出更大貢獻。

（二〇一八年十二月十日致紀念《世界人權宣言》發表七十週年座談會的賀信）

二〇一六年

堅持黨的宗教工作基本方針，
做好新形勢下宗教工作[*]

（二〇一六年四月二十二日）

　　新形勢下，我們要堅持和發展中國特色社會主義宗教理論，全面貫徹黨的宗教工作基本方針，分析我國宗教工作形勢，研究我國宗教工作面臨的新情況新問題，全面提高宗教工作水平，更好組織和凝聚廣大信教群眾同全國人民一道，為實現「兩個一百年」奮鬥目標、實現中華民族偉大復興的中國夢而奮鬥。

　　宗教問題始終是我們黨治國理政必須處理好的重大問題，宗教工作在黨和國家工作全局中具有特殊重要性，關係中國特色社會主義事業發展，關係黨同人民群眾的血肉聯繫，關係社會和諧、民族團結，關係國家安全和祖國統一。我國宗教工作形勢總體是好的，黨的宗教工作基本方針得到貫徹，黨同宗教界的愛國統一戰線不斷鞏固，宗教工作法治化明顯加強，宗教活動總體平穩有序。實踐證明，我們黨關於宗教問題的理論和方針政策是正確的。

　　做好宗教工作，必須堅持黨的宗教工作基本方針，要全面貫徹黨的宗教信仰自由政策，依法管理宗教事務，堅持獨立自主自辦

---

* 這是習近平同志在全國宗教工作會議上講話的要點。

原則，積極引導宗教與社會主義社會相適應。黨的宗教工作基本方針是我們黨堅持馬克思主義宗教觀，從我國國情和宗教具體實際出發，汲取正反兩方面經驗制定出來的。實行宗教信仰自由政策，出發點和落腳點是要最大限度把廣大信教和不信教群眾團結起來。積極引導宗教與社會主義社會相適應，是要引導信教群眾熱愛祖國、熱愛人民，維護祖國統一，維護中華民族大團結，服從服務於國家最高利益和中華民族整體利益；擁護中國共產黨領導、擁護社會主義制度，堅持走中國特色社會主義道路；積極踐行社會主義核心價值觀，弘揚中華文化，努力把宗教教義同中華文化相融合；遵守國家法律法規，自覺接受國家依法管理；投身改革開放和社會主義現代化建設，為實現中華民族偉大復興的中國夢貢獻力量。

做好黨的宗教工作，把黨的宗教工作基本方針堅持好，關鍵是要在「導」上想得深、看得透、把得準，做到「導」之有方、「導」之有力、「導」之有效，牢牢掌握宗教工作主動權。

做好新形勢下宗教工作，就要堅持用馬克思主義立場、觀點、方法認識和對待宗教，遵循宗教和宗教工作規律，深入研究和妥善處理宗教領域各種問題，結合我國宗教發展變化和宗教工作實際，不斷豐富和發展中國特色社會主義宗教理論，用以更好指導我國宗教工作實踐。積極引導宗教與社會主義社會相適應，一個重要的任務就是支持我國宗教堅持中國化方向。要用社會主義核心價值觀來引領和教育宗教界人士和信教群眾，弘揚中華民族優良傳統，用團結進步、和平寬容等觀念引導廣大信教群眾，支持各宗教在保持基

本信仰、核心教義、禮儀制度的同時，深入挖掘教義教規中有利於社會和諧、時代進步、健康文明的內容，對教規教義作出符合當代中國發展進步要求、符合中華優秀傳統文化的闡釋。

要構建積極健康的宗教關係。在我國，宗教關係包括黨和政府與宗教、社會與宗教、國內不同宗教、我國宗教與外國宗教、信教群眾與不信教群眾的關係。促進宗教關係和諧，這些關係都要處理好。處理我國宗教關係，必須牢牢把握堅持黨的領導、鞏固黨的執政地位、強化黨的執政基礎這個根本，必須堅持政教分離，堅持宗教不得干預行政、司法、教育等國家職能實施，堅持政府依法對涉及國家利益和社會公共利益的宗教事務進行管理。要提高宗教工作法治化水平，用法律規範政府管理宗教事務的行為，用法律調節涉及宗教的各種社會關係。要保護廣大信教群眾合法權益，深入開展法治宣傳教育，教育引導廣大信教群眾正確認識和處理國法和教規的關係，提高法治觀念。

新形勢下，宗教工作範圍廣、任務重，既要全面推進，也要重點突破。要結合各宗教情況，抓住主要矛盾，解決突出問題，以做好重點工作推進全局工作。各級黨委要提高處理宗教問題能力，把宗教工作納入重要議事日程，及時研究宗教工作中的重要問題，推動落實宗教工作決策部署。要加強對黨關於宗教問題的理論和方針政策的學習，加強對宗教基本知識的學習，把黨關於宗教問題的理論和方針政策納入幹部教育培訓計劃，使各級幹部儘可能多地掌握。要建立健全強有力的領導機制，做好對宗教工作的引領、規

劃、指導、督查。統戰部門要負起牽頭協調責任，宗教工作部門要擔負起依法管理責任，各有關部門及工會、共青團、婦聯、科協等人民團體要齊抓共管，共同做好宗教工作。要廣泛宣傳黨關於宗教問題的理論和方針政策，宣傳宗教相關法律法規，加強宗教方面宣傳輿論引導。黨的基層組織特別是宗教工作任務重的地方基層組織，要切實做好宗教工作，加強對信教群眾的工作。共產黨員要做堅定的馬克思主義無神論者，嚴守黨章規定，堅定理想信念，牢記黨的宗旨，絕不能在宗教中尋找自己的價值和信念。要加強對青少年的科學世界觀宣傳教育，引導他們相信科學、學習科學、傳播科學，樹立正確的世界觀、人生觀、價值觀。

在愛國主義、社會主義旗幟下，同宗教界結成統一戰線，是我們黨處理宗教問題的鮮明特色和政治優勢。要堅持政治上團結合作、信仰上相互尊重，多接觸、多談心、多幫助，以理服人，以情感人，通過解決實際困難吸引人、團結人。

我國億萬勞動群眾是
全面建成小康社會的主體力量[*]

（二〇一六年四月二十六日）

　　今天這個座談會，請來的是知識分子、勞動模範、青年代表。這樣安排，我們是有考慮的。我國是工人階級領導的、以工農聯盟為基礎的人民民主專政的社會主義國家。知識分子是工人階級的一部分，勞動人民是國家的主人，青年是中國特色社會主義事業接班人、是國家的未來和民族的希望。我們要全面建成小康社會，進而建成富強民主文明和諧的社會主義現代化國家，實現中華民族偉大復興，必須依靠知識，必須依靠勞動，必須依靠廣大青年。這是我們國家和民族發展的力量所在，也是我們事業成功的力量所在。

　　黨的十八大以來，每年「五一」國際勞動節、「五四」青年節，我都參加相關活動，也講過一些話。就知識分子工作，我也在不同場合講過一些意見。我的有關講話歸結起來，核心意思就是：經過近代以來特別是中國共產黨誕生以來中國人民持續奮鬥，中華民族偉大復興已經展現出光明前景，現在我們比歷史上任何時期都更接近中華民族偉大復興的目標，比歷史上任何時期都更有信心、更有

---

* 這是習近平同志在知識分子、勞動模範、青年代表座談會上講話的主要部分。

能力實現這個目標。同時，實現中華民族偉大復興還有很長的路要走，前進道路並不平坦，必須堅定中國特色社會主義道路自信、理論自信、制度自信，隨時準備應對各種困難和挑戰，無論遇到什麼風浪我們都不能停下前進步伐；實現中華民族偉大復興是十分偉大而又十分艱巨的事業，需要全體中華兒女眾志成城、萬眾一心，把一切力量都凝聚起來，把一切積極因素都調動起來，為了共同的目標不懈奮鬥。

我們正處在實現「兩個一百年」奮鬥目標中第一個一百年奮鬥目標、全面建成小康社會的決勝階段。黨的十八屆五中全會和「十三五」規劃綱要，描繪了全面建成小康社會宏偉藍圖。現在，擺在我們面前的任務是把美好藍圖變為現實。廣大知識分子、廣大勞動群眾、廣大青年要緊跟時代、肩負使命、銳意進取，把自身的前途命運同國家和民族的前途命運緊緊聯繫在一起，努力為全面建成小康社會貢獻智慧和力量。

這裏，我就新形勢下進一步發揮廣大知識分子、廣大勞動群眾、廣大青年的作用講一些意見。

全面建成小康社會，我國廣大知識分子能夠提供十分重要的人才支撐、智力支撐、創新支撐。希望我國廣大知識分子充分發揮自身優勢，勇於擔當、敢於創新，服務社會、報效人民，努力作出新的更突出的貢獻。

知識分子，顧名思義，就是文化水平較高、知識比較豐富的人，其中不少是學有所長、術有專攻、在某個領域某個方面的行家

專家。知識分子對知識、對技術掌握得比較多,對自然、對社會了解得比較深,在推動經濟社會發展、推動社會文明進步中能夠發揮十分重要的作用。在我們黨領導革命、建設、改革九十多年的歷程中,廣大知識分子為黨和人民建立了彪炳史冊的功勳。

伴隨黨和人民事業不斷發展,我國知識分子隊伍越來越大,遍佈全社會各個領域。在全面建成小康社會進程中,廣大知識分子要肩負起自己的使命,立足崗位、不斷學習、學以致用,做好本職工作。當老師,就要心無旁騖,甘守三尺講台,「春蠶到死絲方盡,蠟炬成灰淚始乾」。做研究,就要甘於寂寞,或是皓首窮經,或是扎根實驗室,「板凳要坐十年冷,文章不寫一句空」。搞創作,就要堅持以人民為中心的創作思想,深入實踐、深入群眾、深入生活,努力創作出人民群眾喜愛的精品力作。一個知識分子,不論在哪個行業、從事什麼職業,也不論學歷、職稱、地位有多高,唯有秉持求真務實精神,才能探究更多未知,才能獲得更多真理,也才能為社會作出更大貢獻。

勇立潮頭、引領創新,是廣大知識分子應有的品格。面對日益激烈的國際競爭,我們必須把創新擺在國家發展全局的核心位置,不斷推進理論創新、制度創新、科技創新、文化創新等各方面創新。廣大知識分子要增強創新意識,敢於走前人沒有走過的路,敢於搶佔國內國際創新制高點。要把握創新特點,遵循創新規律,既奇思妙想、「無中生有」,努力追求原始創新,又兼收並蓄、博採眾長,善於進行集成創新和引進消化吸收再創新;既甘於「十年磨一

劍」，開展戰略性創新攻關，又對接現實需求，及時開展應急性創新攻關；既尊重個人創造，發揮尖兵作用，又注重集體攻關，發揮合作優勢。要堅持面向經濟社會發展主戰場、面向人民群眾新需求，讓創新成果更多更快造福社會、造福人民。

天下為公、擔當道義，是廣大知識分子應有的情懷。我國知識分子歷來有濃厚的家國情懷，有強烈的社會責任感。「修身齊家治國平天下」，「為天地立心、為生民立命、為往聖繼絕學、為萬世開太平」，「先天下之憂而憂，後天下之樂而樂」，這些思想為一代又一代知識分子所尊崇。現在，黨和人民更加需要廣大知識分子發揚這樣的擔當精神。這是一份沉甸甸的責任。廣大知識分子要堅持國家至上、民族至上、人民至上，始終胸懷大局、心有大我。要堅守正道、追求真理，立足我國國情，放眼觀察世界，不妄自菲薄，不人云亦云。要實事求是、客觀公允，重實情、看本質、建真言，多為推進黨和人民事業發展獻計出力。任何時候任何情況下，都不能做有損國家民族尊嚴、有損知識分子良知的事。

知識分子工作是黨的一項十分重要的工作。各級黨委和政府要切實尊重知識、尊重人才，充分信任知識分子，努力為廣大知識分子工作學習生活創造更好條件。要深化科技、教育、文化體制改革，深化人才發展體制改革，加快形成有利於知識分子幹事創業的體制機制，放手讓廣大知識分子把才華和能量充分釋放出來。要遵循知識分子工作特點和規律，減少對知識分子創造性勞動的干擾，讓他們把更多精力集中於本職工作。要善於運用溝通、協商、談

心等方式做好知識分子思想工作，多了解他們工作學習生活中的困難，多同他們共同探討一些問題，多鼓勵他們取得的成績和進步。

知識分子有思想、有主見、有責任，願意對一些問題發表自己的見解。各級黨委和政府、各級領導幹部要就工作和決策中的有關問題主動徵求他們的意見和建議，歡迎他們提出批評。對來自知識分子的意見和批評，只要出發點是好的，就要熱忱歡迎，對的就要積極採納。即使一些意見和批評有偏差，甚至不正確，也要多一些包容、多一些寬容，堅持不抓辮子、不扣帽子、不打棍子。人不是神仙，提意見、提批評不能要求百分之百正確。如果有的人提出的意見和批評不妥當或者是錯誤的，要開展充分的說理工作，引導他們端正認識、轉變觀點，而不要一下子就把人看死了，更不要迴避他們、排斥他們。各級領導幹部要善於同知識分子打交道，做知識分子的摯友、諍友。

全面建成小康社會，我國億萬勞動群眾是主體力量。希望我國廣大勞動群眾以勞動模範為榜樣，愛崗敬業、勤奮工作，銳意進取、勇於創造，不斷譜寫新時代的勞動者之歌。

「人生在勤，勤則不匱。」幸福不會從天降，美好生活靠勞動創造。全面建成小康社會的奮鬥目標，為廣大勞動群眾指明了光明的未來；全面建成小康社會的歷史任務，為廣大勞動群眾賦予了光榮的使命；全面建成小康社會的偉大征程，為廣大勞動群眾提供了寶貴的機遇。面對這樣一個千帆競發、百舸爭流、有機會幹事業、能幹成事業的時代，廣大勞動群眾一定要倍加珍惜、倍加努力。

　　勞動模範是勞動群眾的傑出代表，是最美的勞動者。勞動模範身上體現的「愛崗敬業、爭創一流，艱苦奮鬥、勇於創新，淡泊名利、甘於奉獻」的勞模精神，是偉大時代精神的生動體現。我們要在全社會大力宣傳勞動模範的先進事跡，號召全社會向他們學習、向他們致敬。要為勞動模範更好施展才華、展現精神品格提供全方位支持，使他們的勞動技能、創新方法、管理經驗能廣泛傳播，充分發揮示範帶動作用。勞動模範要珍惜榮譽、謙虛謹慎、再接再厲，不斷在新的起點上為黨和人民創造更大業績。

　　素質是立身之基，技能是立業之本。廣大勞動群眾要勤於學習，學文化、學科學、學技能、學各方面知識，不斷提高綜合素質，練就過硬本領。要立足崗位學，向師傅學，向同事學，向書本學，向實踐學。三百六十行，行行出狀元。任何一名勞動者，無論從事的勞動技術含量如何，只要勤於學習、善於實踐，在工作上兢兢業業、精益求精，就一定能夠造就閃光的人生。

　　人類是勞動創造的，社會是勞動創造的。勞動沒有高低貴賤之分，任何一份職業都很光榮。廣大勞動群眾要立足本職崗位誠實勞動。無論從事什麼勞動，都要幹一行、愛一行、鑽一行。在工廠車間，就要弘揚「工匠精神」，精心打磨每一個零部件，生產優質的產品。在田間地頭，就要精心耕作，努力贏得豐收。在商場店舖，就要笑迎天下客，童叟無欺，提供優質的服務。只要踏實勞動、勤勉勞動，在平凡崗位上也能幹出不平凡的業績。

　　夢想屬於每一個人，廣大勞動群眾要敢想敢幹、敢於追夢。說

到底，實現中華民族偉大復興的中國夢，要靠各行各業人們的辛勤勞動。現在，黨和國家事業空間很大，只要有志氣有闖勁，普通勞動者也可以在寬廣舞台上展示自己的人生價值。許多勞動模範平凡而感人的事跡，都充分說明了這一點。我們要在全社會大力弘揚勞動精神，提倡通過誠實勞動來實現人生的夢想、改變自己的命運，反對一切不勞而獲、投機取巧、貪圖享樂的思想。

各級黨委和政府要關心和愛護廣大勞動群眾，切實把黨和國家相關政策措施落實到位，不斷推進相關領域改革創新，堅決掃除制約廣大勞動群眾就業創業的體制機制和政策障礙，不斷完善就業創業扶持政策、降低就業創業成本，支持廣大勞動群眾積極就業、大膽創業。要切實維護廣大勞動群眾合法權益，幫助廣大勞動群眾排憂解難，積極構建和諧勞動關係。

現在，我國經濟發展進入新常態，經濟發展方式正在深刻轉變，經濟結構正在深刻調整，這對部分勞動群眾就業帶來了暫時的影響。各級黨委和政府要落實好失業人員再就業和生活保障、財政專項獎補等支持政策，落實和完善援助措施，創造更多就業崗位，通過鼓勵企業吸納、公益性崗位安置、社會政策托底等多種渠道幫助就業困難人員，實現零就業家庭動態「清零」，確保安置分流有序、社會和諧穩定。

全面建成小康社會，廣大青年是生力軍和突擊隊。希望我國廣大青年充分展現自己的抱負和激情，胸懷理想、錘煉品格，腳踏實地、艱苦奮鬥，不斷書寫奉獻青春的時代篇章。

實現中華民族偉大復興的中國夢，需要一代又一代有志青年接續奮鬥。青年人朝氣蓬勃，是全社會最富有活力、最具有創造性的群體。黨和人民對廣大青年寄予厚望。

廣大青年要自覺踐行社會主義核心價值觀，不斷養成高尚品格。要以國家富強、人民幸福為己任，胸懷理想、志存高遠，投身中國特色社會主義偉大實踐，並為之終生奮鬥。要加強思想道德修養，自覺弘揚愛國主義、集體主義精神，自覺遵守社會公德、職業道德、家庭美德。要堅持艱苦奮鬥，不貪圖安逸，不懼怕困難，不怨天尤人，依靠勤勞和汗水開闢人生和事業前程。「看似尋常最奇崛，成如容易卻艱辛。」青年的人生之路很長，前進途中，有平川也有高山，有緩流也有險灘，有麗日也有風雨，有喜悅也有哀傷。心中有陽光，腳下有力量，為了理想能堅持、不懈怠，才能創造無愧於時代的人生。

「人才有高下，知物由學。」夢想從學習開始，事業靠本領成就。廣大青年要自覺加強學習，不斷增強本領。人生的黃金時期在青年。青年時期學識基礎厚實不厚實，影響甚至決定自己的一生。廣大青年要如飢似渴、孜孜不倦學習，既多讀有字之書，也多讀無字之書，注重學習人生經驗和社會知識。「紙上得來終覺淺，絕知此事要躬行。」所有知識要轉化為能力，都必須躬身實踐。要堅持知行合一，注重在實踐中學真知、悟真諦，加強磨練、增長本領。

廣大青年要自覺奉獻青春，為全面建成小康社會多作貢獻。青年時光非常可貴，要用來幹事創業、辛勤耕耘，為將來留下珍貴的

回憶。廣大農村青年要在發展現代農業、建設社會主義新農村中展現現代農民新形象,廣大企業青年要在積極參與生產勞動、產品研發、管理創新中創造更多財富,廣大科研單位青年要在深入鑽研學問、主動攻克難題中多出創新成果,廣大機關事業單位青年要在提高為社會、為民眾服務水平中建功立業。

廣大青年要保持初生牛犢不怕虎的勁頭,不懂就學,不會就練,沒有條件就努力創造條件。「志之所趨,無遠弗屆,窮山距海,不能限也。」對想做愛做的事要敢試敢為,努力從無到有、從小到大,把理想變為現實。要敢於做先鋒,而不做過客、當看客,讓創新成為青春遠航的動力,讓創業成為青春搏擊的能量,讓青春年華在為國家、為人民的奉獻中煥發出絢麗光彩。

各級黨委和政府要充分信任青年、熱情關心青年、嚴格要求青年、積極引導青年,為廣大青年成長成才、創新創造、建功立業做好服務保障工作。各級領導幹部要做青年朋友的知心人、青年工作的熱心人。

人民立場是中國共產黨的根本政治立場 *

（二〇一六年七月一日）

　　堅持不忘初心、**繼續前進**，就要堅信黨的根基在人民、黨的力量在人民，堅持一切為了人民、一切依靠人民，充分發揮廣大人民群眾積極性、主動性、創造性，不斷把為人民造福事業推向前進。

　　人民立場是中國共產黨的根本政治立場，是馬克思主義政黨區別於其他政黨的顯著標誌。黨與人民風雨同舟、生死與共，始終保持血肉聯繫，是黨戰勝一切困難和風險的根本保證，正所謂「得眾則得國，失眾則失國」。

　　全黨同志要把人民放在心中最高位置，堅持全心全意為人民服務的根本宗旨，實現好、維護好、發展好最廣大人民根本利益，把人民擁護不擁護、贊成不贊成、高興不高興、答應不答應作為衡量一切工作得失的根本標準，使我們黨始終擁有不竭的力量源泉。

　　帶領人民創造幸福生活，是我們黨始終不渝的奮鬥目標。我們要順應人民群眾對美好生活的嚮往，堅持以人民為中心的發展思想，以保障和改善民生為重點，發展各項社會事業，加大收入分配調節力度，打贏脫貧攻堅戰，保證人民平等參與、平等發展權利，

---

* 這是習近平同志在慶祝中國共產黨成立九十五週年大會上講話的一部分。

使改革發展成果更多更公平惠及全體人民，朝着實現全體人民共同富裕的目標穩步邁進。

尊重人民主體地位，保證人民當家作主，是我們黨的一貫主張。我們要毫不動搖走中國特色社會主義政治發展道路，長期堅持、全面貫徹、不斷發展人民代表大會制度、中國共產黨領導的多黨合作和政治協商制度、民族區域自治制度、基層群眾自治制度，發展社會主義協商民主，鞏固和發展最廣泛的愛國統一戰線，擴大人民群眾有序政治參與，保證人民廣泛參加國家治理和社會治理，形成生動活潑、安定團結的政治局面。

「功以才成，業由才廣。」黨和人民事業要不斷發展，就要把各方面人才更好使用起來，聚天下英才而用之。我們要以識才的慧眼、愛才的誠意、用才的膽識、容才的雅量、聚才的良方，廣開進賢之路，把黨內和黨外、國內和國外等各方面優秀人才吸引過來、凝聚起來，努力形成人人渴望成才、人人努力成才、人人皆可成才、人人盡展其才的良好局面。

保障人民選舉權和被選舉權 *

（二〇一六年十一月十五日）

　　這次縣鄉兩級人大換屆選舉是全國人民政治生活中的一件大事。選舉工作要堅持黨的領導、堅持發揚民主、嚴格依法辦事，保障人民選舉權和被選舉權。要加強對選舉工作的監督，對違規違紀違法問題「零容忍」，確保選舉工作風清氣正。

---

* 這是習近平同志在參加北京市區人大代表換屆選舉投票時講話的要點。

二〇一七年

維護黨中央權威，貫徹民主集中制 [*]

（二〇一七年二月十三日）

　　《關於新形勢下黨內政治生活的若干準則》提出：「堅決維護黨中央權威、保證全黨令行禁止，是黨和國家前途命運所繫，是全國各族人民根本利益所在。」「堅持黨的領導，首先是堅持黨中央的集中統一領導。一個國家、一個政黨，領導核心至關重要。全黨必須牢固樹立政治意識、大局意識、核心意識、看齊意識，自覺在思想上政治上行動上同黨中央保持高度一致。黨的各級組織、全體黨員特別是高級幹部都要向黨中央看齊，向黨的理論和路線方針政策看齊，向黨中央決策部署看齊，做到黨中央提倡的堅決響應、黨中央決定的堅決執行、黨中央禁止的堅決不做。」

　　為什麼《準則》如此強調這個問題？就是因為一段時間內，無視黨中央權威的現象廣泛存在，有些還很嚴重。有的立場不穩、喪失原則，在重大原則問題和大是大非面前立場搖擺、態度曖昧，沒有同黨中央保持高度一致；有的自以為是、胡言亂語，在重大政治問題上公開發表同黨中央精神相違背的意見，對黨中央大政方針說三道四；有的有令不行、有禁不止，在貫徹黨的決議和黨中央決策

<small>* 這是習近平同志在省部級主要領導幹部學習貫徹黨的十八屆六中全會精神專題研討班上講話的一部分。</small>

部署上搞上有政策、下有對策，有的明明知道有問題，不但不抵制不報告，反而躋身其中、推波助瀾，對黨中央搞小動作；有的弄虛作假、欺上瞞下，事前不請示，事後不報告，或者只報成績不報問題和缺點，向黨中央打埋伏；有的自作主張、瞞天過海，對黨中央決策部署打折扣、做選擇、搞變通，致使黨中央決策部署在貫徹執行中變形走樣、落不了地；有的狂妄自大、陽奉陰違，把自己凌駕於黨組織之上，把自己主政或分管的地方和部門當成「獨立王國」、「私人領地」，擁護黨中央的口號喊得震天響，實際上卻是公開或者變相販賣私貨，背着黨中央另搞一套；有的野心膨脹、權慾熏心，在黨內培植個人勢力，搞各種非組織派別活動，甚至公開搞分裂黨的政治勾當，同黨中央對着幹。周永康、薄熙來、郭伯雄、徐才厚、令計劃等人就是其中的典型代表。這說明，一些人目無政治紀律、無視黨中央權威已經到了何種程度？如不堅決克服，就會對黨和人民事業造成嚴重損害。

古人云：令之不行，政之不立。黨政軍民學，東西南北中，黨是領導一切的。黨中央制定的理論和路線方針政策，是全黨全國各族人民統一思想、統一意志、統一行動的依據和基礎。只有黨中央有權威，才能把全黨牢固凝聚起來，進而把全國各族人民緊密團結起來，形成萬眾一心、無堅不摧的磅礴力量。如果黨中央沒有權威，黨的理論和路線方針政策可以隨意不執行，大家各自為政、各行其是，想幹什麼就幹什麼，想不幹什麼就不幹什麼，黨就會變成一盤散沙，就會成為自行其是的「私人俱樂部」，黨的領導就會成為

一句空話。

　　全黨在政治方向、政治路線、政治立場、政治主張上，必須同黨中央保持高度一致。每一個黨的組織、每一名黨員幹部，無論處在哪個領域、哪個層級、哪個部門和單位，都要服從黨中央集中統一領導，確保黨中央令行禁止，決不允許背着黨中央另搞一套。總結這些年黨內出現的各種問題，《準則》強調：全黨必須自覺防止和反對個人主義、分散主義、自由主義、本位主義。對黨中央決策部署，任何黨組織和任何黨員都不准合意的執行、不合意的不執行，不准先斬後奏，更不准口是心非、陽奉陰違。屬於部門和地方職權範圍內的工作部署，要以貫徹黨中央決策部署為前提，發揮積極性、主動性、創造性，但決不允許自行其是、各自為政，決不允許有令不行、有禁不止，決不允許搞上有政策、下有對策。

　　強調維護黨中央權威和集中統一領導，是不是就不要民主集中制了、不要發揚黨內民主了呢？絕對不是！不能把這兩者對立起來。我們實行的民主集中制，是又有集中又有民主、又有紀律又有自由、又有統一意志又有個人心情舒暢生動活潑的制度，是民主和集中緊密結合的制度。我們黨歷來高度重視發展黨內民主。黨的代表大會報告、黨的全會文件、黨的重要文件和重大決策、政府工作報告、重大改革發展舉措、部門重要工作文件，都要在黨內一定範圍徵求意見，有的不止徵求一次，還要徵求兩次、三次，部門的重要文件，有的要徵求全部省區市的意見和建議，有的要徵求幾十家中央和國家部門的意見和建議。而且，這些都是必須過的程序，

黨中央審議重要文件時，都要求報告徵求意見的情況，同意的要報告，不同意的也要報告。我們中央領導同志也經常通過召開座談會、下去調研、找人談話、研究調研材料等多種形式，聽取各方面意見和建議。黨中央作出重大決策都是很慎重的，重大方案要經過部門討論、各有關中央領導小組討論、國務院討論，然後才拿到中央政治局常委會會議、中央政治局會議上審議。如果審議通不過，還要拿回去重新研究，研究修改好了以後再上會討論。這些環節都有制度性規定，不是可有可無的。很多重大工作部署，從部門提出到中央政治局會議審議通過，要經過五六道關，涉法事項還要到全國人大討論。看上去有些繁瑣，但這樣做的目的，就是為了充分發揚民主，廣泛聽取意見和建議，做到兼聽則明、防止偏聽則暗，做到科學決策、民主決策、依法決策。

當然，黨和國家工作的重大決策部署，聽了各方面意見和建議，最後總要作出決定，這個決定權就在黨中央，只此一家，別無分店。在醞釀和討論過程中，大家可以充分發表意見，暢所欲言，可以提修改意見，可以批評，甚至可以反對，言者無罪。古代尚有堯舜諫鼓謗木、大禹揭器求言、唐太宗兼聽兼信等故事，我們共產黨人更要有這樣的理念和原則、氣度和氣魄。在醞釀和討論階段，要多聽意見，讓人家多說話，天塌不下來！閉目塞聽、閉門造車，不會有好的決策。但是，一旦黨中央作出決定，各方就要堅決貫徹執行，不能某個決策不符合自己的意見、不對自己的胃口就不執行。而且，執行起來還要全心全意，不能三心二意、半心半意。

在堅決執行的條件下，有意見、有問題還可以通過黨內程序反映，直至向黨中央反映，這都是允許的。有關反映黨中央採納了，那很好，如果沒有採納也不要牢騷滿腹，心裏不痛快，行動上打埋伏。個人有見解是好事，但個人的認識畢竟有其局限性，黨中央決策要從全局出發，集中各方面智慧，綜合考慮各方面條件。我們這麼大一個黨、這麼大一個國家，如果沒有黨中央定於一尊的權威，公說公有理，婆說婆有理，爭論不休，不僅會誤事，而且要亂套！

我在年前的中央政治局民主生活會上強調，全黨只有黨中央權威、只有向黨中央看齊，各地區各部門各方面都必須維護黨中央權威、向黨中央看齊。這個邏輯不能層層推下去。層層提權威、要看齊，這在政治上是錯誤的、甚至是有害的。各級黨委和政府要不要有權威呢？當然要有權威，否則沒法開展工作。地方和部門的工作部署要不要執行呢？當然要執行，否則就會肌無力。但是，地方和部門的同志一定要認識到地方和部門的權威都來自於黨中央權威，地方和部門的工作都是對黨中央決策部署的具體落實，在地方和部門工作的同志都是黨派去工作的，不是獨立存在的，也不是孤立存在的，沒有天馬行空、為所欲為的權力。層層都喊維護自己的權威，層層都喊向自己看齊，黨中央權威、向黨中央看齊就會被虛化、弱化。全黨只能維護黨中央權威，只能向黨中央看齊，要把廣大黨員、幹部、群眾思想和行動統一到黨中央精神和決策部署上來。只有真正做到了這一點，地方和部門的工作才能做好。

我國廣大知識分子要胸懷大局、心有大我[*]

（二〇一七年三月四日）

　　偉大的事業，決定了我們更加需要知識和知識分子，更加需要知識分子為國家富強、民族振興、人民幸福多作貢獻。我國廣大知識分子要以時不我待的緊迫感、捨我其誰的責任感，主動擔當，積極作為，刻苦鑽研，勤奮工作，為全面建成小康社會、建設世界科技強國作出更大貢獻。

　　一年來，我們統籌推進「五位一體」總體佈局、協調推進「四個全面」戰略佈局，堅持穩中求進工作總基調，貫徹新發展理念，主動適應引領經濟發展新常態，統籌穩增長、促改革、調結構、惠民生、防風險各項工作，全面建成小康社會邁出堅實步伐，全面深化改革繼續深入推進，全面依法治國展現新的局面，全面從嚴治黨取得顯著成效，經濟增長繼續居於世界前列，實現「十三五」良好開局。這些成績來之不易，是中共中央堅強領導的結果，是全國各族人民團結奮鬥的結果，也凝結着各民主黨派、全國工商聯和無黨派人士以及在座各位委員的心血和智慧。

　　中國共產黨歷來高度重視知識分子。我國廣大知識分子是社會

---

* 這是習近平同志在參加全國政協十二屆五次會議民進、農工黨、九三學社委員聯組會時講話的要點。

161

的精英、國家的棟樑、人民的驕傲，也是國家的寶貴財富。我國知識分子歷來有濃厚的家國情懷，有強烈的社會責任感，重道義、勇擔當。一代又一代知識分子為我國革命、建設、改革事業貢獻智慧和力量，有的甚至獻出寶貴生命，留下了可歌可泣的事跡。

全社會都要關心知識分子、尊重知識分子，營造尊重知識、尊重知識分子的良好社會氛圍。要以識才的慧眼、愛才的誠意、用才的膽識、容才的雅量、聚才的良方，廣開進賢之路，把各方面知識分子凝聚起來，聚天下英才而用之。各級領導幹部要善於同知識分子打交道，做知識分子的摯友、諍友。要充分信任知識分子，重要工作和重大決策要徵求知識分子意見和建議。對來自知識分子的意見和批評，只要出發點是好的，就要熱忱歡迎，對的就積極採納。即使個別意見有偏差甚至是錯誤的，也要多一些包涵、多一些寬容。要為廣大知識分子工作學習創造更好條件，加快形成有利於知識分子幹事創業的體制機制，遵循知識分子工作特點和規律，讓知識分子把更多精力集中於本職工作，把自己的才華和能量充分釋放出來。

希望我國廣大知識分子自覺做踐行社會主義核心價值觀的模範，堅持國家至上、民族至上、人民至上，始終胸懷大局、心有大我，始終堅守正道、追求真理，從自我做起、從現在做起、從日常生活做起，身體力行帶動全社會遵循社會主義核心價值觀。希望我國廣大知識分子積極投身創新發展實踐，想國家之所想、急國家之所急，緊緊圍繞經濟競爭力的核心關鍵、社會發展的瓶頸制約、國

家安全的重大挑戰，不斷增加知識積累，不斷強化創新意識，不斷提升創新能力，不斷攀登創新高峰。

今年是實施「十三五」規劃的重要一年，是供給側結構性改革的深化之年，有不少問題需要深入研究、妥善應對、合力攻堅。大家要緊扣「十三五」規劃實施和全年經濟社會發展目標，就保持經濟平穩健康發展和社會和諧穩定深度調查研究，提出務實管用的對策建議。

今年，各民主黨派中央及其省級組織要進行換屆，各民主黨派要搞好政治交接，努力換出新幹勁、換出新氣象。中國共產黨同各民主黨派秉持共同理想、堅持共同奮鬥，匯聚成堅持和發展中國特色社會主義、實現中華民族偉大復興中國夢的磅礴合力。只要我們始終把十三億多中國人民智慧和力量聚合在一起，我們的事業將無往而不勝。

健全人民當家作主制度體系，
發展社會主義民主政治 *

（二〇一七年十月十八日）

　　我國是工人階級領導的、以工農聯盟為基礎的人民民主專政的社會主義國家，國家一切權力屬於人民。我國社會主義民主是維護人民根本利益的最廣泛、最真實、最管用的民主。發展社會主義民主政治就是要體現人民意志、保障人民權益、激發人民創造活力，用制度體系保證人民當家作主。

　　中國特色社會主義政治發展道路，是近代以來中國人民長期奮鬥歷史邏輯、理論邏輯、實踐邏輯的必然結果，是堅持黨的本質屬性、踐行黨的根本宗旨的必然要求。世界上沒有完全相同的政治制度模式，政治制度不能脫離特定社會政治條件和歷史文化傳統來抽象評判，不能定於一尊，不能生搬硬套外國政治制度模式。要長期堅持、不斷發展我國社會主義民主政治，積極穩妥推進政治體制改革，推進社會主義民主政治制度化、規範化、程序化，保證人民依法通過各種途徑和形式管理國家事務，管理經濟文化事業，管理社會事務，鞏固和發展生動活潑、安定團結的政治局面。

---

* 這是習近平同志在中國共產黨第十九次全國代表大會上的報告《決勝全面建成小康社會，奪取新時代中國特色社會主義偉大勝利》的一部分。

（一）堅持黨的領導、人民當家作主、依法治國有機統一。黨的領導是人民當家作主和依法治國的根本保證，人民當家作主是社會主義民主政治的本質特徵，依法治國是黨領導人民治理國家的基本方式，三者統一於我國社會主義民主政治偉大實踐。在我國政治生活中，黨是居於領導地位的，加強黨的集中統一領導，支持人大、政府、政協和法院、檢察院依法依章程履行職能、開展工作、發揮作用，這兩個方面是統一的。要改進黨的領導方式和執政方式，保證黨領導人民有效治理國家；擴大人民有序政治參與，保證人民依法實行民主選舉、民主協商、民主決策、民主管理、民主監督；維護國家法制統一、尊嚴、權威，加強人權法治保障，保證人民依法享有廣泛權利和自由。鞏固基層政權，完善基層民主制度，保障人民知情權、參與權、表達權、監督權。健全依法決策機制，構建決策科學、執行堅決、監督有力的權力運行機制。各級領導幹部要增強民主意識，發揚民主作風，接受人民監督，當好人民公僕。

（二）加強人民當家作主制度保障。人民代表大會制度是堅持黨的領導、人民當家作主、依法治國有機統一的根本政治制度安排，必須長期堅持、不斷完善。要支持和保證人民通過人民代表大會行使國家權力。發揮人大及其常委會在立法工作中的主導作用，健全人大組織制度和工作制度，支持和保證人大依法行使立法權、監督權、決定權、任免權，更好發揮人大代表作用，使各級人大及其常委會成為全面擔負起憲法法律賦予的各項職責的工作機關，成為同人民群眾保持密切聯繫的代表機關。完善人大專門委員會設置，優

化人大常委會和專門委員會組成人員結構。

（三）發揮社會主義協商民主重要作用。有事好商量，眾人的事情由眾人商量，是人民民主的真諦。協商民主是實現黨的領導的重要方式，是我國社會主義民主政治的特有形式和獨特優勢。要推動協商民主廣泛、多層、制度化發展，統籌推進政黨協商、人大協商、政府協商、政協協商、人民團體協商、基層協商以及社會組織協商。加強協商民主制度建設，形成完整的制度程序和參與實踐，保證人民在日常政治生活中有廣泛持續深入參與的權利。

人民政協是具有中國特色的制度安排，是社會主義協商民主的重要渠道和專門協商機構。人民政協工作要聚焦黨和國家中心任務，圍繞團結和民主兩大主題，把協商民主貫穿政治協商、民主監督、參政議政全過程，完善協商議政內容和形式，着力增進共識、促進團結。加強人民政協民主監督，重點監督黨和國家重大方針政策和重要決策部署的貫徹落實。增強人民政協界別的代表性，加強委員隊伍建設。

（四）深化依法治國實踐。全面依法治國是國家治理的一場深刻革命，必須堅持厲行法治，推進科學立法、嚴格執法、公正司法、全民守法。成立中央全面依法治國領導小組，加強對法治中國建設的統一領導。加強憲法實施和監督，推進合憲性審查工作，維護憲法權威。推進科學立法、民主立法、依法立法，以良法促進發展、保障善治。建設法治政府，推進依法行政，嚴格規範公正文明執法。深化司法體制綜合配套改革，全面落實司法責任制，努力讓人

民群眾在每一個司法案件中感受到公平正義。加大全民普法力度，建設社會主義法治文化，樹立憲法法律至上、法律面前人人平等的法治理念。各級黨組織和全體黨員要帶頭尊法學法守法用法，任何組織和個人都不得有超越憲法法律的特權，絕不允許以言代法、以權壓法、逐利違法、徇私枉法。

（五）深化機構和行政體制改革。統籌考慮各類機構設置，科學配置黨政部門及內設機構權力、明確職責。統籌使用各類編制資源，形成科學合理的管理體制，完善國家機構組織法。轉變政府職能，深化簡政放權，創新監管方式，增強政府公信力和執行力，建設人民滿意的服務型政府。賦予省級及以下政府更多自主權。在省市縣對職能相近的黨政機關探索合併設立或合署辦公。深化事業單位改革，強化公益屬性，推進政事分開、事企分開、管辦分離。

（六）鞏固和發展愛國統一戰線。統一戰線是黨的事業取得勝利的重要法寶，必須長期堅持。要高舉愛國主義、社會主義旗幟，牢牢把握大團結大聯合的主題，堅持一致性和多樣性統一，找到最大公約數，畫出最大同心圓。堅持長期共存、互相監督、肝膽相照、榮辱與共，支持民主黨派按照中國特色社會主義參政黨要求更好履行職能。全面貫徹黨的民族政策，深化民族團結進步教育，鑄牢中華民族共同體意識，加強各民族交往交流交融，促進各民族像石榴籽一樣緊緊抱在一起，共同團結奮鬥、共同繁榮發展。全面貫徹黨的宗教工作基本方針，堅持我國宗教的中國化方向，積極引導宗教與社會主義社會相適應。加強黨外知識分子工作，做好新的社會階

層人士工作，發揮他們在中國特色社會主義事業中的重要作用。構建親清新型政商關係，促進非公有制經濟健康發展和非公有制經濟人士健康成長。廣泛團結聯繫海外僑胞和歸僑僑眷，共同致力於中華民族偉大復興。

　　同志們！中國特色社會主義政治制度是中國共產黨和中國人民的偉大創造。我們完全有信心、有能力把我國社會主義民主政治的優勢和特點充分發揮出來，為人類政治文明進步作出充滿中國智慧的貢獻！

憲法修改要充分體現人民的意志[*]

（二〇一七年十二月十五日）

　　今天，我們召開黨外人士座談會，目的是就憲法修改聽取大家意見和建議。中共中央堅持協商於決策之前，重視在重要會議召開之前、重要文件頒發之前、重大決策決定之前，聽取各民主黨派中央、全國工商聯和無黨派人士意見和建議。大家各抒己見，很多建議都非常中肯，我們將認真研究吸納。

　　憲法是國家的根本法，是治國安邦的總章程，是黨和人民意志的集中體現。新中國成立以來特別是改革開放近四十年來，憲法在我們黨治國理政實踐中發揮了十分重要的作用。中共十八大以來，中共中央多次強調，堅持依法治國首先要堅持依憲治國，堅持依法執政首先要堅持依憲執政。修改憲法，是黨和國家政治生活中的一件大事，是中共中央從新時代堅持和發展中國特色社會主義的全局和戰略高度作出的重大政治決策，也是推進全面依法治國、推進國家治理體系和治理能力現代化的重大舉措。

　　我國憲法是一部好憲法。各民主黨派和統一戰線為我國憲法制度的形成和發展作出了重要貢獻。憲法只有不斷適應新形勢才能具

---

[*] 這是習近平同志在中共中央召開的黨外人士座談會上講話的要點。

有持久生命力。中共中央決定對憲法進行適當修改，是經過反覆考慮、綜合方方面面情況作出的，目的是通過修改使我國憲法更好體現人民意志，更好體現中國特色社會主義制度的優勢，更好適應提高中國共產黨長期執政能力、推進全面依法治國、推進國家治理體系和治理能力現代化的要求。憲法修改，既要順應黨和人民事業發展要求，又要遵循憲法法律發展規律。

憲法是黨和人民意志的集中體現，是通過科學民主程序形成的國家根本法。修改憲法，是事關全局的重大政治活動和重大立法活動，必須在中共中央集中統一領導下進行，堅持黨的領導、人民當家作主、依法治國有機統一，堅定中國特色社會主義道路自信、理論自信、制度自信、文化自信，堅定不移走中國特色社會主義政治發展道路和中國特色社會主義法治道路，確保修憲工作正確政治方向。

憲法是人民的憲法，憲法修改要廣察民情、廣納民意、廣聚民智，充分體現人民的意志。希望大家深入思考，提出意見和建議。希望大家增強法治意識、強化法治觀念，尊崇並帶頭遵守憲法法律，帶動廣大成員成為憲法的忠實崇尚者、自覺遵守者、堅定捍衛者。希望大家善用法治思維想問題、作判斷、出措施，以法治凝聚共識、規範發展、化解矛盾、保障和諧，為實現中華民族偉大復興凝聚人心、匯聚力量。

創新鄉村治理體系，走鄉村善治之路 *

（二〇一七年十二月二十八日）

　　鄉村振興離不開和諧穩定的社會環境。要加強和創新鄉村治理，建立健全黨委領導、政府負責、社會協同、公眾參與、法治保障的現代鄉村社會治理體制，健全自治、法治、德治相結合的鄉村治理體系，讓農村社會既充滿活力又和諧有序。

　　提衣提領子，牽牛牽鼻子。辦好農村的事，要靠好的帶頭人，靠一個好的基層黨組織。要抓住健全鄉村組織體系這個關鍵，發揮好農村基層黨組織在宣傳黨的主張、貫徹黨的決定、領導基層治理、團結動員群眾、推動改革發展等方面的戰鬥堡壘作用。要加強農村基層黨組織帶頭人隊伍和黨員隊伍建設，整頓軟弱渙散農村基層黨組織，解決弱化、虛化、邊緣化問題，穩妥有序開展不合格黨員處置工作，着力引導農村黨員發揮先鋒模範作用。全面向貧困村、軟弱渙散村、集體經濟薄弱村黨組織派出第一書記，是實施鄉村振興戰略和培養鍛煉幹部的重要舉措，要建立長效工作機制，切實發揮作用。

　　要加強對農村基層幹部隊伍的監督管理，嚴肅查處侵犯農民利

---

* 這是習近平同志在中央農村工作會議上講話的一部分。

益的「微腐敗」，給老百姓一個公道清明的鄉村。要把農民群眾關心的突出問題作為紀檢監察工作的重點，繼續緊盯惠農項目資金、集體資產管理、土地徵收等領域的突出問題，持之以恆正風肅紀。針對扶貧領域腐敗和作風問題，部署開展專項治理。嚴懲橫行鄉里、欺壓百姓的黑惡勢力及充當保護傘的黨員幹部，廓清農村基層政治生態。

健全自治、法治、德治相結合的鄉村治理體系，是實現鄉村善治的有效途徑。要以黨的領導統攬全局，創新村民自治的有效實現形式，推動社會治理和服務重心向基層下移。要豐富基層民主協商的實現形式，發揮村民監督的作用，讓農民自己「說事、議事、主事」，做到村裏的事村民商量着辦。要培育富有地方特色和時代精神的新鄉賢文化，發揮其在鄉村治理中的積極作用。法治是鄉村治理的前提和保障，要把政府各項涉農工作納入法治化軌道，加強農村法治宣傳教育，完善農村法治服務，引導幹部群眾尊法學法守法用法，依法表達訴求、解決糾紛、維護權益。

國無德不興，人無德不立。鄉村社會與城市社會有一個顯著不同，就是人們大多「生於斯、死於斯」，熟人社會特徵明顯。要加強鄉村道德建設，深入挖掘鄉村熟人社會蘊含的道德規範，結合時代要求進行創新，強化道德教化作用，引導農民愛黨愛國、向上向善、孝老愛親、重義守信、勤儉持家。

要創新基層管理體制機制，整合優化縣鄉公共服務和行政審批職責，打造「一門式辦理」、「一站式服務」的綜合便民服務平台。

一些地方探索在村莊建立網上服務站點，實現網上辦、馬上辦、全程幫辦、少跑快辦，受到農民廣泛歡迎。要加快健全鄉村便民服務體系。要深入推進平安鄉村建設，加快完善農村治安防控體系，依法嚴厲打擊危害農村穩定、破壞農業生產和侵害農民利益的違法犯罪活動。特別是對農村黑惡勢力，要集中整治、重拳出擊。農村枯井、河塘、橋樑、自建房、客運和校車等安全事故時有發生，要全面開展排查治理，提升老百姓安全感。

二〇一八年

中華人民共和國的一切權力屬於人民 [*]

（二〇一八年一月十九日）

憲法規定，中華人民共和國的一切權力屬於人民，人民行使國家權力的機關是全國人民代表大會和地方各級人民代表大會，人民代表大會制度是我國的根本政治制度。全國人大及其常委會要適應新時代堅持和發展中國特色社會主義的新要求，加強和改進立法工作，繼續完善以憲法為核心的中國特色社會主義法律體系，以良法促進發展、保障善治、維護人民民主權利，保證憲法確立的制度、原則和規則得到全面實施。國務院、中央軍委、最高人民法院、最高人民檢察院和有地方立法權的地方人大及其常委會，要依法及時制定和修改同法律或者上位法規定相配套相銜接的行政法規、軍事法規、司法解釋、地方性法規和各類規範性文件，保證憲法在本系統本地區得到有效實施。

我們要支持和保證人民通過人民代表大會行使國家權力，及時把黨的路線方針政策通過法定程序轉化為國家法律，加強重點領域立法，通過完備的法律推動憲法實施。要支持和保證人大及其常委會充分發揮國家權力機關作用，依法行使立法權、監督權、決定

---

* 這是習近平同志在中共十九屆二中全會第二次全體會議上講話的一部分。

權、任免權，加強對「一府兩院」的監督，加強對政府預算決算的審查和監督。國務院和地方各級人民政府作為國家權力機關的執行機關，作為國家行政機關，負有嚴格實施憲法法律的神聖使命，必須堅持依憲施政、依法行政，嚴格規範政府行為，做到嚴格規範公正文明執法。

這次憲法修改將在憲法中正式把國家監察機關的設立、體制、職權、制度確認下來。深化國家監察體制改革，就是明確要建立集中統一、權威高效的中國特色社會主義監察體系。各級監察機關一定要在黨的領導下，以憲法為根本準則，履行好對行使公權力的公職人員監察全覆蓋的法定職責。各級審判機關、檢察機關要深化司法體制綜合配套改革，堅持和完善中國特色社會主義司法制度，保證依法獨立公正行使審判權、檢察權，不斷提高司法公信力。

我國憲法實現了黨的主張和
人民意志的高度統一 *

（二〇一八年二月二十四日）

　　我國歷史上很早就有國家法律，但現代意義上的憲法是西方先搞起來的，是資產階級革命的產物。毛澤東同志曾經說過：「世界上歷來的憲政，不論是英國、法國、美國，或者是蘇聯，都是在革命成功有了民主事實之後，頒佈一個根本大法，去承認它，這就是憲法。」我們黨領導人民制定的憲法，既不同於西方憲法，也不同於近代以來我國曾經出現的舊憲法。

　　第一，我們黨領導人民制定的憲法，是在取得新民主主義革命勝利、實現民族獨立和人民解放、掃除一切舊勢力的基礎上制定的，是為了建設社會主義新中國而制定的全新的憲法，在我國憲法發展史乃至世界憲法制度史上都具有開創性意義。

　　第二，我們黨領導人民制定的憲法，是社會主義憲法。我國憲法以國家根本法的形式，確認了中國共產黨領導人民進行革命、建設、改革的偉大鬥爭和根本成就，確立了人民民主專政的國體和人民代表大會制度的政體，確立了國家的根本任務、指導思想、領

---

* 這是習近平同志主持中共十九屆中央政治局第四次集體學習時講話的一部分。

導核心、發展道路、奮鬥目標，規定了一系列基本政治制度和重要原則，規定了國家一系列大政方針，體現出鮮明的社會主義性質。特別是我國憲法確認了中國共產黨領導，這是我國憲法最顯著的特徵，也是我國憲法得到全面貫徹實施的根本保證。

第三，我們黨領導人民制定的憲法，是中國歷史上第一部真正意義上的人民憲法。憲法是統治階級意志的產物。我國是工人階級領導的、以工農聯盟為基礎的人民民主專政的國家，我們黨是中國工人階級的先鋒隊，同時是中國人民和中華民族的先鋒隊，因而能夠制定真正意義上的人民憲法。我國憲法堅持黨的領導、人民當家作主、依法治國有機統一，發揚人民民主，集中人民智慧，體現了全體人民共同意志，得到最廣大人民擁護和遵行。

正是由於我國憲法跳出了一切舊憲法的窠臼，實現了黨的主張和人民意志高度一致，因而具有顯著優勢、堅實基礎、強大生命力。毛澤東同志當年在主持起草憲法時就指出：「我們的憲法，就是比他們（註：指西方資產階級）革命時期的憲法也進步得多。我們優越於他們。」

改革開放四十年來的歷程充分證明，我國現行憲法有力堅持了中國共產黨領導，有力保障了人民當家作主，有力促進了改革開放和社會主義現代化建設，有力推動了社會主義法治國家進程，有力促進了人權事業發展，有力維護了國家統一、民族團結、社會和諧穩定，是符合國情、符合實際、符合時代發展要求的好憲法，是充分體現人民共同意志、充分保障人民民主權利、充分維護人民根本

利益的好憲法，是推動國家發展進步、保證人民創造幸福生活、保障中華民族實現偉大復興的好憲法，是我們國家和人民經受住各種困難和風險考驗、始終沿着中國特色社會主義道路前進的根本法制保證。

憲法是國家根本法，是國家各種制度和法律法規的總依據。我們堅定中國特色社會主義道路自信、理論自信、制度自信、文化自信，要對我國憲法確立的國家指導思想、發展道路、奮鬥目標充滿自信，對我國憲法確認的中國共產黨領導和我國社會主義制度充滿自信，對我國憲法確認的我們黨領導人民創造的社會主義先進文化和中華優秀傳統文化充滿自信。

一段時間以來，有的人認為我們的憲法不如外國憲法，甚至經常拿外國憲政模式來套我們自己的制度。這不符合我國歷史和實際，也解決不了中國問題。實踐是檢驗真理的唯一標準。經過長期努力，我們已經成功開闢、堅持、拓展了中國特色社會主義政治發展道路和中國特色社會主義法治道路。當代中國憲法制度已經並將更好展現國家根本法的力量、更好發揮國家根本法的作用。

關於深化黨和國家機構改革
決定稿和方案稿的說明 *

（二〇一八年二月二十六日）

　　受中央政治局委託，我就《中共中央關於深化黨和國家機構改革的決定》稿和《深化黨和國家機構改革方案》稿作說明。

一、關於決定稿和方案稿起草背景和過程

　　黨的十九大對深化機構改革作出重要部署，要求統籌考慮各類機構設置，科學配置黨政部門及內設機構權力、明確職責。黨的十九大閉幕後，中央政治局常委會、中央政治局決定，黨的十九屆三中全會專題研究深化黨和國家機構改革問題，並決定成立文件起草組，由我擔任組長。

　　改革開放以來歷次三中全會都研究深化改革問題，黨的十八屆三中全會專門研究了全面深化改革問題。時隔五年後，黨的十九屆三中全會專門研究深化黨和國家機構改革問題，目的是在全面深化改革進程中抓住有利時機，下決心解決黨和國家機構設置和職能配

---

* 這是習近平同志在中共十九屆三中全會上所作的說明。

置中存在的突出矛盾和問題。

黨的十八大以來，黨中央提出了「五位一體」總體佈局和「四個全面」戰略佈局，並根據新形勢新任務的要求不斷全面深化改革。我們出台的很多改革方案，如黨的領導體制改革、紀律檢查制度改革、政治體制改革、法律制度改革、司法體制改革、社會治理體制改革、生態文明體制改革等，都涉及黨和國家機構改革。通過全面深化改革，我們已經在加強黨的領導、推進依法治國、理順政府和市場關係、健全國家治理體系、提高治理能力等方面及若干重要領域和關鍵環節取得重大突破。

同時，我們也要看到，黨和國家機構職能中存在的一些深層次體制難題還沒有解決；一些問題反映比較強烈、看得也比較準，但由於方方面面因素難以下決斷；還有一些問題，由於以往主要是調整政府機構，受改革範圍限制還沒有涉及。隨着全面深化改革不斷推進，又出現一些新情況新問題，各方面對機構改革提出不少意見和建議，對深化黨和國家機構改革呼聲很高。

考慮到這些情況，二〇一五年，我就要求中央全面深化改革領導小組對深化黨和國家機構改革進行調研。去年七月，我就深化黨和國家機構改革作出指示，強調隨着全面深化改革不斷推進，深化黨和國家機構改革工作需要提上議事日程；這次機構改革，黨政軍群等方面要統籌考慮，可由中央全面深化改革領導小組牽頭進行研究；首先應該進行深入調查，堅持問題導向，把各地區各部門各方面對機構改革的意見摸清楚，把機構設置存在的問題弄清楚，在此

基礎上科學擬定方案。

去年下半年以來，中央改革辦、中央編辦開展了調研論證，組成十個調研組，分赴三十一個省區市、七十一個中央和國家機關部門，當面聽取了一百三十九位省部級主要負責同志的意見和建議；共向六百五十七個市縣的一千一百九十七位黨委和政府主要負責同志個人發放了調研問卷，三十一個省區市的改革辦、編辦都提交了深化地方機構改革調研報告。

歸納調研成果，各方面認為，現行機構設置同國家治理體系和治理能力現代化的要求相比還有許多不適應的地方，「五位一體」總體佈局、「四個全面」戰略佈局在機構設置上還沒有充分體現。主要是：黨的機構設置不夠健全有力，黨政機構職責重疊，仍存在疊床架屋問題，政府機構職責分散交叉，政府職能轉變還不徹底，中央地方機構上下一般粗問題突出，群團改革、事業單位改革還未完全到位，等等。各地區各部門對全面加強黨的領導、全面依法治國，優化自然資源資產管理、生態環境保護、市場監管、文化市場監管等方面體制的呼聲很高。

各地區各部門認為，這次應該下更大決心，突出加強黨的領導、理順黨政關係，統籌謀劃機構設置，爭取更明顯的成效。主要是：加強黨的統籌協調機構，對職能相近或密切相關的黨政機構、事業單位進行適當整合，調整優化中央和國家機關有關部門職能，撤銷職能弱化、職責有重複或階段性任務已完成的機構，新設立部分機構，堅持全國統籌、上下聯動推動機構改革，等等。

　　二〇一七年十二月十一日，文件起草組召開第一次全體會議，文件起草工作正式啟動。文件起草組深入開展專題研究論證，總結以往改革經驗，吸收調研成果，反覆討論修改。其間，中央政治局常委會、中央政治局召開會議審議全會決定稿和方案稿。

　　根據中央政治局會議決定，二〇一八年二月一日中央辦公廳發出《關於對〈中共中央關於深化黨和國家機構改革的決定〉稿徵求意見的通知》，決定稿下發黨內一定範圍徵求意見，包括徵求黨內老同志意見。我主持召開座談會，當面聽取各民主黨派中央、全國工商聯負責人和無黨派人士代表的意見和建議。各有關單位共反饋書面報告一百一十七份，黨外人士提交發言稿十份。

　　各地區各部門各方面一致表示，堅決擁護黨中央關於深化黨和國家機構改革的重大決策，完全贊同決定稿確定的指導思想、目標原則、總體部署。大家的意見主要包括：一是在中國特色社會主義進入「兩個一百年」奮鬥目標歷史交匯期、改革開放四十週年的關鍵時間節點，黨中央從黨和國家事業發展全局的戰略高度，作出深化黨和國家機構改革這一重大政治決策，順應新時代發展要求，符合黨心民心，非常必要，十分及時。二是這次深化黨和國家機構改革緊扣加強黨的長期執政能力建設，以加強黨的全面領導為統領，以國家治理體系和治理能力現代化為導向，以推進黨和國家機構職能優化協同高效為着力點，全面貫徹了黨的十九大提出的重大戰略目標、戰略部署、戰略任務，使機構設置和職能配置進一步適應統籌推進「五位一體」總體佈局和協調推進「四個全面」戰略佈局的

需要，必將對新時代堅持和發展中國特色社會主義產生重大的現實意義和深遠的歷史意義。三是這次深化黨和國家機構改革堅持問題導向，聚焦一批長期想解決而沒有解決的重大問題，既推動中央層面的改革、又促進地方和基層的改革，體現了加強黨的長期執政能力建設和提高國家治理水平的有機統一、機構改革和制度完善的有機統一、原則性規定和戰略性謀劃的有機統一。四是要增強「四個意識」，堅定「四個自信」，堅持穩中求進，不折不扣抓好貫徹落實。

在徵求意見過程中，各方面提出了許多好的意見和建議。經統計，各方面共提出修改意見六百四十一條，扣除重複意見後為五百五十條，其中原則性意見一百四十三條，具體修改意見四百零七條；具體修改意見中，實質性修改意見三百九十六條，文字性修改意見十一條。黨中央責成文件起草組認真梳理和研究這些意見和建議，對決定稿作出修改。文件起草組經過認真研究，共對決定稿作出一百七十一處修改，覆蓋一百九十二條意見。中央政治局常委會會議、中央政治局會議先後審議了修改後的決定稿。方案稿也在聽取有關方面意見和建議後作了調整完善。這兩個文件稿，是在黨中央領導下發揚民主、集思廣益的結果，凝聚了各方面智慧。

這次提請全會審議的決定稿和方案稿，相互支撐、有機統一。決定稿是指導性文件，着重闡述深化機構改革的重大意義、指導思想、原則思路、目標任務。方案稿是規劃圖和施工圖，提出深化黨和國家機構改革的具體方案。

二、關於深化黨和國家機構改革決定稿的主要考慮和基本框架

決定稿起草，突出了五個方面的考慮。一是適應新時代中國特色社會主義發展需要，落實黨的十九大提出的深化黨和國家機構改革的戰略任務。二是以堅持和加強黨的全面領導為主線，完善堅持黨的全面領導的制度，把黨的領導貫徹到黨和國家機關全面正確履行職責各領域各環節。三是堅持統籌黨政軍群機構改革，站在新的歷史起點上，突出改革的系統性、整體性、協同性。四是堅持問題導向，突出重要領域和關鍵環節，有什麼問題就解決什麼問題，看準的要下決心改，真正解決突出問題。五是堅持遠近結合，既立足當前解決突出矛盾，也着眼長遠解決體制機制問題。

全會決定稿共分三大板塊，導語和第一部分、第二部分構成第一板塊，屬於總論，主要闡述深化黨和國家機構改革的重大意義、指導思想、目標原則。第三至七部分構成第二板塊，屬於分論，主要從完善黨的全面領導的制度、優化政府機構設置和職能配置、統籌黨政軍群機構改革、合理設置地方機構、推進機構編制法定化等五個方面，部署深化黨和國家機構改革的主要任務和重大舉措。第八部分構成第三板塊，講組織領導，主要闡述加強對深化黨和國家機構改革的領導，對貫徹落實提出原則要求。

這裏，我就決定稿涉及的幾個問題介紹一下黨中央的考慮。

第一，關於加強黨的全面領導。這是深化黨和國家機構改革必須堅持的重要原則。中國共產黨領導是中國特色社會主義最本質的

特徵,是全黨全國各族人民共同意志和根本利益的體現,是決勝全面建成小康社會、奪取新時代中國特色社會主義偉大勝利的根本保證。我們黨在一個有着十三億多人口的大國長期執政,要保證國家統一、法制統一、政令統一、市場統一,要實現經濟發展、政治清明、文化昌盛、社會公正、生態良好,要順利推進新時代中國特色社會主義各項事業,必須完善堅持黨的領導的體制機制,更好發揮黨的領導這一最大優勢,擔負好進行偉大鬥爭、建設偉大工程、推進偉大事業、實現偉大夢想的重大職責。

在我國政治生活中,黨是居於領導地位的,加強黨的集中統一領導,支持人大、政府、政協和監察機關、審判機關、檢察機關、人民團體、企事業單位、社會組織履行職能、開展工作、發揮作用,這兩個方面是統一的。決定稿緊緊把握適應新時代中國特色社會主義發展要求,構建堅持黨的全面領導、反映最廣大人民根本利益的黨和國家機構職能體系這一主線,着力從制度安排上發揮黨的領導這個最大的體制優勢,統籌考慮黨和國家各類機構設置,協調好並發揮出各類機構職能作用,完善科學領導和決策、有效管理和執行的體制機制,確保黨長期執政和國家長治久安。

全面加強黨的領導同堅持以人民為中心是高度統一的。深化黨和國家機構改革的目的是更好推進黨和國家事業發展,更好滿足人民日益增長的美好生活需要,更好推動人的全面發展、社會全面進步、人民共同富裕。要堅持人民主體地位,堅持立黨為公、執政為民,貫徹黨的群眾路線,健全人民當家作主制度體系,完善為民謀

利、為民辦事、為民解憂和保障人民權益、接受人民監督的體制機制，為人民管理國家事務、管理經濟文化事業、管理社會事務提供更有力的保障。

第二，關於優化協同高效。我們適應新時代新形勢新要求，強調這次改革要堅持優化協同高效。優化就是機構職能要科學合理、權責一致，協同就是要有統有分、有主有次，高效就是要履職到位、流程通暢。只要這個目標達到了，該精簡的就精簡，該加強的就加強，而不是為了精簡而精簡。優化協同高效不僅是這次深化黨和國家機構改革的原則要求，也是衡量改革能否達到預期目標的重要標準。

第三，關於理順黨政職責關係。這次改革的一個重要特點，就是統籌設置黨政機構。決定稿提出堅持一類事項原則上由一個部門統籌，一件事情原則上由一個部門負責，避免政出多門、責任不明、推諉扯皮，科學設定黨和國家機構，正確定位、合理分工、增強合力，防止機構重疊、職能重複、工作重合。黨的有關機構可以同職能相近、聯繫緊密的其他部門統籌設置，實行合併設立或合署辦公，使黨和國家機構職能更加優化、權責更加協同、運行更加高效。

這次深化黨和國家機構改革，有些中央決策議事協調機構的辦事機構，就設在了國務院部門。這樣做，有助於理順黨政機構職責關係，統籌調配資源，減少多頭管理，減少職責分散交叉，使黨政機構職能分工合理、責任明確、運轉協調，形成統一高效的領導體

制，保證黨實施集中統一領導，保證其他機構協調聯動。

第四，關於統籌黨政軍群機構改革。各級各類黨政機構是一個有機整體。推進國家治理體系和治理能力現代化，必須統籌考慮黨和國家機構設置，科學配置黨政機構職責，理順同群團、事業單位的關係，協調並發揮各類機構職能作用，形成適應新時代發展要求的黨政群、事業單位機構新格局。前期黨中央批准的國防和軍隊改革方案涉及政府機構改革的任務，還有正在實施的群團改革，也要結合這次深化黨和國家機構改革落實好。

這次深化黨和國家機構改革，是要統籌推進脖子以上機構改革和脖子以下機構改革，充分發揮中央和地方兩個積極性，構建從中央到地方各級機構政令統一、運行順暢、充滿活力的工作體系。不同層級各有其職能重點，對那些由下級管理更為直接高效的事務，應該賦予地方更多自主權，這樣既能充分調動地方積極性、因地制宜做好工作，又有利於中央部門集中精力抓大事、謀全局。要理順中央和地方職責關係，中央加強宏觀事務管理，地方在保證黨中央令行禁止前提下管理好本地區事務，合理配置各層級間職能，構建簡約高效的基層管理體制，保證有效貫徹落實黨中央方針政策和國家法律法規。

第五，關於堅持改革和法治相統一。改革和法治是兩個輪子，這就是全面深化改革和全面依法治國的辯證關係。深化黨和國家機構改革，要做到改革和立法相統一、相促進，發揮法治規範和保障改革的作用，做到重大改革於法有據、依法依規進行。同時，要同

步考慮改革涉及的立法問題，需要制定或修改法律的要通過法定程序進行，做到在法治下推進改革，在改革中完善法治。

三、關於深化黨和國家機構改革方案稿的重點內容

方案稿對深化黨和國家機構改革作出了整體部署。這裏，我就方案稿涉及的重要領域和重要方面的機構改革作個說明。

第一，在完善黨中央機構職能方面，主要推進以下改革。一是組建國家監察委員會。黨的十九大對健全黨和國家監督體系作出部署，目的就是要加強對權力運行的制約和監督，讓人民監督權力，讓權力在陽光下運行，把權力關進制度的籠子。在黨和國家各項監督制度中，黨內監督是第一位的。深化國家監察體制改革，目的是加強黨對反腐敗工作的統一領導，實現對所有行使公權力的公職人員監察全覆蓋。國家監察委員會就是中國特色的國家反腐敗機構。國家監察委員會同中央紀委合署辦公，履行紀檢、監察兩項職責，實行一套工作機構、兩個機關名稱。不再保留監察部、國家預防腐敗局。這項改革是事關全局的重大政治體制改革，具有鮮明的中國特色，展現了我們黨自我革命的勇氣和擔當，意義重大而深遠。

二是加強和優化黨中央決策議事協調機構。黨的十八大以來，黨中央在全面深化改革、國家安全、網絡安全、軍民融合發展等涉及黨和國家工作全局的重要領域成立決策議事協調機構，對加強黨對相關工作的領導和統籌協調，起到至關重要的作用。方案稿

提出，組建中央全面依法治國委員會，其辦公室設在司法部；組建中央審計委員會，其辦公室設在審計署；組建中央教育工作領導小組，其秘書組設在教育部；將中央全面深化改革領導小組、中央網絡安全和信息化領導小組、中央財經領導小組、中央外事工作領導小組改為委員會，調整優化中央機構編制委員會領導體制。按主要戰線、主要領域適當歸併黨中央決策議事協調機構，統一各委員會名稱，目的就是加強黨中央對重大工作的集中統一領導，確保黨始終總攬全局、協調各方，確保黨的領導更加堅強有力。

同時，不再設立中央維護海洋權益工作領導小組、不再設立中央社會治安綜合治理委員會及其辦公室、不再設立中央維護穩定工作領導小組及其辦公室，有關職責交由相關職能部門承擔。將中央防範和處理邪教問題領導小組及其辦公室職責劃歸中央政法委員會、公安部。撤銷有關議事協調機構，是為了理順職責、整合力量，不是某方面工作不重要了，可以撒手不管了。有關部門要把工作承接好，把職責任務履行好。

三是優化整合黨中央直屬的機關黨建、教育培訓、黨史研究等機構設置。長期以來，一些黨的機構之間、黨政機構之間、事業單位之間職責重疊、交叉分散的問題比較突出，一定程度上影響了工作效率。為加強中央和國家機關黨的建設，合併中央直屬機關工作委員會和中央國家機關工作委員會，組建中央和國家機關工作委員會，作為黨中央派出機構，統一領導中央和國家機關各部門黨的工作；合併中央黨校和國家行政學院，組建新的中央黨校（國家行政

學院），實行一個機構兩塊牌子，作為黨中央直屬事業單位；合併中央黨史研究室、中央文獻研究室和中央編譯局，組建中央黨史和文獻研究院，作為黨中央直屬事業單位，對外保留中央編譯局牌子。

四是加強黨中央職能部門的統一歸口協調管理職能。方案稿堅持一類事項原則上由一個部門統籌，突出核心職能、整合相近職能、充實協調職能，調整黨政機關設置和職能配置。為更好落實黨管幹部、管機構編制原則，加強黨對公務員隊伍和機構編制的集中統一領導，更好統籌幹部、機構編制資源，由中央組織部統一管理公務員工作，統一管理中央編辦。為加強黨對重要宣傳陣地的管理，牢牢掌握意識形態工作領導權，由中央宣傳部統一管理新聞出版工作，統一管理電影工作，歸口管理新組建的國家廣播電視總局、中央廣播電視總台。為加強黨的集中統一領導，減少黨政部門職責交叉，將國家宗教事務局、國務院僑務辦公室併入中央統戰部，統一管理宗教工作、僑務工作，同時由中央統戰部統一領導國家民族事務委員會。這有利於把缺位的職責補齊，讓交叉的職責清晰起來，提高工作效能。

第二，在完善國務院機構職能方面，主要推進以下改革。一是組建自然資源部。為落實綠水青山就是金山銀山的理念，解決自然資源所有者不到位、空間性規劃重疊、部門職責交叉重複等問題，實現山水林田湖草各類自然資源的整體保護、系統修復和綜合治理，加強自然資源管理，將國土資源部的職責，國家發展和改革委員會的組織編制主體功能區規劃職責，住房和城鄉建設部的城鄉

規劃管理職責，水利部的水資源調查和確權登記管理職責，農業部的草原資源調查和確權登記管理職責，國家林業局的森林、濕地等資源調查和確權登記管理職責，國家海洋局的職責，國家測繪地理信息局的職責整合，組建自然資源部，統一行使全民所有自然資源資產所有者職責，統一行使所有國土空間用途管制和生態保護修復職責。

二是組建生態環境部。為推動建設美麗中國、加強生態環境保護，將環境保護部職責同其他相關部門生態環境保護職責進行整合，組建生態環境部，統一行使生態和城鄉各類污染排放監管和行政執法職責。國家應對氣候變化及節能減排工作領導小組有關應對氣候變化和減排方面的具體工作由生態環境部承擔。

三是組建農業農村部。黨的十九大明確提出要堅持農業農村優先發展，始終把解決好「三農」問題作為全黨工作重中之重。為加強黨對「三農」工作的集中統一領導，扎實實施鄉村振興戰略，整合中央農村工作領導小組辦公室、農業部、國家發展和改革委員會、財政部、國土資源部、水利部等相關涉農職責，組建農業農村部。中央農村工作領導小組辦公室改設在農業農村部，承擔中央農村工作領導小組日常工作。

四是組建文化和旅遊部。發展中國特色社會主義文化，堅守中華文化立場，立足當代中國現實，結合當今時代條件，發展面向現代化、面向世界、面向未來的，民族的科學的大眾的社會主義文化，是我們黨的一項重要任務。為更好加強社會主義先進文化建

設，弘揚中華優秀傳統文化，將文化部、國家旅遊局的職責整合，組建文化和旅遊部。

五是組建國家衛生健康委員會。為更好為人民群眾提供全方位全週期健康服務，將國家衛生和計劃生育委員會、國務院深化醫藥衛生體制改革領導小組辦公室、全國老齡工作委員會辦公室等的職責整合，組建國家衛生健康委員會。不再設立國務院深化醫藥衛生體制改革領導小組辦公室。

六是組建退役軍人事務部。為讓軍人成為全社會尊崇的職業，維護軍人軍屬合法權益，將民政部、人力資源和社會保障部以及中央軍委政治工作部、後勤保障部有關職責整合，組建退役軍人事務部。

七是組建應急管理部。我國是災害多發頻發的國家，必須把防範化解重特大安全風險，加強應急管理和能力建設，切實保障人民群眾生命財產安全擺到重要位置。為提升防災減災救災能力，將國家安全生產監督管理總局的職責和國辦、公安部、民政部、國土資源部、水利部、農業部、林業局、中國地震局涉及應急管理的職責，以及國家防汛抗旱總指揮部、國家減災委員會、國務院抗震救災指揮部、國家森林防火指揮部的職責整合，組建應急管理部。主要負責國家應急管理及體系建設，組織開展防災救災減災工作，承擔國家應對特別重大災害指揮部工作；負責安全生產綜合監督管理和工礦商貿行業安全生產監督管理等。這樣做，既考慮了我國實際情況，也借鑒了國外管理經驗，有利於整合優化應急力量和資源，

建成一支綜合性常備應急骨幹力量，推動形成統一指揮、專常兼備、反應靈敏、上下聯動、平戰結合的中國特色應急管理體制。公安消防部隊、武警森林部隊轉制後，同安全生產等應急救援隊伍一併作為綜合性常備應急骨幹力量，由應急管理部管理。發生一般性災害時，由各級政府負責，應急管理部統一響應支援。發生特別重大災害時，應急管理部作為指揮部，協助中央組織應急處置工作。

八是重新組建科學技術部。為加快建設創新型國家、優化配置科技資源、推動科技創新人才隊伍建設，整合劃入國家外國專家局的職責，國家自然科學基金委員會由科學技術部管理。

九是重新組建司法部。為更好貫徹落實全面依法治國基本方略、加強黨對法治政府建設的領導，統籌行政立法、行政執法、法律事務管理和普法宣傳，推動政府工作納入法治軌道，將司法部和國務院法制辦的職責整合，重新組建司法部。不再保留國務院法制辦。

十是優化審計署職責。為整合審計監督力量、增強監管效能，將國家發展和改革委員會的重大項目稽查、財政部的中央預算執行情況和其他財政收支情況的監督檢查、國務院國有資產監督管理委員會的國有企業領導幹部經濟責任審計和國有重點大型企業監事會的職責劃入審計署，相應對派出審計監督力量進行整合優化，形成統一高效的審計監督體系。不再設立國有重點大型企業監事會。

十一是組建國家市場監督管理總局、重新組建國家知識產權局。黨的十八大以來，不少地方在改革市場監管體系、實行統一的

市場監管和綜合執法方面進行了創新探索，效果是好的。為加強和改善市場監管，將國家工商行政管理總局、國家質量監督檢驗檢疫總局、國家食品藥品監督管理總局市場管理的相關職責，國家發展和改革委員會的價格監督檢查與反壟斷執法職責，商務部的經營者集中反壟斷執法以及國務院反壟斷委員會辦公室等職責整合，組建國家市場監督管理總局，作為國務院直屬機構，負責市場綜合監督管理，承擔反壟斷統一執法，組織實施質量強國戰略，負責工業產品質量安全、食品安全、特種設備安全監管，統一管理計量標準、檢驗檢測、認證認可工作等。考慮到藥品監管的特殊性，單獨設置國家藥品監督管理局，由國家市場監督管理總局管理。為強化知識產權創造、保護、運用，將國家知識產權局的職責、國家工商行政管理總局商標管理的職責、國家質量監督檢驗檢疫總局原產地地理標誌管理的職責整合，重新組建國家知識產權局，由國家市場監督管理總局管理。

十二是組建國家廣播電視總局、中央廣播電視總台。在國家新聞出版廣電總局廣播電視管理職責基礎上，組建國家廣播電視總局，作為國務院直屬機構。整合中央電視台（中國國際電視台）、中央人民廣播電台、中國國際廣播電台，組建中央廣播電視總台，作為國務院直屬事業單位。這項改革的目的是要增強廣播電視媒體整體實力和競爭力，推動廣播電視媒體、新興媒體融合發展，加快國際傳播能力建設，講好中國故事，傳播中國聲音。

十三是組建中國銀行保險監督管理委員會。近年來，我國金

融業發展明顯加快，形成了多樣化的金融機構體系、複雜的產品結構體系、信息化的交易體系、更加開放的金融市場，對現行的分業監管體制帶來重大挑戰。為優化監管資源配置，更好統籌系統重要性金融機構監管，逐步建立符合現代金融特點、統籌協調監管、有力有效的現代金融監管框架，守住不發生系統性金融風險的底線，將中國銀行業監督管理委員會和中國保險監督管理委員會的職責整合，組建中國銀行保險監督管理委員會，作為國務院直屬事業單位。不再保留中國銀行業監督管理委員會、中國保險監督管理委員會。

十四是組建國家國際發展合作署。對外援助是大國外交的重要手段，我國將繼續發揮負責任大國作用，加大對發展中國家特別是最不發達國家援助力度，促進縮小南北發展差距。為加強對外援助的戰略謀劃和統籌協調，更好服務於國家外交總體佈局和「一帶一路」等，將商務部、外交部等對外援助有關職責整合，組建國家國際發展合作署。援外工作具有高度戰略性、政治性、政策敏感性，必須堅持黨中央集中統一領導，對外援助的具體執行工作仍由外交部、商務部等部門按現行分工承擔。

十五是組建國家醫療保障局，調整理順社保基金理事會隸屬關係。實行醫療、醫保、醫藥聯動，是深化醫藥衛生體制改革的重要目標。為完善統一的城鄉居民基本醫療保險制度和大病保險制度，更好保障病有所醫，將人力資源和社會保障部的城鎮職工和城鎮居民基本醫療保險、生育保險職責，國家衛生和計劃生育委員會的新

型農村合作醫療職責，國家發展和改革委員會的藥品和醫療服務價格管理職責，民政部的醫療救助職責整合，組建國家醫療保障局，作為國務院直屬機構。社會保障基金是國家社會保障儲備基金，將社保基金理事會由國務院直屬事業單位調整為財政部管理，作為基金投資運營機構，不再明確行政級別。

十六是組建國家糧食和物資儲備局。為加強國家儲備的統籌規劃、提升國家儲備防範和應對突發事件的能力，將國家糧食局的職責，國家發展和改革委員會的組織實施國家戰略物資收儲、輪換和管理，管理國家糧食、棉花和食糖儲備等職責，以及民政部、商務部、國家能源局等部門的組織實施戰略和應急儲備物資收儲、輪換和日常管理職責整合，組建國家糧食和物資儲備局，由國家發展和改革委員會管理。

十七是組建國家移民管理局。隨着我國綜合國力不斷提升，來華工作生活的外國人不斷增加，對做好移民管理服務提出新要求。為加強對移民及出入境管理的統籌協調，整合公安部出入境管理、邊防檢查職責，加強有關移民政策的統籌協調，組建國家移民管理局，加掛中華人民共和國出入境管理局牌子，由公安部管理。

十八是組建國家林業和草原局。國家林業和草原局監督管理森林、草原、濕地、荒漠和陸生野生動植物資源開發利用和保護，組織生態保護和修復，開展造林綠化工作，管理國家公園等各類自然保護地等。

十九是改革國稅地稅徵管體制。將省級和省級以下國稅地稅機

構合併，承擔所轄區域內各項稅收、非稅收入徵管職責。國稅地稅合併後，實行以國家稅務總局為主與省區市人民政府雙重領導管理體制。

二十是推進綜合執法。按照減少層次、整合隊伍、提高效率的原則，推動按領域或職責任務相近領域整合執法隊伍，實行綜合設置。這次改革整合組建市場監管綜合執法、生態環保綜合執法、文化市場綜合執法、交通運輸綜合執法、農業綜合執法等五支隊伍。

為理順職責關係，加強對重大水利工程建設和運行的統一管理，將國務院三峽工程建設委員會及其辦公室、國務院南水北調工程建設委員會及其辦公室相關職責併入水利部，不再保留國務院三峽工程建設委員會及其辦公室、國務院南水北調工程建設委員會及其辦公室。

第三，在全國人大、全國政協專門委員會設置方面，主要進行以下改革。人民代表大會制度是堅持黨的領導、人民當家作主、依法治國有機統一的根本政治制度安排。要適應新時代社會主要矛盾變化，健全完善全國人大專門委員會設置。組建全國人大社會建設委員會，將全國人大內務司法委員會更名為全國人大監察和司法委員會，將全國人大法律委員會更名為全國人大憲法和法律委員會。

人民政協是具有中國特色的制度安排，是社會主義協商民主的重要渠道和專門協商機構。為適應黨和國家戰略部署需要，增強人民政協界別的代表性，組建全國政協農業和農村委員會，將全國政協文史和學習委員會更名為全國政協文化文史和學習委員會，全國

政協教科文衛體委員會更名為全國政協教科衛體委員會。

第四，在跨軍地改革方面，主要進行以下改革。為全面落實黨對人民解放軍和其他武裝力量的絕對領導，按照軍是軍、警是警、民是民原則，安排公安邊防部隊、公安消防部隊、公安警衛部隊退出現役，公安邊防部隊、警衛部隊轉為警察；公安消防部隊劃歸應急管理部，實行專門管理和政策保障。安排海警隊伍轉隸武警部隊。安排武警森林、黃金部隊退出現役，轉為專業隊伍，分別由應急管理部和自然資源部管理。安排武警水電部隊退出現役，轉為國有企業，由國務院國資委管理。撤收武警部隊海關執勤兵力。對需要政府承接和配合的任務，要在國務院機構改革中做好統籌協調和有效銜接，結合這些武警部隊的不同功能定位和專業特點，採取不同的改革方式，確定各自的管理體制和管理模式。

改革後，黨中央機構共計減少六個，其中，正部級機構減少四個、副部級機構減少二個。國務院機構共計減少十五個，其中，正部級機構減少八個，副部級機構減少七個。黨政合計，共計減少二十一個部級機構，其中，正部級十二個，副部級九個。全國人大和全國政協各增加一個專門委員會。

此外，方案還就繼續深入推進群團改革、統籌推進地方機構改革提出了原則要求，明確了路線圖、時間表，要結合實際貫徹落實。

總的看，這次深化機構改革是一場系統性、整體性、重構性的變革，力度規模之大、涉及範圍之廣、觸及利益之深前所未有，既有當下「改」的舉措，又有長久「立」的設計，是一個比較全面、

比較徹底、比較可行的改革頂層設計。深化黨和國家機構改革是要動奶酪的、是要觸動利益的，也是真刀真槍的，是需要拿出自我革新的勇氣和胸懷的。大家要堅持從大局出發考慮問題，從黨和國家事業發展出發考慮問題，從讓人民群眾過上美好生活出發考慮問題，全面理解和正確對待深化黨和國家機構改革方案提出的重大舉措，深刻領會有關改革的重大意義，自覺支持改革、擁護改革，認真負責提出建設性意見和建議。

切實把思想統一到黨的
十九屆三中全會精神上來 [*]

（二〇一八年二月二十八日）

　　這裏，我結合全會提出的指導思想、總體思路、目標任務，就貫徹落實全會精神提幾點要求。

　　第一，正確理解和把握堅持黨中央權威和集中統一領導這個根本點。堅持和加強黨的全面領導，既是深化黨和國家機構改革的內在要求，也是深化黨和國家機構改革的重要任務，是貫穿改革全過程的政治主題。黨的十九大明確指出，保證全黨服從中央，堅持黨中央權威和集中統一領導，是黨的政治建設的首要任務。黨和國家大政方針的決定權在黨中央，必須以實際行動維護黨中央一錘定音、定於一尊的權威。黨的任何組織和成員，無論在哪個領域、哪個層級、哪個單位，都要服從黨中央集中統一領導。凡屬部門和地方職權範圍內的工作部署，都要以堅決貫徹黨中央決策部署為前提，做到令行禁止。

　　「治國猶如栽樹，本根不搖則枝葉茂榮。」我們治國理政的本根，就是中國共產黨的領導和我國社會主義制度。在這一點上，必

---

[*] 這是習近平同志在中共十九屆三中全會第二次全體會議上講話的一部分。

須理直氣壯、旗幟鮮明。黨的領導必須是全面的、系統的、整體的，必須體現到經濟建設、政治建設、文化建設、社會建設、生態文明建設和國防軍隊、祖國統一、外交工作、黨的建設等各方面。哪個領域、哪個方面、哪個環節缺失了弱化了，都會削弱黨的力量，損害黨和國家事業。

我們強調堅持黨中央權威和集中統一領導，不是說不要民主集中制了，不要發揚黨內民主，把這兩者對立起來是不對的。民主集中制是黨的根本組織原則，黨內民主是黨的生命，發揚黨內民主和實行集中統一領導是一致的，並不矛盾。我們黨實行的民主集中制，是又有集中又有民主、又有紀律又有自由、又有統一意志又有個人心情舒暢生動活潑的制度，是民主和集中緊密結合的制度。黨的十八大以來，黨中央高度重視發展黨內民主、集思廣益。黨的代表大會報告、黨的全會文件、黨的重要文件和重大決策、政府工作報告、重大改革發展舉措、部門重要工作文件，都要在黨內一定範圍徵求意見，有些還要反覆徵求意見，有時徵求意見範圍包括全部省區市，有時徵求意見範圍包括幾十家中央和國家機關部門。黨中央審議重大決策時都要求報告徵求意見的情況，同意的要報告，不同意的也要報告。這些制度化、規範化的程序，黨中央嚴格遵守。當然，聽了各方面意見和建議，最後要作出決定，這個決定權就在黨中央。在醞釀和討論過程中，要充分發揚民主，讓大家暢所欲言，但一旦黨中央作出決定，各方就要堅決貫徹執行。在堅決執行黨中央決策部署的前提下，有意見、有問題還可以通過黨內程序反

映，直至向黨中央反映。我們這麼大一個黨、這麼大一個國家，如果沒有黨中央定於一尊的權威，黨中央決定了的事都不去照辦，還是各說各的話、各做各的事，那就什麼事情也辦不成了。在充分發揚民主的基礎上進行集中，堅持黨中央權威和集中統一領導，集中全黨智慧，體現全黨共同意志，是我們黨的一大創舉，也是中國共產黨領導和我國社會主義制度的優勢所在。這樣做，既有利於做到科學決策、民主決策、依法決策，避免發生重大失誤甚至顛覆性錯誤；又有利於克服分散主義、本位主義，避免議而不決、決而不行，形成推進黨和國家事業發展的強大合力。

黨政關係既是重大理論問題，也是重大實踐問題。改革開放以後，我們曾經討論過黨政分開問題，目的是解決效率不高、機構臃腫、人浮於事、作風拖拉等問題。應該說，在這個問題上，當時我們的理論認識和實踐經驗都不夠，對如何解決好我們面臨的國家治理體系和治理能力問題是探索性的。改革開放以來，無論我們對黨政關係進行了怎樣的調整，但有一條是不變的，就是鄧小平同志所說的：「我們要堅持黨的領導，不能放棄這一條，但是黨要善於領導。」鄧小平同志在談到堅持黨的領導時，還專門引用了列寧說的話：「無產階級專政是對舊社會的勢力和傳統進行的頑強鬥爭，流血的和不流血的，暴力的和和平的，軍事的和經濟的，教育的和行政的鬥爭。……沒有鐵一般的和在鬥爭中鍛煉出來的黨，沒有為本階級全體忠實的人所信賴的黨，沒有善於考察群眾情緒和影響群眾情緒的黨，要順利地進行這種鬥爭是不可能的。」鄧小平同志強調，

列寧所說的這個真理現在仍然有效。

　　處理好黨政關係，首先要堅持黨的領導，在這個大前提下才是各有分工，而且無論怎麼分工，出發點和落腳點都是堅持和完善黨的領導。中國共產黨是執政黨，黨的領導地位和執政地位是緊密聯繫在一起的。黨的集中統一領導權力是不可分割的。不能簡單講黨政分開或黨政合一，而是要適應不同領域特點和基礎條件，不斷改進和完善黨的領導方式和執政方式。這次深化黨和國家機構改革，對在新時代加強黨的全面領導、統籌設置黨政機構、提高黨和政府效能進行了深入思考，着力點就是要對加強黨對一切工作的領導作出制度設計和安排，對一些領域設置過細、職能交叉重疊的黨政機構進行整合，一些黨中央決策議事協調機構的辦事機構就設在政府部門，打破所謂的黨政界限，同一件事情弄到一塊去幹，增強黨的領導力，提高政府執行力，理順黨政機構關係，建立健全黨中央對重大工作的決策協調機制。這是黨中央總結以往正反兩方面經驗作出的重大決策。

　　地方各級黨委加強對重大工作的領導，關鍵是要強化組織協調能力，確保黨中央重大決策部署落到實處，具體的機構設置可以從實際出發，除涉及黨中央集中統一領導和國家法制統一、政令統一、市場統一的黨政機構職能外，其他機構職能可以不一一對應。還要注意區分輕重緩急，把對本地區改革發展穩定具有決定性意義的工作抓起來、管起來，不要眉毛鬍子一把抓。

　　第二，正確理解和把握深化黨和國家機構改革的目標。這次

全會提出，深化黨和國家機構改革，目標是構建系統完備、科學規範、運行高效的黨和國家機構職能體系，形成總攬全局、協調各方的黨的領導體系，職責明確、依法行政的政府治理體系，中國特色、世界一流的武裝力量體系，聯繫廣泛、服務群眾的群團工作體系，推動人大、政府、政協、監察機關、審判機關、檢察機關、人民團體、企事業單位、社會組織等在黨的統一領導下協調行動、增強合力，全面提高國家治理能力和治理水平。

黨和國家機構職能體系是中國特色社會主義制度的重要組成部分，是由黨和國家管理活動各個環節、各個層面、各個領域的相互關係和內在聯繫構成的有機整體，既有機構層面的，也有職能層面的。要通過改革和完善黨的領導體系、政府治理體系、武裝力量體系、群團工作體系等，推動各類機構、各種職能相互銜接、相互融合，推動黨和國家各項工作協調行動、高效運行，構建起適應新時代新任務要求的黨和國家機構設置和職能配置基本框架。黨總攬全局、協調各方的領導體系是居於統領地位的，是全覆蓋、全貫穿的，人大、政府、政協、監察機關、審判機關、檢察機關、人民團體、企事業單位、社會組織以及武裝力量等在黨的統一領導下，各就其位、各司其職、各盡其責、有序協同，保證中央和地方各級政令統一、運行順暢、執行高效、充滿活力。

這次深化黨和國家機構改革，立足實現「兩個一百年」奮鬥目標，着眼統籌推進「五位一體」總體佈局和協調推進「四個全面」戰略佈局，作出具有前瞻性、戰略性的制度安排，力爭把黨和國家

機構設置和職能配置基本框架建立起來，努力實現黨和國家機構職能優化協同高效。優化就是要科學合理、權責一致，協同就是要有統有分、有主有次，高效就是要履職到位、流程通暢。這裏面，需要把握和體現好以下幾個關係。

要注重處理好統和分的關係。在深化黨和國家機構改革中，統和分是有機統一的。統得好，可以使不同部門有序運轉，避免各自為政，提升系統整體效能。分得好，可以激發各單元各子系統的主動性、積極性、創造性。這次深化黨和國家機構改革，我們建立健全黨對重大工作的領導體制機制，優化黨中央決策議事協調機構，負責重大工作的頂層設計、總體佈局、統籌協調、整體推進，加強和優化黨對深化改革、依法治國、經濟、農業農村、紀檢監察、組織、宣傳思想文化、國家安全、政法、統戰、民族宗教、教育、科技、網信、外交、審計等工作的領導。作出這樣的安排，目的是要使黨對涉及黨和國家事業全局的重大工作實施更為有效的統領和協調，加強統的層次和力度，更好行使有關職權，提高工作效能，保證黨中央令行禁止和工作高效。黨對重大工作的領導是總攬，而不是事無巨細都抓在手上。

要注重處理好局部和全局、當前和長遠的關係。深化黨和國家機構改革涉及黨和國家事業全局，涉及經濟社會發展各領域各方面。在這次深化黨和國家機構改革中，有的部門要加強，有的部門要整合，有的部門要撤銷，有的部門要改變隸屬關係，等等。如果從局部、從現有工作格局和權限看，維持現狀也能說出一大

堆理由。但是，面對新形勢新任務，着眼長遠發展需要，如果仍然順着既有思維考慮問題，覺得保持現狀挺好，不需要改革了，這樣不僅不能解決存在的突出問題，而且可能會誤事。這次組建自然資源部、生態環境部、退役軍人事務部、應急管理部、國家醫療保障局、國家國際發展合作署、國家移民管理局等，都是既考慮了解決當前最突出的問題，也考慮了順應形勢發展需要。這是立足黨和國家事業全局作出的部署，既着眼於解決當前突出矛盾和問題，又為一些戰略目標預置措施，以適應黨和國家事業長遠發展要求。

要注重處理好大和小的關係。解決部門職責交叉分散，對機構進行綜合設置，實現職能有機統一，更好發揮機構效能和優勢，是這次深化黨和國家機構改革的一個重要考慮。這次改革以很大力度在相關領域解決部門職責分散交叉問題，堅持了大部門制改革方向。大部門制要穩步推進，但也不是所有職能部門都要大，有些部門是專項職能部門，有些部門是綜合部門。綜合部門需要的可以搞大部門制，但不是所有綜合部門都要搞大部門制，不是所有相關職能都要往一個部門裏裝，關鍵是看怎樣擺佈符合實際、科學合理、更有效率。機構宜大則大，宜小則小。

要注重處理好優化和協同的關係。這次深化黨和國家機構改革涉及黨政軍群各方面，涉及經濟體制、政治體制、文化體制、社會體制、生態文明體制和黨的建設制度，職能劃轉和機構調整緊密相連，改革的內在關聯性和互動性很強。每一項改革既會對其他改革產生影響，又需要相關改革配合，這就要求我們在優化機構設置

和職能配置的同時，更加注重各項改革協同推進，加強黨政軍群各方面改革配合聯動，使各項改革相互促進、相得益彰，形成總體效應，提高各類機構效率。

第三，正確理解和把握堅持社會主義市場經濟改革方向要求，使市場在資源配置中起決定性作用、更好發揮政府作用。改革開放以來的歷次機構改革都圍繞經濟體制改革要求，不斷推進政企分開、政資分開、政事分開、政社分開，有力推動了改革開放和社會主義現代化建設。當前，制約我國高質量發展的體制機制障礙還不少，經濟體制改革潛力有待進一步釋放。要在保持經濟社會大局穩定的前提下加快改革步伐，着力構建市場機制有效、微觀主體有活力、宏觀調控有度的經濟體制，為高質量發展提供制度保障。

這次深化黨和國家機構改革，對宏觀管理、市場監管領域的機構和職能進行了大幅調整優化，以充分發揮市場和政府各自優勢，努力使市場作用和政府作用有機統一、相互補充、相互協調、相互促進，推動更高質量、更有效率、更加公平、更可持續的發展。這次改革強調要減少微觀管理事務和具體審批事項，最大限度減少政府對市場資源的直接配置，最大限度減少政府對市場活動的直接干預，目的是通過改革實現產權有效激勵、要素自由流動、價格反應靈活、競爭公平有序、企業優勝劣汰，讓各類市場主體有更多活力和更大空間去發展經濟、創造財富，實現資源配置效益最大化和效率最優化。

使市場在資源配置中起決定性作用，不是說政府就無所作為，

而是必須有所為、有所不為。我國實行的是社會主義市場經濟體制，要堅持發揮我國社會主義制度優越性，發揮黨和政府積極作用，管好那些市場管不了或管不好的事情。在創新和完善宏觀調控方面，這次改革對宏觀部門調整較大，減少了微觀管理事務和具體審批事項。宏觀調控部門要把主要精力真正轉到抓宏觀上來，健全宏觀調控體系，發揮國家發展規劃的戰略導向作用，健全財政、貨幣、產業、區域等經濟政策協調機制，提高宏觀調控的前瞻性、針對性、協同性。在加強市場監管方面，這次改革統籌考慮當前突出問題和未來發展需要，作出了市場監管體制改革頂層設計，組建國家市場監管總局，整合了工商、質監、食品藥品監管部門的主要職責，對推進市場監管綜合執法提出明確要求，集中管理反壟斷統一執法和知識產權保護。這些舉措將降低制度性交易成本，為經濟社會發展提供更為強大的驅動力。

第四，正確理解和把握以人民為中心的發展思想，切實解決人民最關心最直接最現實的利益問題。讓老百姓過上好日子，是我們一切工作的出發點和落腳點，是我們黨堅持全心全意為人民服務根本宗旨的重要體現。深化黨和國家機構改革必須順應人民群眾對美好生活的期待，踐行以人民為中心的發展思想。

這次深化黨和國家機構改革着眼於加強重點領域民生工作，立足建立健全更加公平、更可持續的社會保障制度和公共服務體系，在教育文化、衛生健康、醫療保障、退役軍人服務、移民管理服務、生態環保、應急管理等人民群眾普遍關心的領域加大機構調

整和優化力度，組建了一批新機構，強化政府公共服務、社會管理職能，以更好保障和改善民生、維護公共安全。相關部門要牢固樹立宗旨意識，增強使命感和責任感，以造福人民為最大政績，想群眾之所想，急群眾之所急，辦群眾之所需，加快內部職責和業務整合，儘快形成工作合力，把為人民造福的事情辦好辦實。

執法是行政機關履行政府職能的重要方式。針對當前依然存在的執法不規範、不嚴格、不透明、不文明以及不作為、亂作為等突出問題，必須加快建立權責統一、權威高效的依法行政體制。這次深化黨和國家機構改革把深化綜合執法改革作為專項任務，在市場監管、生態環保、文化市場、交通運輸、農業等領域整合組建執法隊伍，大幅減少執法隊伍類別，合理配置執法力量，着力解決多頭多層重複執法問題，努力做到嚴格規範公正文明執法。各地區各部門要完善權責清單制度，加快推進機構、職能、權限、程序、責任法定化，強化對行政權力的制約和監督，做到依法設定權力、規範權力、制約權力、監督權力。

第五，正確理解和把握充分發揮中央和地方兩個積極性。中央和地方關係歷來是我國政治生活中一對舉足輕重的關係。一九五六年四月，毛澤東同志在《論十大關係》的重要報告中指出：「應當在鞏固中央統一領導的前提下，擴大一點地方的權力，給地方更多的獨立性，讓地方辦更多的事情。這對我們建設強大的社會主義國家比較有利。我們的國家這樣大，人口這樣多，情況這樣複雜，有中央和地方兩個積極性，比只有一個積極性好得多。」發揮好兩個積

極性，始終是我們在處理中央和地方關係時把握的根本原則。

深化地方黨政機構改革，要維護黨中央權威和集中統一領導，這是保證全國政令暢通的內在要求。我們是單一制國家，地方各級黨委和政府首先要確保黨中央決策部署落到實處。我們的國家性質和地方的職責特點決定了，省市縣各級主要機構設置必須同中央保持基本對應，不能搞得五花八門。同時，在上下對應設置的機構之外，各地可以在一些領域因地制宜設置機構，適應社會管理和公共服務需要，充分發揮地方積極性。近幾年，一些部門干預地方機構設置，有的以項目、資金來控制，有的通過考核、檢查來控制，還有的直接給書記和省長打招呼。這些部門的出發點是維護「條條」的完整性，也是為了把本系統工作做好，但不能不顧工作全局、妨害地方積極性。這裏，我宣佈，除了黨中央授權的部門外，今後任何部門不得以任何形式干預地方機構設置。

機構限額是省市縣設置機構的主要約束指標，是地方普遍關心的問題。改革要堅持從嚴管理、規範管理原則，充分考慮地方實際，把黨委機構限額和政府機構限額統一計算，把省市縣各級副廳級、副處級、副科級黨政機構和承擔行政職能的事業單位納入限額管理，調整現行限額數量。各地區要落實機構限額管理要求，清理不規範設置的機構，根除掛牌機構實體化、「事業局」等問題。

這次改革在總結一些地方改革試點做法的基礎上，提出了構建簡約高效的基層管理體制的新要求。主要思路是，整合基層的審批、服務、執法等方面力量，統籌機構編制資源，整合相關職能設

立綜合性機構。盡可能把資源、服務、管理放到基層，保證基層事情基層辦、基層權力給基層、基層事情有人辦，努力實現讓群眾辦事「只進一扇門」、「最多跑一次」。這次改革明確提出，上級機關要優化對基層的領導方式，既允許「一對多」，由一個基層機構承接多個上級機構的任務，也允許「多對一」，由基層不同機構向同一個上級機構請示匯報。

中國共產黨領導的多黨合作和政治協商制度是從中國土壤中生長出來的新型政黨制度 *

（二○一八年三月四日）

　　中國特色社會主義進入新時代，要求我們堅定不移鞏固和發展中國共產黨領導的多黨合作和政治協商制度，發揮多黨合作獨特優勢，發展社會主義民主政治，為決勝全面建成小康社會而團結奮鬥。我國各民主黨派、無黨派人士要增強「四個自信」，增強政治定力，積極建言獻策，廣泛凝心聚力，為決勝全面建成小康社會、奪取新時代中國特色社會主義偉大勝利作出新的更大貢獻。

　　中共十八大以來的五年是極不平凡的五年，我們堅定不移高舉中國特色社會主義偉大旗幟，統籌推進「五位一體」總體佈局、協調推進「四個全面」戰略佈局，出台一系列重大方針政策，推出一系列重大舉措，推進一系列重大工作，戰勝一系列重大挑戰，解決了許多長期想解決而沒有解決的難題，辦成了許多過去想辦而沒有辦成的大事，國家經濟實力、科技實力、國防實力、綜合國力、國際影響力和人民獲得感顯著提升，中國特色社會主義建設取得了歷史性成就，我們黨、國家、人民、軍隊的面貌發生了歷史性變化。

---

* 這是習近平同志在參加全國政協十三屆一次會議民盟、致公黨、無黨派人士、僑聯界委員聯組會時講話的要點。

這樣的成就來之不易，是中共中央堅強領導的結果，是全國各族人民共同奮鬥的結果，也凝結着各民主黨派和無黨派人士、各人民團體以及廣大政協委員的心血和智慧。

中國共產黨領導的多黨合作和政治協商制度作為我國一項基本政治制度，是中國共產黨、中國人民和各民主黨派、無黨派人士的偉大政治創造，是從中國土壤中生長出來的新型政黨制度。說它是新型政黨制度，新就新在它是馬克思主義政黨理論同中國實際相結合的產物，能夠真實、廣泛、持久代表和實現最廣大人民根本利益、全國各族各界根本利益，有效避免了舊式政黨制度代表少數人、少數利益集團的弊端；新就新在它把各個政黨和無黨派人士緊密團結起來、為着共同目標而奮鬥，有效避免了一黨缺乏監督或者多黨輪流坐莊、惡性競爭的弊端；新就新在它通過制度化、程序化、規範化的安排集中各種意見和建議、推動決策科學化民主化，有效避免了舊式政黨制度囿於黨派利益、階級利益、區域和集團利益決策施政導致社會撕裂的弊端。它不僅符合當代中國實際，而且符合中華民族一貫倡導的天下為公、兼容並蓄、求同存異等優秀傳統文化，是對人類政治文明的重大貢獻。

中國共產黨歷來高度重視多黨合作。中國共產黨領導的多黨合作和政治協商制度，既強調中國共產黨的領導，也強調發揚社會主義民主。政治協商、民主監督、參政議政，就是這種民主最基本的體現。堅持中國共產黨的領導，不是不要民主了，而是要形成更廣泛、更有效的民主。我們應該不忘多黨合作建立之初心，堅定不移

走中國特色社會主義政治發展道路，把我國社會主義政黨制度堅持好、發展好、完善好。

希望各民主黨派和無黨派人士要做中國共產黨的好參謀、好幫手、好同事，增強責任和擔當，共同把中國的事情辦好。新時代多黨合作舞台極為廣闊，要用好政黨協商這個民主形式和制度渠道，有事多商量、有事好商量、有事會商量，通過協商凝聚共識、凝聚智慧、凝聚力量。完善政黨協商制度決不是搞花架子，要做到言之有據、言之有理、言之有度、言之有物，真誠協商、務實協商，道實情、建良言，參政參到要點上，議政議到關鍵處，努力在會協商、善議政上取得實效。

決勝全面建成小康社會，打贏防範化解重大風險、精準脫貧、污染防治三大攻堅戰，有許多重大任務和舉措需要合力推進，有許多問題需要深入研究。大家要找準切入點、結合點、着力點，深入一線調查研究，積極開展批評監督，推動各項決策部署落地見效。

今年是「五一口號」發佈七十週年，各民主黨派要弘揚優良傳統，切實加強自身建設，加強思想政治引領，努力把中國特色社會主義參政黨建設提高到新水平。無黨派人士主體是知識分子，要帶頭踐行社會主義核心價值觀，堅持真理、傳播真知，積極向社會傳遞正能量。僑聯組織要發揮橋樑和紐帶作用，廣泛凝聚僑心、僑力、僑智，團結動員廣大歸僑僑眷和海外僑胞為改革開放和社會主義現代化建設貢獻力量。

在第十三屆全國人民代表大會
第一次會議上的講話

（二〇一八年三月二十日）

各位代表：

這次大會選舉我繼續擔任中華人民共和國主席，我對各位代表和全國各族人民給予我的信任，表示衷心的感謝！

擔任中華人民共和國主席這一崇高職務，使命光榮，責任重大。我將一如既往，忠實履行憲法賦予的職責，忠於祖國，忠於人民，恪盡職守，竭盡全力，勤勉工作，赤誠奉獻，做人民的勤務員，接受人民監督，決不辜負各位代表和全國各族人民的信任和重託！

一切國家機關工作人員，無論身居多高的職位，都必須牢記我們的共和國是中華人民共和國，始終要把人民放在心中最高的位置，始終全心全意為人民服務，始終為人民利益和幸福而努力工作。

各位代表！

人民是歷史的創造者，人民是真正的英雄。波瀾壯闊的中華民族發展史是中國人民書寫的！博大精深的中華文明是中國人民創造的！歷久彌新的中華民族精神是中國人民培育的！中華民族迎來了從站起來、富起來到強起來的偉大飛躍是中國人民奮鬥出來的！

　　中國人民的特質、稟賦不僅鑄就了綿延幾千年發展至今的中華文明，而且深刻影響着當代中國發展進步，深刻影響着當代中國人的精神世界。中國人民在長期奮鬥中培育、繼承、發展起來的偉大民族精神，為中國發展和人類文明進步提供了強大精神動力。

　　——中國人民是具有偉大創造精神的人民。在幾千年歷史長河中，中國人民始終辛勤勞作、發明創造，我國產生了老子、孔子、莊子、孟子、墨子、孫子、韓非子等聞名於世的偉大思想巨匠，發明了造紙術、火藥、印刷術、指南針等深刻影響人類文明進程的偉大科技成果，創作了詩經、楚辭、漢賦、唐詩、宋詞、元曲、明清小說等偉大文藝作品，傳承了格薩爾王、瑪納斯、江格爾等震撼人心的偉大史詩，建設了萬里長城、都江堰、大運河、故宮、布達拉宮等氣勢恢弘的偉大工程。今天，中國人民的創造精神正在前所未有地迸發出來，推動我國日新月異向前發展，大踏步走在世界前列。我相信，只要十三億多中國人民始終發揚這種偉大創造精神，我們就一定能夠創造出一個又一個人間奇蹟！

　　——中國人民是具有偉大奮鬥精神的人民。在幾千年歷史長河中，中國人民始終革故鼎新、自強不息，開發和建設了祖國遼闊秀麗的大好河山，開拓了波濤萬頃的遼闊海疆，開墾了物產豐富的廣袤糧田，治理了桀驁不馴的千百條大江大河，戰勝了數不清的自然災害，建設了星羅棋佈的城鎮鄉村，發展了門類齊全的產業，形成了多姿多彩的生活。中國人民自古就明白，世界上沒有坐享其成的好事，要幸福就要奮鬥。今天，中國人民擁有的一切，凝聚着中國

人的聰明才智，浸透着中國人的辛勤汗水，蘊涵着中國人的巨大犧牲。我相信，只要十三億多中國人民始終發揚這種偉大奮鬥精神，我們就一定能夠達到創造人民更加美好生活的宏偉目標！

　　——中國人民是具有偉大團結精神的人民。在幾千年歷史長河中，中國人民始終團結一心、同舟共濟，建立了統一的多民族國家，發展了五十六個民族多元一體、交織交融的融洽民族關係，形成了守望相助的中華民族大家庭。特別是近代以後，在外來侵略寇急禍重的嚴峻形勢下，我國各族人民手挽着手、肩並着肩，英勇奮鬥，浴血奮戰，打敗了一切窮兇極惡的侵略者，捍衛了民族獨立和自由，共同書寫了中華民族保衛祖國、抵禦外侮的壯麗史詩。今天，中國取得的令世人矚目的發展成就，更是全國各族人民同心同德、同心同向努力的結果。中國人民從親身經歷中深刻認識到，團結就是力量，團結才能前進，一個四分五裂的國家不可能發展進步。我相信，只要十三億多中國人民始終發揚這種偉大團結精神，我們就一定能夠形成勇往直前、無堅不摧的強大力量！

　　——中國人民是具有偉大夢想精神的人民。在幾千年歷史長河中，中國人民始終心懷夢想、不懈追求，我們不僅形成了小康生活的理念，而且秉持天下為公的情懷，盤古開天、女媧補天、伏羲畫卦、神農嘗草、夸父追日、精衛填海、愚公移山等我國古代神話深刻反映了中國人民勇於追求和實現夢想的執着精神。中國人民相信，山再高，往上攀，總能登頂；路再長，走下去，定能到達。近代以來，實現中華民族偉大復興成為中華民族最偉大的夢想，中國

219

人民百折不撓、堅忍不拔，以同敵人血戰到底的氣概、在自力更生的基礎上光復舊物的決心、自立於世界民族之林的能力，為實現這個偉大夢想進行了一百七十多年的持續奮鬥。今天，中國人民比歷史上任何時期都更接近、更有信心和能力實現中華民族偉大復興。我相信，只要十三億多中國人民始終發揚這種偉大夢想精神，我們就一定能夠實現中華民族偉大復興！

同志們！有這樣偉大的人民，有這樣偉大的民族，有這樣的偉大民族精神，是我們的驕傲，是我們堅定中國特色社會主義道路自信、理論自信、制度自信、文化自信的底氣，也是我們風雨無阻、高歌行進的根本力量！

我國是工人階級領導的、以工農聯盟為基礎的人民民主專政的社會主義國家，國家一切權力屬於人民。我們必須始終堅持人民立場，堅持人民主體地位，虛心向人民學習，傾聽人民呼聲，汲取人民智慧，把人民擁護不擁護、贊成不贊成、高興不高興、答應不答應作為衡量一切工作得失的根本標準，着力解決好人民最關心最直接最現實的利益問題，讓全體中國人民和中華兒女在實現中華民族偉大復興的歷史進程中共享幸福和榮光！

各位代表！

人民有信心，國家才有未來，國家才有力量。中國特色社會主義進入了新時代，勤勞勇敢的中國人民更加自信自尊自強。中國這個古老而又現代的東方大國朝氣蓬勃、氣象萬千，中國特色社會主義道路、理論、制度、文化煥發出強大生機活力，奇蹟正在中華大

地上不斷湧現。我們對未來充滿信心。

歷史已經並將繼續證明，只有社會主義才能救中國，只有堅持和發展中國特色社會主義才能實現中華民族偉大復興。國內外形勢正在發生深刻複雜變化，我國發展仍處於重要戰略機遇期。我們具備過去難以想象的良好發展條件，但也面臨着許多前所未有的困難和挑戰。中國共產黨第十九次全國代表大會描繪了決勝全面建成小康社會、開啟全面建設社會主義現代化國家新征程、實現中華民族偉大復興的宏偉藍圖。把藍圖變為現實，是一場新的長征。路雖然還很長，但時間不等人，容不得有半點懈怠。我們決不能安於現狀、貪圖安逸、樂而忘憂，必須不忘初心、牢記使命、奮發有為，努力創造屬於新時代的光輝業績！

我們要適應我國發展新的歷史方位，緊扣我國社會主要矛盾的變化，高舉中國特色社會主義偉大旗幟，全面貫徹黨的十九大和十九屆二中、三中全會精神，堅持以馬克思列寧主義、毛澤東思想、鄧小平理論、「三個代表」重要思想、科學發展觀、新時代中國特色社會主義思想為指導，堅持穩中求進工作總基調，堅持以人民為中心的發展思想，統攬偉大鬥爭、偉大工程、偉大事業、偉大夢想，統籌推進「五位一體」總體佈局，協調推進「四個全面」戰略佈局，奮力開創新時代中國特色社會主義事業新局面！

我們的目標是，到本世紀中葉把我國建成富強民主文明和諧美麗的社會主義現代化強國。

我們要以更大的力度、更實的措施全面深化改革、擴大對外

開放，貫徹新發展理念，推動經濟高質量發展，建設現代化經濟體系，不斷增強我國經濟實力、科技實力、綜合國力，讓社會主義市場經濟的活力更加充分地展示出來。

我們要以更大的力度、更實的措施發展社會主義民主，堅持黨的領導、人民當家作主、依法治國有機統一，建設社會主義法治國家，推進國家治理體系和治理能力現代化，鞏固和發展最廣泛的愛國統一戰線，確保人民享有更加廣泛、更加充分、更加真實的民主權利，讓社會主義民主的優越性更加充分地展示出來。

我們要以更大的力度、更實的措施加快建設社會主義文化強國，培育和踐行社會主義核心價值觀，推動中華優秀傳統文化創造性轉化、創新性發展，讓中華文明的影響力、凝聚力、感召力更加充分地展示出來。

我們要以更大的力度、更實的措施保障和改善民生，加強和創新社會治理，堅決打贏脫貧攻堅戰，促進社會公平正義，在幼有所育、學有所教、勞有所得、病有所醫、老有所養、住有所居、弱有所扶上不斷取得新進展，讓實現全體人民共同富裕在廣大人民現實生活中更加充分地展示出來。

我們要以更大的力度、更實的措施推進生態文明建設，加快形成綠色生產方式和生活方式，着力解決突出環境問題，使我們的國家天更藍、山更綠、水更清、環境更優美，讓綠水青山就是金山銀山的理念在祖國大地上更加充分地展示出來。

我們要堅持黨對人民軍隊的絕對領導，全面貫徹新時代黨的強

軍思想，不斷推進政治建軍、改革強軍、科技興軍、依法治軍，加快形成中國特色、世界一流的武裝力量體系，構建中國特色現代作戰體系，推動人民軍隊切實擔負起黨和人民賦予的新時代使命任務。

我們要全面準確貫徹「一國兩制」、「港人治港」、「澳人治澳」、高度自治的方針，嚴格依照憲法和基本法辦事，支持特別行政區政府和行政長官依法施政、積極作為，支持香港、澳門融入國家發展大局，增強香港、澳門同胞的國家意識和愛國精神，維護香港、澳門長期繁榮穩定。我們要堅持一個中國原則，堅持「九二共識」，推動兩岸關係和平發展，擴大兩岸經濟文化交流合作，同台灣同胞分享大陸發展的機遇，增進台灣同胞福祉，推進祖國和平統一進程。

維護國家主權和領土完整，實現祖國完全統一，是全體中華兒女共同願望，是中華民族根本利益所在。在這個民族大義和歷史潮流面前，一切分裂祖國的行徑和伎倆都是注定要失敗的，都會受到人民的譴責和歷史的懲罰！中國人民有堅定的意志、充分的信心、足夠的能力挫敗一切分裂國家的活動！中國人民和中華民族有一個共同信念，這就是：我們偉大祖國的每一寸領土都絕對不能也絕對不可能從中國分割出去！

各位代表！

我們生活的世界充滿希望，也充滿挑戰。中國人民歷來富有正義感和同情心，歷來把自己的前途命運同各國人民的前途命運緊密聯繫在一起，始終密切關注和無私幫助仍然生活在戰火、動盪、飢餓、貧困中的有關國家的人民，始終願意盡最大努力為人類和平與

發展作出貢獻。中國人民這個願望是真誠的，中國決不會以犧牲別國利益為代價來發展自己，中國發展不對任何國家構成威脅，中國永遠不稱霸、永遠不搞擴張。只有那些習慣於威脅他人的人，才會把所有人都看成是威脅。對中國人民為人類和平與發展作貢獻的真誠願望和實際行動，任何人都不應該誤讀，更不應該曲解。人間自有公道在！

中國將繼續高舉和平、發展、合作、共贏的旗幟，始終不渝走和平發展道路、奉行互利共贏的開放戰略。中國將繼續積極維護國際公平正義，主張世界上的事情應該由各國人民商量着辦，不會把自己的意志強加於人。中國將繼續積極推進「一帶一路」建設，加強同世界各國的交流合作，讓中國改革發展造福人類。中國將繼續積極參與全球治理體系變革和建設，為世界貢獻更多中國智慧、中國方案、中國力量，推動建設持久和平、普遍安全、共同繁榮、開放包容、清潔美麗的世界，讓人類命運共同體建設的陽光普照世界！

各位代表！

中國共產黨領導是中國特色社會主義最本質的特徵，中國共產黨是國家最高政治領導力量，是實現中華民族偉大復興的根本保證。東西南北中，黨政軍民學，黨是領導一切的。全國各黨派、各團體、各民族、各階層、各界人士要緊密團結在黨中央周圍，增強「四個意識」，堅定「四個自信」，萬眾一心向前進。

中國共產黨要擔負起領導人民進行偉大社會革命的歷史責任，

必須勇於進行自我革命，堅持立黨為公、執政為民，深入推進全面從嚴治黨，堅決掃除一切消極腐敗現象，始終與人民心心相印、與人民同甘共苦、與人民團結奮鬥，永遠保持馬克思主義執政黨本色，永遠走在時代前列，永遠做中國人民和中華民族的主心骨！

各位代表！

「等閒識得東風面，萬紫千紅總是春。」在中國共產黨領導下，經過近七十年奮鬥，我們的人民共和國茁壯成長，正以嶄新的姿態屹立於世界東方！

新時代屬於每一個人，每一個人都是新時代的見證者、開創者、建設者。只要精誠團結、共同奮鬥，就沒有任何力量能夠阻擋中國人民實現夢想的步伐！

我們要乘着新時代的浩蕩東風，加滿油，把穩舵，鼓足勁，讓承載着十三億多中國人民偉大夢想的中華巨輪繼續劈波斬浪、揚帆遠航，勝利駛向充滿希望的明天！

謝謝大家。

必須長期堅持、不斷豐富發展
全面依法治國新理念新思想新戰略[*]

（二〇一八年八月二十四日）

　　黨的十八大以來，我們提出一系列全面依法治國新理念新思想新戰略，明確了全面依法治國的指導思想、發展道路、工作佈局、重點任務。概括起來，主要有以下十方面。

　　一是堅持加強黨對依法治國的領導。黨的領導是社會主義法治最根本的保證。全面依法治國決不是要削弱黨的領導，而是要加強和改善黨的領導，不斷提高黨領導依法治國的能力和水平，鞏固黨的執政地位。必須堅持實現黨領導立法、保證執法、支持司法、帶頭守法，健全黨領導全面依法治國的制度和工作機制，通過法定程序使黨的主張成為國家意志、形成法律，通過法律保障黨的政策有效實施，確保全面依法治國正確方向。

　　二是堅持人民主體地位。法治建設要為了人民、依靠人民、造福人民、保護人民。必須牢牢把握社會公平正義這一法治價值追求，努力讓人民群眾在每一項法律制度、每一個執法決定、每一宗司法案件中都感受到公平正義。要把體現人民利益、反映人民願

---

[*] 這是習近平同志在中央全面依法治國委員會第一次會議上講話的一部分。

望、維護人民權益、增進人民福祉落實到依法治國全過程，保證人民在黨的領導下通過各種途徑和形式管理國家事務，管理經濟和文化事業，管理社會事務。

三是堅持中國特色社會主義法治道路。全面推進依法治國必須走對路。要從中國國情和實際出發，走適合自己的法治道路，決不能照搬別國模式和做法，決不能走西方「憲政」、「三權鼎立」、「司法獨立」的路子。

四是堅持建設中國特色社會主義法治體系。中國特色社會主義法治體系是中國特色社會主義制度的法律表現形式。必須抓住建設中國特色社會主義法治體系這個總抓手，努力形成完備的法律規範體系、高效的法治實施體系、嚴密的法治監督體系、有力的法治保障體系，形成完善的黨內法規體系，不斷開創全面依法治國新局面。

五是堅持依法治國、依法執政、依法行政共同推進，法治國家、法治政府、法治社會一體建設。全面依法治國是一個系統工程，必須統籌兼顧、把握重點、整體謀劃，更加注重系統性、整體性、協同性。依法治國、依法執政、依法行政是一個有機整體，關鍵在於黨要堅持依法執政、各級政府要堅持依法行政。法治國家、法治政府、法治社會三者各有側重、相輔相成，法治國家是法治建設的目標，法治政府是建設法治國家的主體，法治社會是構築法治國家的基礎。要善於運用制度和法律治理國家，提高黨科學執政、民主執政、依法執政水平。

六是堅持依憲治國、依憲執政。依法治國首先要堅持依憲治

國，依法執政首先要堅持依憲執政。黨領導人民制定憲法法律，領導人民實施憲法法律，黨自身必須在憲法法律範圍內活動。任何公民、社會組織和國家機關都必須以憲法法律為行為準則，依照憲法法律行使權利或權力，履行義務或職責，都不得有超越憲法法律的特權，一切違反憲法法律的行為都必須予以追究。

七是堅持全面推進科學立法、嚴格執法、公正司法、全民守法。解決好立法、執法、司法、守法等領域的突出矛盾和問題，必須堅定不移推進法治領域改革。要緊緊抓住全面依法治國的關鍵環節，完善立法體制，提高立法質量。要推進嚴格執法，理順執法體制，完善行政執法程序，全面落實行政執法責任制。要支持司法機關依法獨立行使職權，健全司法權力分工負責、相互配合、相互制約的制度安排。要加大全民普法力度，培育全社會辦事依法、遇事找法、解決問題用法、化解矛盾靠法的法治環境。

八是堅持處理好全面依法治國的辯證關係。全面依法治國必須正確處理政治和法治、改革和法治、依法治國和以德治國、依法治國和依規治黨的關係。社會主義法治必須堅持黨的領導，黨的領導必須依靠社會主義法治。「改革與法治如鳥之兩翼、車之兩輪」，要堅持在法治下推進改革，在改革中完善法治。要堅持依法治國和以德治國相結合，實現法治和德治相輔相成、相得益彰。要發揮依法治國和依規治黨的互補性作用，確保黨既依據憲法法律治國理政，又依據黨內法規管黨治黨、從嚴治黨。

九是堅持建設德才兼備的高素質法治工作隊伍。全面推進依

法治國，必須着力建設一支忠於黨、忠於國家、忠於人民、忠於法律的社會主義法治工作隊伍。要加強理想信念教育，深入開展社會主義核心價值觀和社會主義法治理念教育，推進法治專門隊伍正規化、專業化、職業化，提高職業素養和專業水平。要堅持立德樹人，德法兼修，創新法治人才培養機制，努力培養造就一大批高素質法治人才及後備力量。

十是堅持抓住領導幹部這個「關鍵少數」。領導幹部具體行使黨的執政權和國家立法權、行政權、監察權、司法權，是全面依法治國的關鍵。領導幹部必須帶頭尊崇法治、敬畏法律，了解法律、掌握法律，遵紀守法、捍衛法治，厲行法治、依法辦事，不斷提高運用法治思維和法治方式深化改革、推動發展、化解矛盾、維護穩定的能力，做尊法學法守法用法的模範，以實際行動帶動全社會尊法學法守法用法。

這些新理念新思想新戰略，是馬克思主義法治思想中國化的最新成果，是全面依法治國的根本遵循，必須長期堅持、不斷豐富發展。

在新的起點上深化國家監察體制改革 *

（二〇一八年十二月十三日）

深化國家監察體制改革是貫徹黨的十九大精神、健全黨和國家監督體系的重要部署，是推進國家治理體系和治理能力現代化的一項重要改革。我們以這個題目進行集體學習，目的是深化認識、增強信心，在新的起點上深化黨的紀律檢查體制和國家監察體制改革，為新時代完善和發展中國特色社會主義制度、推進全面從嚴治黨提供重要制度保障。

黨的十八大以來，黨中央就一直思考和謀劃如何適應全面從嚴治黨新形勢，在強化黨內各方面監督的同時，更好發揮監察機關職能作用，強化國家監察，把公權力關進制度的籠子。在黨中央領導下，中央紀委組織協調，從北京、浙江、山西試點探索到全國推開，再到組建國家和省市縣監察委員會，同紀律檢查委員會合署辦公，改革取得重要階段性成果。

---

* 這是習近平同志主持中共十九屆中央政治局第十一次集體學習時的講話。

一、國家監察體制改革成效初顯

黨的十九大提出構建集中統一、權威高效的國家監察體系，把組建國家監察委員會列在深化黨中央機構改革方案第一條，形成以黨內監督為主、其他監督相貫通的監察合力。經過一段時間努力，國家監察體制改革已經顯示出多方面成效。

一是有利於黨對反腐敗工作的集中統一領導。通過體制機制創新，我們把行政監察部門、預防腐敗機構和檢察機關反腐敗相關職責進行整合，解決了過去監察範圍過窄、反腐敗力量分散、紀法銜接不暢等問題，優化了反腐敗資源配置，實現了黨內監督和國家監察、依規治黨和依法治國有機統一。

二是有利於對公權力監督的全覆蓋。我們把所有行使公權力人員納入統一監督的範圍，解決了過去黨內監督和國家監察不同步、部分行使公權力人員處於監督之外的問題，實現了對公權力監督和反腐敗的全覆蓋、無死角。

三是有利於堅持標本兼治、鞏固擴大反腐敗鬥爭成果。黨的十九大以來，全國紀檢監察機關充分發揮新體制的治理效能，收攏五指，重拳出擊，不敢腐的震懾效應充分顯現，一批腐敗分子投案自首，標本兼治綜合效應更加凸顯。

實踐證明，黨中央關於推進國家監察體制改革的決策是完全正確的。我們要保持戰略定力，持續深化改革，促進執紀執法貫通，有效銜接司法，推進反腐敗工作法治化、規範化，強化不敢腐的震懾，紮牢不能腐的籠子，增強不想腐的自覺。

二、加強對公權力的監督

我講過，國家之權乃是「神器」，是個神聖的東西。公權力姓公，也必須為公。只要公權力存在，就必須有制約和監督。不關進籠子，公權力就會被濫用。馬克思強調，社會主義國家的一切權力屬於人民，一切公職人員必須「在公眾監督之下進行工作」。列寧強調，要提高監督機關的地位、規格、權威，建立起包括黨內監督、人民監督、法律監督在內的監督體系，以防止公職人員成為「脫離群眾、站在群眾之上、享有特權的人物」。

我們黨從成立之日起就高度重視權力監督問題。在中央蘇區、延安時期，我們黨探索了一套對蘇維埃政府、邊區政府和革命根據地人民政權組織及其工作人員的監督辦法。新中國成立後，我們對加強公權力監督進行了不懈探索。黨的十八大之後，我們黨在加強對國家機器的監督、切實把公權力關進制度的籠子方面做了大量探索和努力，目的就是要確保人民賦予的權力始終用來為人民謀幸福。

深化國家監察體制改革的初心，就是要把增強對公權力和公職人員的監督全覆蓋、有效性作為着力點，推進公權力運行法治化，消除權力監督的真空地帶，壓縮權力行使的任性空間，建立完善的監督管理機制、有效的權力制約機制、嚴肅的責任追究機制。

國家監察是對公權力最直接最有效的監督，監察委員會第一項職責就是「對公職人員開展廉政教育，對其依法履職、秉公用權、廉潔從政從業以及道德操守情況進行監督檢查」。要教育監督各級國

家機關和公職人員牢記手中的權力是黨和人民賦予的，是上下左右有界受控的，切不可隨心所欲、為所欲為，做到秉公用權、依法用權、廉潔用權、為民用權。要督促掌握公權力的部門、組織、個人強化法治思維，嚴格在憲法法律範圍內活動，嚴格依照法定權限和程序行使權力，決不允許任何組織或者個人有超越法律的特權。

要強化對公權力的監督制約，督促掌握公權力的部門、組織合理分解權力、科學配置權力、嚴格職責權限，完善權責清單制度，加快推進機構、職能、權限、程序、責任法定化。要盯緊公權力運行各個環節，完善及時發現問題的防範機制、精準糾正偏差的矯正機制，管好關鍵人、管到關鍵處、管住關鍵事、管在關鍵時，特別是要把一把手管住管好。要認真執行民主集中制，完善「三重一大」決策監督機制，用好批評和自我批評的銳利武器，把上級對下級、同級之間以及下級對上級的監督充分調動起來，增強監督實效。要把日常監督和信訪舉報、巡視巡察結合起來，加強對問題整改落實情況的督促檢查，對整改抓不好的要嚴肅問責。

「善不可失，惡不可長。」要堅持懲前毖後、治病救人，運用好監督執紀「四種形態」，抓早抓小，防微杜漸。要強化監督執紀，及時發現和查處黨風黨紀方面的問題，同時強化監察執法，及時發現和查處依法履職、秉公用權、廉潔從政從業以及道德操守等方面的問題，把權力運行的規矩立起來。

需要強調的是，權力監督的目的是保證公權力正確行使，更好促進幹部履職盡責、幹事創業。一方面要管住亂用濫用權力的瀆

職行為，另一方面要管住不用棄用權力的失職行為，整治不擔當、不作為、慢作為、假作為，注意保護那些敢於負責、敢於擔當作為的幹部，對那些受到誣告陷害的幹部要及時予以澄清，形成激濁揚清、幹事創業的良好政治生態。

三、完善紀檢監察體制機制

現在，國家監委和省市縣三級監委已經組建完成。在新起點上，要以新時代中國特色社會主義思想為指導，全面貫徹落實黨的十九大和十九屆二中、三中全會精神，堅持目標導向，堅持問題導向，繼續把紀檢監察體制改革推向前進。

第一，改革目標不能偏。深化紀檢監察體制改革是要實現標本兼治。要強化不敢腐的震懾，保持懲治腐敗高壓態勢，強化監督和監察全覆蓋的震懾效應，不斷釋放全面從嚴強烈信號。要紮牢不能腐的籠子，把「當下改」和「長久立」結合起來，形成靠制度管權、管事、管人的長效機制。要增強不想腐的自覺，引導黨員幹部堅定理想信念，強化宗旨意識，樹立正確的世界觀、人生觀、價值觀，營造風清氣正的從政環境和社會氛圍。

第二，工作職能要跟上。要強化政治監督，做實日常監督，靠前監督、主動監督，堅決破除空泛式表態、應景式過場、運動式造勢等形式主義、官僚主義問題，維護黨中央權威和集中統一領導，確保黨中央重大決策部署落實到位。

　　第三，各項規則要跟上。要整合規範紀檢監察工作流程，強化內部權力運行的監督制約；健全統一決策、一體運行的執紀執法工作機制，把適用紀律和適用法律結合起來；推動紀檢監察工作雙重領導體制具體化、程序化、制度化，帶動整個紀檢監察系統提高履職質量。

　　第四，配套法規要跟上。要制定同監察法配套的法律法規，將監察法中原則性、概括性的規定具體化，形成系統完備、科學規範、運行有效的法規體系。

　　第五，協調機制要跟上。要強化對紀檢監察體制改革的領導，對內加強跨部門跨地區統籌協調，對外加強反腐敗國際追逃追贓工作。要旗幟鮮明支持紀委監委行使職權，為其履行職責創造有利條件。要及時研究解決紀檢監察體制改革中遇到的問題，使反腐敗工作在決策部署指揮、資源力量整合、措施手段運用上更加協同高效。紀檢監察機構要發揮合署辦公優勢，推進紀律監督、監察監督、派駐監督、巡視監督協調銜接，推動黨內監督同國家機關監督、民主監督、司法監督、群眾監督、輿論監督有效貫通，把權力置於嚴密監督之下。

四、規範和正確行使國家監察權

　　紀檢監察機關肩負着黨和人民重託，必須牢記打鐵必須自身硬的政治要求。黨的十八大以來，我多次談到「誰來監督紀委」、防止「燈

下黑」，這就是監督者要接受監督的問題。這對行使監督權的機構和同志同樣適用。紀檢監察機關要馬克思主義手電筒既照別人更照自己，不能只照他人、不照自己。在這裏，我要再次提醒，紀檢監察機關不是天然的保險箱，監察權是把雙刃劍，也要關進制度的籠子，自覺接受黨和人民監督，行使權力必須十分謹慎，嚴格依紀依法。

「善禁者，先禁其身而後人；不善禁者，先禁人而後身。」紀檢監察幹部處在正風肅紀反腐第一線，時刻面臨着腐蝕和反腐蝕的考驗，很容易被「圍獵」。要求其他國家機關和公職人員做到的，紀檢監察機關和紀檢監察幹部必須首先做到，堅決不能濫用職權、以權謀私，特別是不能搞選擇性監督、隨意執紀調查、任性問責處置。

黨的十八大以來，紀檢監察機關和紀檢監察幹部在貫徹落實黨中央決策部署方面做得是好的。一事一時帶好頭不難，難的是事事時時作表率。紀檢監察機關和幹部任何時候都要克己慎行、守住底線，紮緊制度籠子，強化自我約束。中央紀委國家監委機關要帶頭加強黨的政治建設，增強「四個意識」，堅定「四個自信」，始終自覺在思想上政治上行動上同黨中央保持高度一致，在大是大非面前敢於亮劍、敢於鬥爭，帶頭強化自我監督，自覺接受黨內監督和社會監督，及時打掃庭院、清理門戶，努力建設讓黨中央放心、人民群眾滿意的模範機關。廣大紀檢監察幹部要做黨和人民的忠誠衛士，堅定理想信念，提高政治能力，加強自我約束，不斷增強專業能力，強化紀法思維特別是程序意識，主動接受組織監督，在遵紀守法、嚴於律己上作表率。

二〇一九年

國家的希望在青年，民族的未來在青年 *

（二〇一九年四月三十日）

　　新時代中國青年運動的主題，新時代中國青年運動的方向，新時代中國青年的使命，就是堅持中國共產黨領導，同人民一道，為實現「兩個一百年」奮鬥目標、實現中華民族偉大復興的中國夢而奮鬥。

　　青年是整個社會力量中最積極、最有生氣的力量，國家的希望在青年，民族的未來在青年。今天，新時代中國青年處在中華民族發展的最好時期，既面臨着難得的建功立業的人生際遇，也面臨着「天將降大任於斯人」的時代使命。新時代中國青年要繼續發揚五四精神，以實現中華民族偉大復興為己任，不辜負黨的期望、人民期待、民族重託，不辜負我們這個偉大時代。

　　第一，新時代中國青年要樹立遠大理想。青年的理想信念關乎國家未來。青年理想遠大、信念堅定，是一個國家、一個民族無堅不摧的前進動力。青年志存高遠，就能激發奮進潛力，青春歲月就不會像無舵之舟漂泊不定。正所謂「立志而聖則聖矣，立志而賢則賢矣」。青年的人生目標會有不同，職業選擇也有差異，但只有把自

＊ 這是習近平同志在紀念五四運動一百週年大會上講話的一部分。

己的小我融入祖國的大我、人民的大我之中，與時代同步伐、與人民共命運，才能更好實現人生價值、昇華人生境界。離開了祖國需要、人民利益，任何孤芳自賞都會陷入越走越窄的狹小天地。

新時代中國青年要樹立對馬克思主義的信仰、對中國特色社會主義的信念、對中華民族偉大復興中國夢的信心，到人民群眾中去，到新時代新天地中去，讓理想信念在創業奮鬥中昇華，讓青春在創新創造中閃光！

第二，新時代中國青年要熱愛偉大祖國。孫中山先生說，做人最大的事情，「就是要知道怎麼樣愛國」。一個人不愛國，甚至欺騙祖國、背叛祖國，那在自己的國家、在世界上都是很丟臉的，也是沒有立足之地的。對每一個中國人來說，愛國是本分，也是職責，是心之所繫、情之所歸。對新時代中國青年來說，熱愛祖國是立身之本、成才之基。當代中國，愛國主義的本質就是堅持愛國和愛黨、愛社會主義高度統一。

新時代中國青年要聽黨話、跟黨走，胸懷憂國憂民之心、愛國愛民之情，不斷奉獻祖國、奉獻人民，以一生的真情投入、一輩子的頑強奮鬥來體現愛國主義情懷，讓愛國主義的偉大旗幟始終在心中高高飄揚！

第三，新時代中國青年要擔當時代責任。時代呼喚擔當，民族振興是青年的責任。魯迅先生說，青年「所多的是生力，遇見深林，可以闢成平地的，遇見曠野，可以栽種樹木的，遇見沙漠，可以開掘井泉的」。在實現中華民族偉大復興的新征程上，應對重大挑

戰、抵禦重大風險、克服重大阻力、解決重大矛盾，迫切需要迎難而上、挺身而出的擔當精神。只要青年都勇挑重擔、勇克難關、勇鬥風險，中國特色社會主義就能充滿活力、充滿後勁、充滿希望。青年要保持初生牛犢不怕虎、越是艱險越向前的剛健勇毅，勇立時代潮頭，爭做時代先鋒。一切視探索嘗試為畏途、一切把負重前行當吃虧、一切「躲進小樓成一統」逃避責任的思想和行為，都是要不得的，都是成不了事的，也是難以真正獲得人生快樂的。

新時代中國青年要珍惜這個時代、擔負時代使命，在擔當中歷練，在盡責中成長，讓青春在新時代改革開放的廣闊天地中綻放，讓人生在實現中國夢的奮進追逐中展現出勇敢奔跑的英姿，努力成為德智體美勞全面發展的社會主義建設者和接班人！

第四，新時代中國青年要勇於砥礪奮鬥。奮鬥是青春最亮麗的底色。「自信人生二百年，會當水擊三千里。」民族復興的使命要靠奮鬥來實現，人生理想的風帆要靠奮鬥來揚起。沒有廣大人民特別是一代代青年前赴後繼、艱苦卓絕的接續奮鬥，就沒有中國特色社會主義新時代的今天，更不會有實現中華民族偉大復興的明天。千百年來，中華民族歷經苦難，但沒有任何一次苦難能夠打垮我們，最後都推動了我們民族精神、意志、力量的一次次昇華。今天，我們的生活條件好了，但奮鬥精神一點都不能少，中國青年永久奮鬥的好傳統一點都不能丟。在實現中華民族偉大復興的新征程上，必然會有艱巨繁重的任務，必然會有艱難險阻甚至驚濤駭浪，特別需要我們發揚艱苦奮鬥精神。奮鬥不只是響亮的口號，而是要

在做好每一件小事、完成每一項任務、履行每一項職責中見精神。奮鬥的道路不會一帆風順，往往荊棘叢生、充滿坎坷。強者，總是從挫折中不斷奮起、永不氣餒。

新時代中國青年要勇做走在時代前列的奮進者、開拓者、奉獻者，毫不畏懼面對一切艱難險阻，在劈波斬浪中開拓前進，在披荊斬棘中開闢天地，在攻堅克難中創造業績，用青春和汗水創造出讓世界刮目相看的新奇蹟！

第五，新時代中國青年要練就過硬本領。青年是苦練本領、增長才幹的黃金時期。「青春虛度無所成，白首銜悲亦何及。」當今時代，知識更新不斷加快，社會分工日益細化，新技術新模式新業態層出不窮。這既為青年施展才華、競展風采提供了廣闊舞台，也對青年能力素質提出了新的更高要求。不論是成就自己的人生理想，還是擔當時代的神聖使命，青年都要珍惜韶華、不負青春，努力學習掌握科學知識，提高內在素質，錘煉過硬本領，使自己的思維視野、思想觀念、認識水平跟上越來越快的時代發展。

新時代中國青年要增強學習緊迫感，如飢似渴、孜孜不倦學習，努力學習馬克思主義立場觀點方法，努力掌握科學文化知識和專業技能，努力提高人文素養，在學習中增長知識、錘煉品格，在工作中增長才幹、練就本領，以真才實學服務人民，以創新創造貢獻國家！

第六，新時代中國青年要錘煉品德修為。人無德不立，品德是為人之本。止於至善，是中華民族始終不變的人格追求。我們要建

設的社會主義現代化強國，不僅要在物質上強，更要在精神上強。精神上強，才是更持久、更深沉、更有力量的。青年要把正確的道德認知、自覺的道德養成、積極的道德實踐緊密結合起來，不斷修身立德，打牢道德根基，在人生道路上走得更正、走得更遠。面對複雜的世界大變局，要明辨是非、恪守正道，不人云亦云、盲目跟風。面對外部誘惑，要保持定力、嚴守規矩，用勤勞的雙手和誠實的勞動創造美好生活，拒絕投機取巧、遠離自作聰明。面對美好歲月，要有飲水思源、懂得回報的感恩之心，感恩黨和國家，感恩社會和人民。要在奮鬥中摸爬滾打，體察世間冷暖、民眾憂樂、現實矛盾，從中找到人生真諦、生命價值、事業方向。

新時代中國青年要自覺樹立和踐行社會主義核心價值觀，善於從中華民族傳統美德中汲取道德滋養，從英雄人物和時代楷模的身上感受道德風範，從自身內省中提升道德修為，明大德、守公德、嚴私德，自覺抵制拜金主義、享樂主義、極端個人主義、歷史虛無主義等錯誤思想，追求更有高度、更有境界、更有品位的人生，讓清風正氣、蓬勃朝氣遍佈全社會！

結合地方實際創造性做好立法監督等工作 *

（二〇一九年七月）

    縣級以上地方人大設立常委會，是發展和完善人民代表大會制度的一個重要舉措。四十年來，地方人大及其常委會堅持黨的領導、人民當家作主、依法治國有機統一，履職盡責，開拓進取，為地方改革發展穩定工作作出了重要貢獻。

    新形勢新任務對人大工作提出新的更高要求。地方人大及其常委會要按照黨中央關於人大工作的要求，圍繞地方黨委貫徹落實黨中央大政方針的決策部署，結合地方實際，創造性地做好立法、監督等工作，更好助力經濟社會發展和改革攻堅任務。要自覺接受同級黨委領導，密切同人民群眾的聯繫，更好發揮人大代表作用，接地氣、察民情、聚民智，用法治保障人民權益、增進民生福祉。要加強自身建設，提高依法履職能力和水平，增強工作整體實效。

---

* 這是習近平同志對地方人大及其常委會工作作出指示的要點。

在中央政協工作會議暨慶祝中國人民政治協商會議成立七十週年大會上的講話

（二〇一九年九月二十日）

同志們，朋友們：

在中華人民共和國成立七十週年之際，召開這個會議，目的是慶祝中國人民政治協商會議成立七十週年，回顧成績、總結經驗、堅定信心，部署新時代加強和改進人民政協工作。

七十年前的九月，在中國人民爭取民族獨立和人民解放取得歷史性勝利的凱歌聲中，中國人民政治協商會議第一屆全體會議召開了。毛澤東同志在開幕詞中豪邁地說，我們的工作將寫在人類的歷史上，它將表明：佔人類總數四分之一的中國人從此站立起來了。

在這裏，我代表黨中央，向中國人民政治協商會議成立七十週年，表示熱烈的祝賀！向參加人民政協的各黨派團體、各族各界人士，向香港特別行政區同胞、澳門特別行政區同胞、台灣同胞和海外僑胞，致以誠摯的問候！

此時此刻，我們深切懷念為民族獨立、人民解放和國家富強、人民幸福而英勇奮鬥的革命先輩和仁人志士，深切緬懷毛澤東同志、周恩來同志、鄧小平同志、鄧穎超同志、李先念同志等老一輩人民政協事業的卓越領導人。我們要永遠銘記所有為人民政協事業

和多黨合作事業作出貢獻的人們！

同志們、朋友們！

人民政協是中國共產黨把馬克思列寧主義統一戰線理論、政黨理論、民主政治理論同中國實際相結合的偉大成果，是中國共產黨領導各民主黨派、無黨派人士、人民團體和各族各界人士在政治制度上進行的偉大創造。七十年來，在中國共產黨領導下，人民政協堅持團結和民主兩大主題，服務黨和國家中心任務，在建立新中國和社會主義革命、建設、改革各個歷史時期發揮了十分重要的作用。

中國人民政治協商會議第一屆全體會議，代行全國人民代表大會職權，為新中國誕生作了全面準備。會議通過了具有臨時憲法性質的《中國人民政治協商會議共同綱領》和《中國人民政治協商會議組織法》、《中華人民共和國中央人民政府組織法》，作出關於國都、國旗、國歌、紀年的決議，選舉產生政協全國委員會和中央人民政府委員會。這也標誌着人民政協制度正式確立。新中國成立後，人民政協為恢復和發展國民經濟、鞏固新生人民政權、完成社會主義革命、確立社會主義基本制度、推進社會主義建設作出了積極貢獻。一九五四年全國人民代表大會召開後，人民政協繼續在國家政治生活和社會生活中開展了卓有成效的工作。

一九七八年黨的十一屆三中全會召開，人民政協事業發展進入了新時期。黨中央進一步明確人民政協的性質、任務、主題、職能，推動人民政協性質和作用載入憲法，把中國共產黨領導的多黨合作和政治協商制度確立為我國的一項基本政治制度。人民政協認

真貫徹黨的理論和路線方針政策，努力調動一切積極因素，團結一切可以團結的力量，為推進改革開放和社會主義現代化建設作出了重要貢獻。

中國特色社會主義進入新時代，黨中央對人民政協工作作出一系列重大部署。人民政協認真貫徹新時代中國特色社會主義思想，堅持人民政協性質定位，緊扣統籌推進「五位一體」總體佈局、協調推進「四個全面」戰略佈局，積極投身實現「兩個一百年」奮鬥目標、實現中華民族偉大復興中國夢的偉大實踐，為黨和國家事業發展凝心聚力，開拓了人民政協工作新局面。

黨的十八大以來，我們總結經驗，對人民政協工作提出了一系列新要求，主要有以下幾個方面。

一是加強黨對人民政協工作的領導。中國共產黨的領導是包括各民主黨派、各團體、各民族、各階層、各界人士在內的全體中國人民的共同選擇，是成立政協時的初心所在，是人民政協事業發展進步的根本保證。要把堅持黨的領導貫穿到政協全部工作之中，切實落實黨中央對人民政協工作的各項要求。

二是準確把握人民政協性質定位。人民政協作為統一戰線的組織、多黨合作和政治協商的機構、人民民主的重要實現形式，是社會主義協商民主的重要渠道和專門協商機構，是國家治理體系的重要組成部分，是具有中國特色的制度安排。人民政協要堅持性質定位，堅定不移走中國特色社會主義政治發展道路。

三是發揮好人民政協專門協商機構作用。協商民主是實現黨

的領導的重要方式，是我國社會主義民主政治的特有形式和獨特優勢。要發揮好人民政協專門協商機構作用，把協商民主貫穿履行職能全過程，堅持發揚民主和增進團結相互貫通、建言資政和凝聚共識雙向發力，積極圍繞貫徹落實黨和國家重要決策部署情況開展民主監督。

四是堅持和完善我國新型政黨制度。中國共產黨領導的多黨合作和政治協商制度是我國的一項基本政治制度，是從中國土壤中生長出來的新型政黨制度，人民政協要為民主黨派和無黨派人士在政協更好發揮作用創造條件。

五是廣泛凝聚人心和力量。人民政協要發揮統一戰線組織功能，堅持大團結大聯合，堅持一致性和多樣性統一，不斷鞏固共同思想政治基礎，加強思想政治引領，廣泛凝聚共識，努力尋求最大公約數、畫出最大同心圓，匯聚起實現民族復興的磅礴力量。

六是聚焦黨和國家中心任務履職盡責。人民政協要以實現第一個百年奮鬥目標、向第二個百年奮鬥目標邁進為履職方向，以促進解決好發展不平衡不充分的問題為工作重點，緊緊圍繞大局，瞄準抓重點、補短板、強弱項的重要問題，深入協商集中議政，強化監督助推落實。

七是堅持人民政協為人民。人民政協要把不斷滿足人民對美好生活的需要、促進民生改善作為重要着力點，傾聽群眾呼聲，反映群眾願望，抓住民生領域實際問題做好工作，協助黨和政府增進人民福祉。

八是以改革創新精神推進履職能力建設。人民政協要堅持改革創新，着力增強政治把握能力、調查研究能力、聯繫群眾能力、合作共事能力。要加強委員隊伍建設，教育引導委員懂政協、會協商、善議政，守紀律、講規矩、重品行。

七十年的實踐證明，人民政協制度具有多方面的獨特優勢。馬克思、恩格斯說過：「民主是什麼呢？它必須具備一定的意義，否則它就不能存在。因此全部問題就在於確定民主的真正意義。」實現民主政治的形式是豐富多彩的，不能拘泥於刻板的模式。實踐充分證明，中國式民主在中國行得通、很管用。新形勢下，我們必須把人民政協制度堅持好、把人民政協事業發展好，增強開展統一戰線工作的責任擔當，把更多的人團結在黨的周圍。

同志們、朋友們！

當今世界正在經歷百年未有之大變局，實現中華民族偉大復興正處於關鍵時期。越是接近目標，越是形勢複雜，越是任務艱巨，越要發揮中國共產黨領導的政治優勢和中國特色社會主義的制度優勢，把各方面智慧和力量凝聚起來，形成海內外中華兒女心往一處想、勁往一處使的強大合力。

在新時代，加強和改進人民政協工作的總體要求是：以新時代中國特色社會主義思想為指導，增強「四個意識」、堅定「四個自信」、做到「兩個維護」，把堅持和發展中國特色社會主義作為鞏固共同思想政治基礎的主軸，把服務實現「兩個一百年」奮鬥目標作為工作主線，把加強思想政治引領、廣泛凝聚共識作為中心環節，

堅持團結和民主兩大主題,提高政治協商、民主監督、參政議政水平,更好凝聚共識,擔負起把黨中央決策部署和對人民政協工作要求落實下去、把海內外中華兒女智慧和力量凝聚起來的政治責任,為決勝全面建成小康社會、進而全面建設社會主義現代化強國作出貢獻。

當前和今後一個時期,人民政協尤其要抓好以下工作。

第一,發揮人民政協專門協商機構作用。我說過,在中國社會主義制度下,有事好商量、眾人的事情由眾人商量,找到全社會意願和要求的最大公約數,是人民民主的真諦。協商民主是黨領導人民有效治理國家、保證人民當家作主的重要制度設計,同選舉民主相互補充、相得益彰。人民政協在協商中促進廣泛團結、推進多黨合作、實踐人民民主,既秉承歷史傳統,又反映時代特徵,充分體現了我國社會主義民主有事多商量、遇事多商量、做事多商量的特點和優勢。

能聽意見、敢聽意見特別是勇於接受批評、改進工作,是有信心、有力量的表現。發展社會主義協商民主,要把民主集中制的優勢運用好,發揚「團結──批評──團結」的優良傳統,廣開言路,集思廣益,促進不同思想觀點的充分表達和深入交流,做到相互尊重、平等協商而不強加於人,遵循規則、有序協商而不各說各話,體諒包容、真誠協商而不偏激偏執,形成既暢所欲言、各抒己見,又理性有度、合法依章的良好協商氛圍。對各種意見和批評,只要堅持黨的基本理論、基本路線、基本方略,就要讓大家講,

哪怕刺耳、尖銳一些，我們也要採取聞過則喜的態度，做到有則改之、無則加勉。

發揮人民政協專門協商機構作用，需要完善制度機制。要堅持黨委會同政府、政協制定年度協商計劃制度，完善協商於決策之前和決策實施之中的落實機制，對明確規定需要政協協商的事項必須經協商後提交決策實施，對協商的參加範圍、討論原則、基本程序、交流方式等作出規定。

第二，加強思想政治引領、廣泛凝聚共識。毛澤東同志說過，所謂政治，就是把擁護我們的人搞得多多的，把反對我們的人搞得少少的。我們黨領導革命、建設、改革取得成功靠的就是這個。在新的時代條件下，我們要繼續前進，就必須增進全國各族人民的大團結，調動一切可以調動的積極因素。

要把大家團結起來，思想引領、凝聚共識就必不可少。人民政協要通過有效工作，努力成為堅持和加強黨對各項工作領導的重要陣地、用黨的創新理論團結教育引導各族各界代表人士的重要平台、在共同思想政治基礎上化解矛盾和凝聚共識的重要渠道。要引導參加人民政協的各黨派團體和各族各界人士深入學習黨的創新理論，學習時事政策，學習中共黨史、新中國史和統一戰線歷史、人民政協歷史，樹立正確的歷史觀和大局觀。

加強思想政治引領，要正確處理一致性和多樣性的關係。一致性是共同思想政治基礎的一致，多樣性是利益多元、思想多樣的反映，要在尊重多樣性中尋求一致性，不要搞成「清一色」。要及時了

解統一戰線內部思想動態，把在一些敏感點、風險點、關切點上強化思想政治引領同經常性思想政治工作結合起來，求同存異、聚同化異，推動各黨派團體和各族各界人士實現思想上的共同進步。人民政協要廣泛聯繫和動員各界群眾，協助黨和政府做好協調關係、理順情緒、化解矛盾的工作。要鼓勵和支持委員深入基層、深入界別群眾，及時反映群眾意見和建議，深入宣傳黨和國家方針政策。

實現中華民族偉大復興的中國夢，需要廣泛匯聚團結奮鬥的正能量。要發揮人民政協作為實行新型政黨制度重要政治形式和組織形式的作用，對各民主黨派以本黨派名義在政協發表意見、提出建議作出機制性安排。要健全同黨外知識分子、非公有制經濟人士、新的社會階層人士的溝通聯絡機制。要全面貫徹黨的民族政策和宗教政策，推動各民族交往交流交融，引導宗教與社會主義社會相適應。要全面準確貫徹「一國兩制」、「港人治港」、「澳人治澳」、高度自治的方針，引導港澳委員支持特別行政區政府和行政長官依法施政，發展壯大愛國愛港愛澳力量。要堅持一個中國原則和「九二共識」，拓展同台灣島內有關黨派團體、社會組織、各界人士的交流交往，助推深化海峽兩岸融合發展，堅決反對任何形式的「台獨」分裂活動。要廣泛團結海外僑胞，吸收僑胞代表參加政協活動。要積極開展對外交往，為推動構建人類命運共同體提供正能量。

第三，強化委員責任擔當。政協委員作為各黨派團體和各族各界代表人士，由各方面鄭重協商產生，代表各界群眾參與國是、履行職責。這是榮譽，更是責任。廣大政協委員要堅持為國履職、為

民盡責的情懷，把事業放在心上，把責任扛在肩上，認真履行委員職責。

政協委員來自方方面面，對一些問題的看法和認識不一定相同，但政治立場不能含糊、政治原則不能動搖。要學習貫徹黨的基本理論、基本路線、基本方略，不斷增進對中國共產黨和中國特色社會主義的政治認同、思想認同、理論認同、情感認同。要不斷提高思想水平和認識能力，廣泛學習各方面知識，準確把握政協履職方式方法，深入調查研究，積極建言獻策，全面增強履職本領。要發揮橋樑紐帶作用，在界別群眾中多做雪中送炭、扶貧濟困的工作，多做春風化雨、解疑釋惑的工作，多做理順情緒、化解矛盾的工作。要自覺遵守憲法法律和政協章程，積極踐行社會主義核心價值觀，錘煉道德品行，嚴格廉潔自律，以模範行動展現新時代政協委員的風采。

同志們、朋友們！

各級黨委要把人民政協工作納入重要議事日程，堅持黨委常委會會議定期聽取政協黨組工作、政協常委會工作情況匯報制度，對政協黨組織執行黨的路線方針政策等情況進行督促檢查。要為政協組織開展工作創造有利條件，選優配強政協領導班子，重點解決市縣政協基礎工作薄弱、人員力量薄弱的問題。黨委主要負責同志要帶頭參加政協重要活動，帶頭廣交深交黨外朋友。各級紀檢監察機關和組織、宣傳、統戰等部門，政府及其有關部門，要加強同政協組織的聯繫配合，形成加強和改進人民政協工作的合力。關於新時

代加強和改進人民政協工作，黨中央將專門印發文件，大家要認真貫徹落實。

政協黨組要確保黨中央大政方針和決策部署在人民政協得到貫徹落實。要加強政協系統黨的建設，以黨的政治建設為統領全面推進政協黨的各項建設，以黨的建設為引領推進政協機關建設。

同志們、朋友們！

七十年前，在新中國的曙光噴薄而出之際，中國共產黨順應大勢、團結各方，開啟了協商建國、共創偉業的新紀元。七十年後的今天，在同心共築中國夢、攜手奮進新時代的新長征路上，中國共產黨將不忘初心、牢記使命，繼續團結帶領全國各族人民，加強大團結大聯合，同心同德、共襄盛舉。在這個歷史進程中，人民政協使命光榮、責任重大。希望人民政協在黨中央堅強領導下，堅定不移沿着中國特色社會主義道路前進，為實現「兩個一百年」奮鬥目標、實現中華民族偉大復興的中國夢、實現人民對美好生活的嚮往而繼續奮鬥！

堅持、完善和發展中國特色社會主義國家制度與法律制度 *

（二〇一九年九月二十四日）

　　再過幾天，我們將迎來中華人民共和國成立七十週年。今天，中央政治局以「新中國國家制度和法律制度的形成和發展」為題進行集體學習，目的是回顧新中國成立七十年來黨領導人民推進國家制度和法律制度建設的歷程，總結成就和經驗，堅定道路自信、理論自信、制度自信、文化自信，繼續沿着黨和人民開闢的正確道路前進。

　　中央政治局決定今年十月召開黨的十九屆四中全會，重點研究堅持和完善中國特色社會主義制度、推進國家治理體系和治理能力現代化的若干重大問題。這次集體學習，有利於我們深入思考這個問題。

　　古人說：「經國序民，正其制度。」意思說，治理國家，使人民安然有序，就要健全各項制度。新中國成立七十年來，我們黨領導人民不斷探索實踐，逐步形成了中國特色社會主義國家制度和法律制度，為當代中國發展進步提供了根本保障，也為新時代推進國家

---

* 這是習近平同志主持中共十九屆中央政治局第十七次集體學習時的講話。

制度和法律制度建設提供了重要經驗。

第一，中國特色社會主義國家制度和法律制度是在長期實踐探索中形成的，是人類制度文明史上的偉大創造。建立什麼樣的國家制度，是近代以來中國人民面臨的一個歷史性課題。鴉片戰爭以後，延續了二千多年的封建專制制度已經腐朽不堪，難以應對日益深重的政治危機和民族危機。無數仁人志士為尋求改變中華民族前途命運的道路進行了努力，歷經了從技術層面、社會革命層面、實業層面到制度層面、文化層面的反覆探索，嘗試了君主立憲制、議會制、多黨制、總統制等各種制度模式，但都以失敗而告終。

我們黨自成立之日起就致力於建設人民當家作主的新社會，提出了關於未來國家制度的主張，並領導人民為之進行鬥爭。土地革命時期，我們黨在江西中央蘇區建立了中華蘇維埃共和國，開始了國家制度和法律制度建設的探索。抗日戰爭時期，我們黨建立以延安為中心、以陝甘寧邊區為代表的抗日民主政權，成立邊區政府，按照「三三制」原則，以參議會為最高權力機關，建立各級立法、行政、司法機關。

新中國成立後，我們黨創造性地運用馬克思主義國家學說，為建設社會主義國家制度進行了不懈努力，逐步確立並鞏固了我們國家的國體、政體、根本政治制度、基本政治制度、基本經濟制度和各方面的重要制度，中國特色社會主義制度不斷完善，中國特色社會主義法律體系也不斷健全。

黨的十八大以來，我們推進全面深化改革，健全黨的領導體制

機制，加強人民當家作主制度建設，完成憲法部分內容修改，推動社會主義協商民主廣泛多層制度化發展，深化黨和國家機構改革，深化經濟體制改革，深化司法體制綜合改革，深化生態文明體制改革，深化國防和軍隊改革，建立國家監察制度，中國特色社會主義制度日趨成熟定型，中國特色社會主義法治體系不斷完善，為推動黨和國家事業取得歷史性成就、發生歷史性變革發揮了重大作用。

實踐證明，我們黨把馬克思主義基本原理同中國具體實際結合起來，在古老的東方大國建立起保證億萬人民當家作主的新型國家制度，使中國特色社會主義制度成為具有顯著優越性和強大生命力的制度，保障我國創造出經濟快速發展、社會長期穩定的奇蹟，也為發展中國家走向現代化提供了全新選擇，為人類探索建設更好社會制度貢獻了中國智慧和中國方案。

第二，中國特色社會主義國家制度和法律制度是被實踐證明了的科學制度體系，具有顯著優勢。中國特色社會主義國家制度和法律制度，植根於中華民族五千多年文明史所積澱的深厚歷史文化傳統，吸收借鑒了人類制度文明有益成果，經過了長期實踐檢驗。

新中國成立之初，毛澤東同志就滿懷信心地說：「一切事實都證明：我們的人民民主專政的制度，較之資本主義國家的政治制度具有極大的優越性。在這種制度的基礎上，我國人民能夠發揮其無窮無盡的力量。這種力量，是任何敵人所不能戰勝的。」改革開放初期，鄧小平同志指出：「我們的黨和人民浴血奮鬥多年，建立了社會主義制度。儘管這個制度還不完善，又遭受了破壞，但是無論

如何，社會主義制度總比弱肉強食、損人利己的資本主義制度好得多。我們的制度將一天天完善起來，它將吸收我們可以從世界各國吸收的進步因素，成為世界上最好的制度。這是資本主義所絕對不可能做到的。」

中國特色社會主義國家制度和法律制度在實踐中顯示出巨大優勢，以下幾個方面最為重要。一是堅持黨的領導的優勢。七十年來，正是因為始終在黨的領導下，集中力量辦大事，國家統一有效組織各項事業、開展各項工作，才能成功應對一系列重大風險挑戰、克服無數艱難險阻，始終沿着正確方向穩步前進。二是保證人民當家作主的優勢。我們國家的名稱，我們各級國家機關的名稱，都冠以「人民」的稱號，這是我國社會主義國家政權的基本定位。我國國家制度深深植根於人民之中，能夠有效體現人民意志、保障人民權益、激發人民創造力。三是堅持全面依法治國的優勢。堅持依法治國，堅持法治國家、法治政府、法治社會一體建設，為解放和增強社會活力、促進社會公平正義、維護社會和諧穩定、確保黨和國家長治久安發揮了重要作用。四是實行民主集中制的優勢。民主集中制是我國國家組織形式和活動方式的基本原則，是我國國家制度的突出特點。在黨的領導下，各國家機關是一個統一整體，既合理分工，又密切協作，既充分發揚民主，又有效進行集中，克服了議而不決、決而不行、行而不實等不良現象，避免了相互掣肘、效率低下的弊端。

衡量一個社會制度是否科學、是否先進，主要看是否符合國

情、是否有效管用、是否得到人民擁護。中國特色社會主義國家制度和法律制度是一套行得通、真管用、有效率的制度體系。

當今世界正面臨百年未有之大變局，國與國的競爭日益激烈，歸根結底是國家制度的競爭。中國發展呈現出「風景這邊獨好」的局面，這其中很重要的原因就是我國國家制度和法律制度具有顯著優越性和強大生命力。這是我們堅定「四個自信」的一個基本依據。

第三，中國特色社會主義國家制度和法律制度需要堅持好、實施好，也需要不斷完善和發展。早在一九四九年，毛澤東同志就說過：「中共二十八年，再加二十九年、三十年兩年，完成全國革命任務，這是劖地基，花了三十年。但是起房子，這個任務要幾十年工夫。」一九九二年，鄧小平同志曾經指出：「恐怕再有三十年的時間，我們才會在各方面形成一整套更加成熟、更加定型的制度。」我在黨的十九大報告中提出從二〇二〇年到本世紀中葉分兩個階段來安排的戰略部署，提出制度建設的目標是：到二〇三五年「各方面制度更加完善，國家治理體系和治理能力現代化基本實現」，到本世紀中葉「實現國家治理體系和治理能力現代化」。

我們要在堅持好、鞏固好已經建立起來並經過實踐檢驗的根本制度、基本制度、重要制度的前提下，堅持從我國國情出發，繼續加強制度創新，加快建立健全國家治理急需的制度、滿足人民日益增長的美好生活需要必備的制度。要及時總結實踐中的好經驗好做法，成熟的經驗和做法可以上升為制度、轉化為法律。我們要積極吸收借鑒人類制度文明有益成果，但決不能動搖或放棄我國制度的

根基。

「縱有良法美意，非其人而行之，反成弊政。」制度的生命力在於執行。現在，有的人對制度缺乏敬畏，根本不按制度行事，甚至隨意更改制度；有的人千方百計鑽制度空子、打擦邊球；有的人不敢也不願遵守制度，極力逃避制度的約束和監管；等等。要強化制度執行力，加強制度執行的監督，切實把我國制度優勢轉化為治理效能。各級黨委和政府以及領導幹部要增強制度意識，善於在制度的軌道上推進各項事業。廣大黨員、幹部要做制度執行的表率，引領全社會增強制度意識，自覺維護制度權威。

要加強對中國特色社會主義國家制度和法律制度的理論研究，總結七十年來我國制度建設的成功經驗，構築中國制度建設理論的學術體系、理論體系、話語體系，為堅定制度自信提供理論支撐。要加強制度宣傳教育，特別是要加強對青少年的制度教育，引導人們充分認識我們已經走出了建設中國特色社會主義制度的成功之路，只要我們沿着這條道路繼續前進，就一定能夠實現國家治理體系和治理能力現代化。要結合新中國成立七十週年系列慶祝活動，講好中國制度故事，擴大中國制度的影響力和感召力，增進國際社會對我國制度的認識和認同。

在全國民族團結進步表彰大會上的講話

（二〇一九年九月二十七日）

同志們，朋友們：

在中華人民共和國成立七十週年前夕，我們隆重召開全國民族團結進步表彰大會。首先，我代表黨中央、國務院，向受到表彰的模範集體和個人，表示熱烈的祝賀！向全國民族工作戰線的同志們，向關心和支持民族團結進步事業的各方面人士，表示誠摯的問候！希望受到表彰的同志們珍惜榮譽、發揚成績，為不斷鞏固和發展中華民族大團結再立新功！

七十年前，我國各族人民在中國共產黨領導下，共同締造了新中國。我們黨創造性地把馬克思主義民族理論同中國民族問題具體實際相結合，走出一條中國特色解決民族問題的正確道路，確立了黨的民族理論和民族政策，把民族平等作為立國的根本原則之一，確立了民族區域自治制度，各族人民在歷史上第一次真正獲得了平等的政治權利、共同當家做了主人，終結了舊中國民族壓迫、紛爭的痛苦歷史，開闢了發展各民族平等團結互助和諧關係的新紀元。我們全力幫助少數民族和民族地區加快發展，保護和傳承各民族優秀傳統文化，少數民族群眾生活和民族地區經濟社會發展獲得了歷史上前所未有的進步。

　　黨的十八大以來，黨中央就民族工作作出一系列重大決策部署，推動我國民族團結進步事業取得了新的歷史性成就。七年來，我十幾次到民族地區調研，在雪域高原、天山南北，在祖國北疆、西南邊陲，親眼看到了民族地區面貌日新月異、少數民族群眾生活蒸蒸日上。七年來，民族地區累計減貧二千五百多萬人，貧困發生率從百分之二十一下降到百分之四。七年來，我多次同各族群眾面對面交流，收到了各族群眾許多來信。中華民族一家親、同心共築中國夢，這是新時代我國民族團結進步事業的生動寫照，也是新時代民族工作創新推進的鮮明特徵。

　　七十年滄海桑田、波瀾壯闊，少數民族的面貌、民族地區的面貌、民族關係的面貌、中華民族的面貌都發生了翻天覆地的歷史性巨變。

　　七十年的成就值得自豪，七十年的經驗尤須銘記。我們堅持準確把握我國統一的多民族國家的基本國情，把維護國家統一和民族團結作為各民族最高利益；堅持馬克思主義民族理論中國化，堅定走中國特色解決民族問題的正確道路；堅持和完善民族區域自治制度，做到統一和自治相結合、民族因素和區域因素相結合；堅持促進各民族交往交流交融，不斷鑄牢中華民族共同體意識；堅持加快少數民族和民族地區發展，不斷滿足各族群眾對美好生活的嚮往；堅持文化認同是最深層的認同，構築中華民族共有精神家園；堅持各民族在法律面前一律平等，用法律保障民族團結；堅持在繼承中發展、在發展中創新，使黨的民族政策既一脈相承又與時俱進；堅

持加強黨對民族工作的領導，不斷健全推動民族團結進步事業發展的體制機制。

同志們、朋友們！

我們偉大的祖國，幅員遼闊，文明悠久，中華民族多元一體是先人們留給我們的豐厚遺產，也是我國發展的巨大優勢。

——我們遼闊的疆域是各民族共同開拓的。「邦畿千里，維民所止。」各族先民胼手胝足、披荊斬棘，共同開發了祖國的錦繡河山。自古以來，中原和邊疆人民就是你來我往、頻繁互動。特別是自秦代以來，既有漢民屯邊，又有邊民內遷，歷經幾次民族大融合，各民族你中有我、我中有你，共同開拓着腳下的土地。秦代設置南海郡、桂林郡管理嶺南地區，漢代設立西域都護府統轄新疆，唐代創設了八百多個羈縻州府經略邊疆，元代設宣政院管理西藏，明代清代在西南地區改土歸流，歷朝歷代的各族人民都對今日中國疆域的形成作出了重要貢獻。今天，九百六十多萬平方公里的國土富饒遼闊，這是各族先民留給我們的神聖故土，也是中華民族賴以生存發展的美麗家園。

——我們悠久的歷史是各民族共同書寫的。早在先秦時期，我國就逐漸形成了以炎黃華夏為凝聚核心、「五方之民」共天下的交融格局。秦國「書同文，車同軌，量同衡」，開啟了中國統一的多民族國家發展的歷程。此後，無論哪個民族入主中原，都以統一天下為己任，都以中華文化的正統自居。分立如南北朝，都自詡中華正統；對峙如宋遼夏金，都被稱為「桃花石」；統一如秦漢、隋唐、元

明清，更是「六合同風，九州共貫」。秦漢雄風、大唐氣象、康乾盛世，都是各民族共同鑄就的歷史。今天，我們實現中國夢，就要緊緊依靠各族人民的力量。

——我們燦爛的文化是各民族共同創造的。中華文化是各民族文化的集大成。我國各民族創作了詩經、楚辭、漢賦、唐詩、宋詞、元曲、明清小說等偉大作品，傳承了格薩爾王、瑪納斯、江格爾等震撼人心的偉大史詩，建設了萬里長城、都江堰、大運河、故宮、布達拉宮、坎兒井等偉大工程。中華文化之所以如此精彩紛呈、博大精深，就在於它兼收並蓄的包容特性。展開歷史長卷，從趙武靈王胡服騎射，到北魏孝文帝漢化改革；從「洛陽家家學胡樂」到「萬里羌人盡漢歌」；從邊疆民族習用「上衣下裳」、「雅歌儒服」，到中原盛行「上衣下褲」、胡衣胡帽，以及今天隨處可見的舞獅、胡琴、旗袍等，展現了各民族文化的互鑒融通。各族文化交相輝映，中華文化歷久彌新，這是今天我們強大文化自信的根源。

——我們偉大的精神是各民族共同培育的。在歷史長河中，農耕文明的勤勞質樸、崇禮親仁，草原文明的熱烈奔放、勇猛剛健，海洋文明的海納百川、敢拚會贏，源源不斷注入中華民族的特質和稟賦，共同熔鑄了以愛國主義為核心的偉大民族精神。昭君出塞、文成公主進藏、涼州會盟、瓦氏夫人抗倭、土爾扈特萬里東歸、錫伯族萬里戍邊等就是這樣的歷史佳話。近代以後，面對亡國滅種的空前危機，各族人民共禦外侮、同赴國難，拋頭顱、灑熱血，共同書寫了中華民族艱苦卓絕、氣壯山河的偉大史詩。其中湧現出一大

批少數民族的衛國英烈、建黨先驅、工農運動領袖、抗日英雄、開國將領，為民族獨立和人民解放作出了不可磨滅的歷史貢獻。「人心所歸，惟道與義。」在百年抗爭中，各族人民血流到了一起、心聚在了一起，共同體意識空前增強，中華民族實現了從自在到自覺的偉大轉變。中華民族精神是各族人民共同培育、繼承、發展起來的，已深深融進了各族人民的血液和靈魂，成為推動中國發展進步的強大精神動力。

一部中國史，就是一部各民族交融匯聚成多元一體中華民族的歷史，就是各民族共同締造、發展、鞏固統一的偉大祖國的歷史。各民族之所以團結融合，多元之所以聚為一體，源自各民族文化上的兼收並蓄、經濟上的相互依存、情感上的相互親近，源自中華民族追求團結統一的內生動力。正因為如此，中華文明才具有無與倫比的包容性和吸納力，才可久可大、根深葉茂。

同志們、朋友們！

中國特色社會主義進入新時代，中華民族迎來了歷史上最好的發展時期。同時，面對複雜的國內外形勢，我們更要團結一致、凝聚力量，確保中國發展的巨輪勝利前進。

各族人民親如一家，是中華民族偉大復興必定要實現的根本保證。實現中華民族偉大復興的中國夢，就要以鑄牢中華民族共同體意識為主線，把民族團結進步事業作為基礎性事業抓緊抓好。我們要全面貫徹黨的民族理論和民族政策，堅持共同團結奮鬥、共同繁榮發展，促進各民族像石榴籽一樣緊緊擁抱在一起，推動中華民族

走向包容性更強、凝聚力更大的命運共同體。

第一，堅持黨的領導，團結帶領各族人民堅定走中國特色社會主義道路。實踐證明，只有中國共產黨才能實現中華民族的大團結，只有中國特色社會主義才能凝聚各民族、發展各民族、繁榮各民族。我們要堅持黨的領導，不忘初心、牢記使命，堅持走中國特色解決民族問題的正確道路，堅持和完善民族區域自治制度，加強黨的民族理論和民族政策學習以及民族團結教育，以鑄牢中華民族共同體意識為主線做好各項工作，把各族幹部群眾的思想和行動統一到黨中央決策部署上來，不斷增強各族群眾對偉大祖國、中華民族、中華文化、中國共產黨、中國特色社會主義的認同。

第二，把各族人民對美好生活的嚮往作為奮鬥目標，確保少數民族和民族地區同全國一道實現全面小康和現代化。中華民族是一個大家庭，一家人都要過上好日子。沒有民族地區的全面小康和現代化，就沒有全國的全面小康和現代化。我們要加快少數民族和民族地區發展，推進基本公共服務均等化，提高把「綠水青山」轉變為「金山銀山」的能力，讓改革發展成果更多更公平惠及各族人民，不斷增強各族人民的獲得感、幸福感、安全感。要完善差別化的區域政策，優化轉移支付和對口支援機制，實施好促進民族地區和人口較少民族發展、興邊富民行動等規劃，謀劃好「十四五」時期少數民族和民族地區發展，讓各族人民共創美好未來、共享中華民族新的光榮和夢想。

第三，以社會主義核心價值觀為引領，構建各民族共有精神家

園。文化是一個民族的魂魄,文化認同是民族團結的根脈。各民族在文化上要相互尊重、相互欣賞,相互學習、相互借鑒。在各族群眾中加強社會主義核心價值觀教育,牢固樹立正確的祖國觀、民族觀、文化觀、歷史觀,對構築各民族共有精神家園、鑄牢中華民族共同體意識至關重要。要以此為引領,推動各民族文化的傳承保護和創新交融,樹立和突出各民族共享的中華文化符號和中華民族形象,增強各族群眾對中華文化的認同。要搞好民族地區各級各類教育,全面加強國家通用語言文字教育,不斷提高各族群眾科學文化素質。要把加強青少年的愛國主義教育擺在更加突出的位置,把愛我中華的種子埋入每個孩子的心靈深處。要牢牢把握輿論主動權和主導權,讓互聯網成為構築各民族共有精神家園、鑄牢中華民族共同體意識的最大增量。

第四,高舉中華民族大團結的旗幟,促進各民族交往交流交融。七十年來特別是改革開放以來,各民族在社會生活中緊密聯繫的廣度和深度前所未有,我國大散居、小聚居、交錯雜居的民族人口分佈格局不斷深化,呈現出大流動、大融居的新特點。我們要順應這種形勢,出台有利於構建互嵌式社會結構的政策舉措和體制機制,完善少數民族流動人口服務管理體系,促進各民族共建美好家園、共創美好未來。要把民族團結進步創建全面深入持久開展起來,創新方式載體,推動進機關、進企業、進社區、進鄉鎮、進學校、進連隊、進宗教活動場所等。大漢族主義和地方民族主義都是民族團結的大敵,要堅決反對。

　　第五，依法治理民族事務，確保各族公民在法律面前人人平等。要全面貫徹落實民族區域自治法，健全民族工作法律法規體系，依法保障各民族合法權益。要堅持一視同仁、一斷於法，依法妥善處理涉民族因素的案事件，保證各族公民平等享有權利、平等履行義務，確保民族事務治理在法治軌道上運行。對各種滲透顛覆破壞活動、暴力恐怖活動、民族分裂活動、宗教極端活動，要嚴密防範、堅決打擊。

　　做好新形勢下民族工作，必須加強黨對民族工作的領導。各級黨委要把民族工作擺上重要議事日程，把懂不懂民族工作、會不會搞民族團結作為考察領導幹部的重要內容。要加強民族領域基礎理論問題和重大現實問題研究，創新中國特色社會主義民族理論政策的話語體系，提升在國際上的影響力和感召力。要夯實基層基礎，推動黨政機關、企事業單位、民主黨派、人民團體一起做好民族工作。要重視民族工作幹部隊伍建設，大力培養選拔少數民族幹部和各類人才，支持民族工作部門更好履職盡責。

　　同志們、朋友們！

　　實現中華民族偉大復興，需要各民族手挽着手、肩並着肩，共同努力奮鬥。讓我們更加緊密地團結在黨中央周圍，團結一心，開拓進取，為推進我國民族團結進步事業，為實現「兩個一百年」奮鬥目標、實現中華民族偉大復興的中國夢而繼續奮鬥！

堅持和完善中國特色社會主義制度、推進國家治理體系和治理能力現代化 *

（二〇一九年十月三十一日）

這次全會聽取了中央政治局工作報告，分析了當前形勢和任務，審議通過了《中共中央關於堅持和完善中國特色社會主義制度、推進國家治理體系和治理能力現代化若干重大問題的決定》，圓滿完成了各項議程。

堅持和完善中國特色社會主義制度、推進國家治理體系和治理能力現代化，是關係黨和國家事業興旺發達、國家長治久安、人民幸福安康的重大問題。黨中央決定用一次全會就這個重大問題進行研究部署，是從政治上、全局上、戰略上全面考量，立足當前、着眼長遠作出的重大決策。這次全會通過的決定，全面回答了在我國國家制度和國家治理體系上應該堅持和鞏固什麼、完善和發展什麼這個重大政治問題，是一篇馬克思主義的綱領性文獻，也是一篇馬克思主義的政治宣言書。全黨要把思想和行動統一到全會精神上來，把學習貫徹全會精神作為一項重要政治任務抓好抓實。

下面，我代表中央政治局，就學習貫徹全會精神講幾點意見。

---

* 這是習近平同志在中共十九屆四中全會第二次全體會議上講話的一部分。

一、堅定中國特色社會主義制度自信

古人說：「凡將立國，制度不可不察也。」制度優勢是一個國家的最大優勢，制度競爭是國家間最根本的競爭。制度穩則國家穩。新中國成立七十年來，中華民族之所以能迎來從站起來、富起來到強起來的偉大飛躍，最根本的是因為黨領導人民建立和完善了中國特色社會主義制度，形成和發展了黨的領導和經濟、政治、文化、社會、生態文明、軍事、外事等各方面制度，不斷加強和完善國家治理。

一個國家選擇什麼樣的國家制度和國家治理體系，是由這個國家的歷史文化、社會性質、經濟發展水平決定的。中國特色社會主義制度和國家治理體系不是從天上掉下來的，而是在中國的社會土壤中生長起來的，是經過革命、建設、改革長期實踐形成的，是馬克思主義基本原理同中國具體實際相結合的產物，是理論創新、實踐創新、制度創新相統一的成果，凝結着黨和人民的智慧，具有深刻的歷史邏輯、理論邏輯、實踐邏輯。

第一，中國特色社會主義制度和國家治理體系具有深厚的歷史底蘊。在幾千年的歷史演進中，中華民族創造了燦爛的古代文明，形成了關於國家制度和國家治理的豐富思想，包括大道之行、天下為公的大同理想，六合同風、四海一家的大一統傳統，德主刑輔、以德化人的德治主張，民貴君輕、政在養民的民本思想，等貴賤均貧富、損有餘補不足的平等觀念，法不阿貴、繩不撓曲的正義追

求，孝悌忠信、禮義廉恥的道德操守，任人唯賢、選賢與能的用人標準，周雖舊邦、其命維新的改革精神，親仁善鄰、協和萬邦的外交之道，以和為貴、好戰必亡的和平理念，等等。這些思想中的精華是中華優秀傳統文化的重要組成部分，也是中華民族精神的重要內容。馬克思主義傳入中國後，科學社會主義的主張受到中國人民熱烈歡迎，並最終扎根中國大地、開花結果，決不是偶然的，而是同我國傳承了幾千年的優秀歷史文化和廣大人民日用而不覺的價值觀念融通的。馬克思對我國古代農民起義提出的具有社會主義因素的革命口號有過敏銳的觀察。他說，「中國社會主義之於歐洲社會主義，也許就像中國哲學與黑格爾哲學一樣」。

中國在人類發展史上曾經長期處於領先地位，自古以來逐步形成了一整套包括朝廷制度、郡縣制度、土地制度、稅賦制度、科舉制度、監察制度、軍事制度等各方面制度在內的國家制度和國家治理體系，為周邊國家和民族所學習和模仿。進入近代以後，封建統治腐朽無能，帝國主義列強入侵，導致中國逐步成為半殖民地半封建社會，統治中國幾千年的君主專制制度陷入全面危機。面對日益深重的政治危機和民族危機，無數仁人志士為改變中國前途命運，開始探尋新的國家制度和國家治理體系，嘗試了君主立憲制、議會制、多黨制、總統制等各種制度模式，但都以失敗而告終。

只有在中國共產黨成立後，中國人民和中華民族才找到了實現民族獨立、人民解放和國家富強、人民幸福的正確道路。新民主主義革命時期，我們黨團結帶領人民在根據地創建人民政權，探索建

立新民主主義經濟、政治、文化制度，為新中國建立人民當家作主的新型國家制度積累了寶貴經驗。奪取全國政權後，我們黨團結帶領人民制定《共同綱領》、一九五四年憲法，確定了國體、政體、國家結構形式，建立了國家政權組織體系。我們黨進而團結帶領人民進行社會主義改造，確立了社會主義基本制度，成功實現了中國歷史上最深刻最偉大的社會變革，為當代中國一切發展進步奠定了根本政治前提和制度基礎。改革開放以來，我們黨團結帶領人民開創了中國特色社會主義，不斷完善中國特色社會主義制度和國家治理體系，使當代中國煥發出前所未有的生機活力。

總起來說，中國特色社會主義制度和國家治理體系是以馬克思主義為指導、植根中國大地、具有深厚中華文化根基、深得人民擁護的制度和治理體系，是黨和人民長期奮鬥、接力探索、歷盡千辛萬苦、付出巨大代價取得的根本成就，我們必須倍加珍惜，毫不動搖堅持、與時俱進發展。

第二，中國特色社會主義制度和國家治理體系具有多方面的顯著優勢。全會系統總結我國國家制度和國家治理體系的發展成就和顯著優勢，目的就是推動全黨全國各族人民堅定制度自信，使我國國家制度和國家治理體系多方面的顯著優勢更加充分地發揮出來。長期保持並不斷增強這些優勢，是我們在新時代堅持和完善中國特色社會主義制度、推進國家治理體系和治理能力現代化的努力方向。

看一個制度好不好、優越不優越，要從政治上、大的方面去評判和把握。鄧小平同志一九八〇年在《黨和國家領導制度的改革》

中說過，「我們進行社會主義現代化建設，是要在經濟上趕上發達的資本主義國家，在政治上創造比資本主義國家的民主更高更切實的民主，並且造就比這些國家更多更優秀的人才」，「黨和國家的各種制度究竟好不好，完善不完善，必須用是否有利於實現這三條來檢驗」。二〇一四年，我在慶祝全國人民代表大會成立六十週年大會上也說過：「評價一個國家政治制度是不是民主的、有效的，主要看國家領導層能否依法有序更替，全體人民能否依法管理國家事務和社會事務、管理經濟和文化事業，人民群眾能否暢通表達利益要求，社會各方面能否有效參與國家政治生活，國家決策能否實現科學化、民主化，各方面人才能否通過公平競爭進入國家領導和管理體系，執政黨能否依照憲法法律規定實現對國家事務的領導，權力運用能否得到有效制約和監督。」

我國國家制度和國家治理體系之所以具有多方面的顯著優勢，很重要的一點就在於我們黨在長期實踐探索中，堅持把馬克思主義基本原理同中國具體實際相結合，把開拓正確道路、發展科學理論、建設有效制度有機統一起來，用中國化的馬克思主義、發展着的馬克思主義指導國家制度和國家治理體系建設，不斷深化對共產黨執政規律、社會主義建設規律、人類社會發展規律的認識，及時把成功的實踐經驗轉化為制度成果，使我國國家制度和國家治理體系既體現了科學社會主義基本原則，又具有鮮明的中國特色、民族特色、時代特色。

始終代表最廣大人民根本利益，保證人民當家作主，體現人民

共同意志，維護人民合法權益，是我國國家制度和國家治理體系的本質屬性，也是我國國家制度和國家治理體系有效運行、充滿活力的根本所在。我國國家制度和國家治理體系始終着眼於實現好、維護好、發展好最廣大人民根本利益，着力保障和改善民生，使改革發展成果更多更公平惠及全體人民，因而可以有效避免出現黨派紛爭、利益集團偏私、少數政治「精英」操弄等現象，具有無可比擬的先進性。

我們從來不排斥任何有利於中國發展進步的他國國家治理經驗，而是堅持以我為主、為我所用，去其糟粕、取其精華。比如，在社會主義建設時期，我國國家制度和國家治理體系就借鑒吸收了蘇聯的許多有益經驗。改革開放以來，我們不斷擴大對外開放，把社會主義制度和市場經濟有機結合起來，既充分發揮市場在資源配置中的決定性作用，又更好發揮政府作用，極大解放和發展了社會生產力，極大解放和增強了社會活力。

科學社會主義和空想社會主義的一大區別，就在於它不是一成不變的教條，而是把社會主義看作一個不斷完善和發展的實踐過程。「文化大革命」結束後，鄧小平同志說過：「我們的黨和人民浴血奮鬥多年，建立了社會主義制度。儘管這個制度還不完善，又遭受了破壞，但是無論如何，社會主義制度總比弱肉強食、損人利己的資本主義制度好得多。我們的制度將一天天完善起來，它將吸收我們可以從世界各國吸收的進步因素，成為世界上最好的制度。這是資本主義所絕對不可能做到的。」四十多年的改革開放有力推動

中國特色社會主義制度和國家治理體系在革除體制機制弊端的過程中不斷走向成熟，特別是黨的十八大以來，我們全面深化改革，充分顯示出我國國家制度和國家治理體系的強大自我完善能力。可以預期，隨着全面深化改革向縱深推進，我國國家制度和國家治理體系必將在國際競爭中贏得更大的比較優勢，展現出更為旺盛的生機活力。

第三，中國特色社會主義制度和國家治理體系具有豐富的實踐成果。「聽言不如觀事，觀事不如觀行。」我國國家制度和國家治理體系管不管用、有沒有效，實踐是最好的試金石。新中國成立七十年來，我們黨領導人民創造了世所罕見的兩大奇蹟。一是經濟快速發展奇蹟。我國大踏步趕上時代，用幾十年時間走完了發達國家幾百年走過的工業化進程，躍升為世界第二大經濟體，綜合國力、科技實力、國防實力、文化影響力、國際影響力顯著提升，人民生活顯著改善，中華民族以嶄新姿態屹立於世界的東方。二是社會長期穩定奇蹟。我國長期保持社會和諧穩定、人民安居樂業，成為國際社會公認的最有安全感的國家之一。可以說，在人類文明發展史上，除了中國特色社會主義制度和國家治理體系外，沒有任何一種國家制度和國家治理體系能夠在這樣短的歷史時期內創造出我國取得的經濟快速發展、社會長期穩定這樣的奇蹟。

我們既要堅持好、鞏固好經過長期實踐檢驗的我國國家制度和國家治理體系，又要完善好、發展好我國國家制度和國家治理體系，不斷把我國制度優勢更好轉化為國家治理效能。

　　我反覆講，鞋子合不合腳，只有穿的人才知道。中國特色社會主義制度好不好、優越不優越，中國人民最清楚，也最有發言權。我們在這個重大政治問題上一定要有定力、有主見，決不能自失主張、自亂陣腳。全黨同志特別是各級領導幹部做政治上的明白人，很重要的一條就是任何時候任何情況下都要堅定中國特色社會主義道路自信、理論自信、制度自信、文化自信，真正做到「千磨萬擊還堅勁，任爾東西南北風」。

二、抓好全會精神貫徹落實

　　這次全會對堅持和完善中國特色社會主義制度、推進國家治理體系和治理能力現代化作出了全面部署，提出了明確要求。我們要科學謀劃、精心組織，遠近結合、整體推進，確保全會確定的各項目標任務全面落實到位。要抓好三件事，一是堅持和鞏固，二是完善和發展，三是遵守和執行。

　　第一，毫不動搖堅持和鞏固中國特色社會主義制度。中國特色社會主義制度是一個嚴密完整的科學制度體系，起四樑八柱作用的是根本制度、基本制度、重要制度，其中具有統領地位的是黨的領導制度。黨的領導制度是我國的根本領導制度。黨的十八大以來，我們鮮明提出：「中國特色社會主義最本質的特徵是中國共產黨領導，中國特色社會主義制度的最大優勢是中國共產黨領導，黨是最高政治領導力量。」這次全會強調：「必須堅持黨政軍民學、東西南

北中，黨是領導一切的，堅決維護黨中央權威，健全總攬全局、協調各方的黨的領導制度體系，把黨的領導落實到國家治理各領域各方面各環節。」這是黨領導人民進行革命、建設、改革最可寶貴的經驗。我們推進各方面制度建設、推動各項事業發展、加強和改進各方面工作，都必須堅持黨的領導，自覺貫徹黨總攬全局、協調各方的根本要求。

這次全會總結實踐經驗，在我們黨已經明確的根本制度、基本制度、重要制度的基礎上作出一些新的概括，比如，把社會主義基本經濟制度確定為「公有制為主體、多種所有制經濟共同發展，按勞分配為主體、多種分配方式並存，社會主義市場經濟體制等社會主義基本經濟制度」，明確提出「堅持馬克思主義在意識形態領域指導地位的根本制度」，對中國特色社會主義法治體系、中國特色社會主義行政體制、繁榮發展社會主義先進文化的制度、統籌城鄉的民生保障制度、共建共治共享的社會治理制度、生態文明制度體系、黨對人民軍隊的絕對領導制度、「一國兩制」制度體系、黨和國家監督體系等也進一步作出闡述。

中國特色社會主義根本制度、基本制度、重要制度，是對黨和國家各方面事業作出的制度安排。我們無論是編制發展規劃、推進法治建設、制定政策措施，還是部署各項工作，都要遵照這些制度，不能有任何偏差。我們講領導幹部特別是高級幹部要增強政治敏銳性和政治鑒別力、提高政治能力，很重要的一條就是必須堅定不移堅持這些制度，想問題、作決策、抓落實都要自覺對標對表。

涉及方向性問題，必須以這些制度為準星。涉及制度層面的大是大非問題，必須旗幟鮮明、立場堅定，不能有絲毫含糊。各級黨委（黨組）發揮領導、把關作用，關鍵就是看所領導的地方、部門、單位在各項工作中是否執行和落實了這些制度。真正執行和落實了，方向上就沒有問題，政治上就不會出問題。

第二，與時俱進完善和發展中國特色社會主義制度和國家治理體系。「萬物得其本者生，百事得其道者成。」隨着中國特色社會主義進入新時代，我國發展處於新的歷史方位，我國社會主要矛盾已經轉化為人民日益增長的美好生活需要和不平衡不充分的發展之間的矛盾，我國國家治理面臨許多新任務新要求，必然要求中國特色社會主義制度和國家治理體系更加完善、不斷發展。

制度更加成熟、更加定型是一個動態過程，治理能力現代化也是一個動態過程，不可能一蹴而就，也不可能一勞永逸。我們提出的國家制度和國家治理體系建設的目標必須隨着實踐發展而與時俱進，既不能過於理想化、急於求成，也不能盲目自滿、故步自封。

宋代蘇軾在《思治論》中說：「犯其至難而圖其至遠。」意思是，向最難之處攻堅，追求最遠大的目標。這次全會提出的目標和任務，很多都是我國國家制度和國家治理體系建設中的空白點和薄弱點，具有鮮明的問題導向。在實際工作中，必須突出堅持和完善支撐中國特色社會主義制度的根本制度、基本制度、重要制度，着力固根基、揚優勢、補短板、強弱項，構建系統完備、科學規範、運行有效的制度體系。

　　貫徹落實全會精神，必須緊密結合已經部署的各項改革任務，形成一體推動、一體落實的有效工作機制。既要排查梳理之前各項改革任務的完成情況，已經完成的要鞏固深化，尚未完成的要繼續推進，又要把這次全會部署的任務及時納入工作日程，實現有機銜接和貫通，確保取得扎扎實實的成效。

　　各級黨委（黨組）要在黨中央統一領導下，緊密結合本地區本部門本單位實際，推進制度創新和治理能力建設，抓緊就黨中央明確的國家治理急需的制度、滿足人民對美好生活新期待必備的制度進行研究和部署。要鼓勵基層大膽創新、大膽探索，及時對基層創造的行之有效的治理理念、治理方式、治理手段進行總結和提煉，不斷推動各方面制度完善和發展。需要強調的是，各地區各部門各單位進行制度創新和治理能力建設既要積極主動，又要遵循黨中央統一部署和國家法律制度規定，不能不講規制，不能不守章法，更不能草率行事，關鍵是把全會確定的目標任務落到實處。

　　第三，嚴格遵守和執行制度。制度的生命力在於執行。有的人對制度缺乏敬畏，根本不按照制度行事，甚至隨意更改制度；有的人千方百計鑽制度空子、打擦邊球；有的人不敢也不願遵守制度，甚至極力逃避制度的監管；等等。因此，必須強化制度執行力，加強對制度執行的監督。

　　各級黨委和政府以及各級領導幹部要切實強化制度意識，帶頭維護制度權威，做制度執行的表率，確保黨和國家重大決策部署、重大工作安排都按照制度要求落到實處，切實防止各自為政、

標準不一、寬嚴失度等問題的發生，充分發揮制度指引方向、規範行為、提高效率、維護穩定、防範化解風險的重要作用。要構建全覆蓋的制度執行監督機制，把制度執行和監督貫穿區域治理、部門治理、行業治理、基層治理、單位治理的全過程，堅決杜絕制度執行上做選擇、搞變通、打折扣的現象，嚴肅查處有令不行、有禁不止、陽奉陰違的行為，確保制度時時生威、處處有效。要把提高治理能力作為新時代幹部隊伍建設的重大任務，引導廣大幹部提高運用制度幹事創業能力，嚴格按照制度履行職責、行使權力、開展工作。

各級黨組織特別是黨委宣傳部門要組織開展中國特色社會主義制度宣傳教育，引導全黨全社會充分認識中國特色社會主義制度的本質特徵和優越性，充分認識中國特色社會主義制度和國家治理體系經過長期實踐檢驗，來之不易，必須倍加珍惜；完善和發展我國國家制度和國家治理體系，必須堅持從國情出發、從實際出發，既把握長期形成的歷史傳承，又把握黨和人民在我國國家制度建設和國家治理方面走過的道路、積累的經驗、形成的原則，不能照抄照搬他國制度模式。要把制度自信教育貫穿國民教育全過程，把制度自信的種子播撒進青少年心靈。要積極創新話語體系、提升傳播能力，面向海內外講好中國制度的故事，不斷增強我國國家制度和國家治理體系的說服力和感召力。

各級黨委（黨組）要按照黨中央部署，精心組織好全會精神宣講，有針對性地向廣大幹部群眾做好分層分類宣傳教育，確保全會

精神深入人心。要加強對全會精神貫徹落實情況的監督檢查。中央有關方面要及時掌握各地區各部門相關工作進展情況，適時向黨中央報告。要注意總結各地區各部門貫徹落實全會精神的好做法好經驗。中央深改委要統籌抓好這次全會部署的各項改革任務的落實。

　　同志們！堅持和完善中國特色社會主義制度、推進國家治理體系和治理能力現代化既是一項長期戰略任務，又是一個重大現實課題，我們要增強政治責任感和歷史使命感，堅定信心，保持定力，銳意進取，開拓創新，完成好這次全會確定的各項任務，為實現「兩個一百年」奮鬥目標、實現中華民族偉大復興的中國夢提供有力保證。

人民民主是一種全過程的民主 *

（二〇一九年十一月二日、二〇二一年七月一日）

一

我們走的是一條中國特色社會主義政治發展道路，人民民主是一種全過程的民主，所有的重大立法決策都是依照程序、經過民主醞釀，通過科學決策、民主決策產生的。

（二〇一九年十一月二日在上海市長寧區虹橋街道古北市民中心考察時的講話）

二

以史為鑒、開創未來，必須團結帶領中國人民不斷為美好生活而奮鬥。江山就是人民、人民就是江山，打江山、守江山，守的是人民的心。中國共產黨根基在人民、血脈在人民、力量在人民。中國共產黨始終代表最廣大人民根本利益，與人民休戚與共、生死相依，沒有任何自己特殊的利益，從來不代表任何利益集團、任何權勢團體、任何特權階層的利益。任何想把中國共產黨同中國人民分

---

* 這是習近平同志二〇一九年十一月、二〇二一年七月兩篇講話中有關人民民主是一種全過程的民主內容的節錄。

割開來、對立起來的企圖，都是絕不會得逞的！九千五百多萬中國共產黨人不答應！十四億多中國人民也不答應！

新的征程上，我們必須緊緊依靠人民創造歷史，堅持全心全意為人民服務的根本宗旨，站穩人民立場，貫徹黨的群眾路線，尊重人民首創精神，踐行以人民為中心的發展思想，發展全過程人民民主，維護社會公平正義，着力解決發展不平衡不充分問題和人民群眾急難愁盼問題，推動人的全面發展、全體人民共同富裕取得更為明顯的實質性進展！

（二〇二一年七月一日在慶祝中國共產黨成立一百週年大會上的講話）

二〇二〇年

堅持人民至上 *

（二〇二〇年五月二十二日）

　　中國共產黨根基在人民、血脈在人民。堅持以人民為中心的發展思想，體現了黨的理想信念、性質宗旨、初心使命，也是對黨的奮鬥歷程和實踐經驗的深刻總結。自成立以來，我們黨團結帶領人民進行革命、建設、改革，根本目的就是為了讓人民過上好日子，無論面臨多大挑戰和壓力，無論付出多大犧牲和代價，這一點都始終不渝、毫不動搖。堅持以人民為中心的發展思想，不是一句空洞口號，必須落實到各項決策部署和實際工作之中。

　　第一，堅持人民至上。古人講：「與天下同利者，天下持之；擅天下之利者，天下謀之。」黨章明確規定，我們黨沒有自己特殊的利益，黨在任何時候都把群眾利益放在第一位。這是我們黨作為馬克思主義政黨區別於其他政黨的顯著標誌。在重大疫情面前，我們一開始就鮮明提出把人民生命安全和身體健康放在第一位。我們在全國範圍調集最優秀的醫生、最先進的設備、最急需的資源，全力以赴投入疫病救治，救治費用全部由國家承擔。人民至上、生命至上，保護人民生命安全和身體健康可以不惜一切代價！

---

* 這是習近平同志在參加十三屆全國人大三次會議內蒙古代表團審議時講話的主要部分。

當前，我國外防輸入壓力持續加大，國內疫情反彈的風險始終存在。要繃緊疫情防控這根弦，完善常態化防控機制，確保疫情不出現反彈。

第二，緊緊依靠人民。人民是我們黨執政的最大底氣。在這次疫情防控鬥爭中，在黨中央統一領導下，全國動員、全民參與，聯防聯控、群防群治，構築起最嚴密的防控體系，凝聚起堅不可摧的強大力量。廣大人民群眾識大體、顧大局，自覺配合疫情防控鬥爭大局，形成了疫情防控的基礎性力量。古人說：「能用眾力，則無敵於天下矣；能用眾智，則無畏於聖人矣。」我國社會主義民主是維護人民根本利益的最廣泛、最真實、最管用的民主。我們要堅持人民民主，更好把人民的智慧和力量凝聚到黨和人民事業中來。內蒙古自治區是我國最早成立的民族自治區。希望你們堅持和完善民族區域自治制度，加強各民族交往交流交融，加快民族地區經濟社會發展步伐，繼續在促進各民族團結進步上走在前列。

做好統籌疫情防控和經濟社會發展工作，要緊緊依靠人民。這次疫情給我國經濟社會發展造成了較大衝擊和影響，但我國經濟穩中向好、長期向好的基本面沒有改變。世界上任何事物都有其兩面性，這次疫情是一場危機，但某種程度上也孕育了新的契機。要積極主動作為，在推進重大項目建設、支持市場主體發展、加快產業結構調整、提升基層治理能力等方面推出一些管用舉措，有針對性地部署對高質量發展、高效能治理具有牽引性的重大規劃、重大改革、重大政策，在應對危機中掌握工作主動權、打好發展主動仗。

第三，不斷造福人民。我們推動經濟社會發展，歸根到底是為了不斷滿足人民群眾對美好生活的需要。要始終把人民安居樂業、安危冷暖放在心上，用心用情用力解決群眾關心的就業、教育、社保、醫療、住房、養老、食品安全、社會治安等實際問題，一件一件抓落實，一年接着一年幹，努力讓群眾看到變化、得到實惠。

內蒙古在今年三月已經宣佈所有貧困縣全部摘帽。要鞏固和拓展產業就業扶貧成果，做好易地扶貧搬遷後續扶持，推動脫貧攻堅和鄉村振興有機銜接。受疫情影響，今年穩就業任務十分繁重，要做好高校畢業生、農民工、退役軍人等重點群體就業工作。這次疫情暴露出我們在公共衛生體系等方面還存在一些短板和不足，要抓緊完善重大疫情防控救治體系和公共衛生體系，加強城鄉社區等基層防控能力建設，廣泛開展愛國衛生運動，更好保障人民生命安全和身體健康。

要把為民造福作為最重要的政績。中國共產黨把為民辦事、為民造福作為最重要的政績，把為老百姓辦了多少好事實事作為檢驗政績的重要標準。黨員、幹部特別是領導幹部要清醒認識到，自己手中的權力、所處的崗位，是黨和人民賦予的，是為黨和人民做事用的，只能用來為民謀利。各級領導幹部要樹立正確的權力觀、政績觀、事業觀，不慕虛榮，不務虛功，不圖虛名，切實做到為官一任、造福一方。

比如說，生態環境保護就是為民造福的百年大計。內蒙古生態狀況如何，不僅關係全區各族群眾生存和發展，而且關係華北、

東北、西北乃至全國生態安全。這些年，你們深入實施重點生態工程，深入開展污染防治攻堅戰，推動亮麗內蒙古建設邁出了重要步伐。內蒙古幹部群眾六十多年來堅持不懈治理毛烏素沙地，現在治理率達到百分之七十，生態呈現整體改善態勢，是很了不起的成績！要保持加強生態文明建設的戰略定力，牢固樹立生態優先、綠色發展的導向，着力抓好黃河流域、「一湖兩海」、烏海及周邊地區等重點區域生態環境綜合治理，持續打好藍天、碧水、淨土保衛戰，把祖國北疆這道萬里綠色長城構築得更加牢固。

第四，牢牢植根人民。我們黨要做到長期執政，就必須永遠保持同人民群眾的血肉聯繫，始終同人民群眾想在一起、幹在一起、風雨同舟、同甘共苦。黨的十八大以來，我們一以貫之全面從嚴治黨，堅定不移反對和懲治腐敗，堅持不懈整治「四風」，進行黨的群眾路線教育實踐活動、「不忘初心、牢記使命」主題教育，就是要教育引導廣大黨員、幹部始終同人民群眾同呼吸、共命運、心連心。要堅定不移反對腐敗，堅持不懈反對和克服形式主義、官僚主義，防止發生因脫離群眾而最終失去群眾的現象。

在基層代表座談會上的講話

（二〇二〇年九月十七日）

　　大家好！黨中央決定，下個月在北京召開黨的十九屆五中全會，重點研究國民經濟和社會發展第十四個五年規劃和二〇三五年遠景目標問題並提出建議。為了開好這次全會，黨中央堅持開門問策、集思廣益，以各種方式廣泛聽取各方面意見和建議。

　　這段時間，我到一些地方進行了調研，並相繼主持召開了企業家座談會、黨外人士座談會、扎實推進長三角一體化發展座談會、經濟社會領域專家座談會、科學家座談會，聽取意見和建議。這次利用來湖南考察的機會，請一些基層代表來座談，主要是想當面聽聽大家對「十四五」規劃編制的意見和建議。

　　今年以來，突如其來的新冠肺炎疫情給我們完成「十三五」和今年年初既定的全年目標任務帶來挑戰。我們堅持把人民生命安全和身體健康放在第一位，全力以赴開展疫情防控工作，打響了疫情防控的人民戰爭、總體戰、阻擊戰。在初步控制住疫情蔓延勢頭後，我們及時統籌做好疫情防控和推動復工復產，加快恢復經濟社會秩序。九月八日，我們在北京隆重召開表彰大會，頒授共和國勳章和國家榮譽稱號獎章，表彰抗疫先進個人和先進集體。我在會上作了講話。今年入汛以來，長江流域、淮河流域發生較重汛情，主

要江河湖泊一度處於超警戒水位，一些地方受災嚴重，黨中央及時作出防汛救災部署。在中央有關部門指導和協調下，有關省份包括湖南全力做好防汛救災工作，抓緊災後恢復重建。縱觀世界，我們在疫情防控和經濟恢復上都走在前列。取得這樣的成績，實屬來之不易！

讓我特別感動的是，在各種急難險重任務和風險挑戰面前，廣大人民群眾總是同心同德、齊心協力、頑強奮戰，作出了重大貢獻。黨和國家事業取得勝利都是人民的勝利！人民是真正的英雄！

人民對美好生活的嚮往就是我們的奮鬥目標。好的方針政策和發展規劃都應該順應人民意願、符合人民所思所盼，從群眾中來、到群眾中去。長期以來，我們黨在出台重要方針政策、作出重大決策部署前，都要求有關部門深入基層調查研究，了解和掌握第一手材料。實事求是是我們黨的思想路線的重要內容，早在延安時期，毛澤東同志就強調「共產黨員應是實事求是的模範」，「只有實事求是，才能完成確定的任務」，認為調查研究的方法「第一是眼睛向下，不要只是昂首望天」，「第二是開調查會」。五年規劃編制涉及經濟社會發展方方面面，同人民群眾生產生活息息相關，需要把加強頂層設計和堅持問計於民統一起來，鼓勵廣大人民群眾和社會各界以各種方式建言獻策。

今天參會的基層幹部群眾代表，既有來自農村、社區、企業等方面的，也有來自教育、科技、衛生、政法等戰線的；既有各級黨代會代表、人大代表、政協委員、勞動模範、扶貧幹部，也有新的

社會階層人士、農民工、快遞小哥、網店店主等。大家都處在改革發展和生產一線，參與經濟社會生活最直接，同群眾聯繫最經常，對黨的路線方針政策落地見效感知最真切，提出的意見和建議能夠更加貼近基層實際、反映群眾心聲。

剛才，大家作了很好的發言，開門見山，直截了當，提出了許多好的意見和建議，很鮮活，很接地氣，有利於我們更多了解基層情況。有關方面要認真研究、充分吸收。

前段時間，我們就「十四五」規劃編制開展了網上意見徵求活動，廣大幹部群眾關注度、參與度都很高，很多意見和建議還反饋到了我這裏。平常，我也收到很多群眾的來信。這些意見和建議帶有普遍性，剛才大家也談到了。「十四五」規劃建議要對這些問題作出積極回應。

下面，我談幾點意見。

第一，珍惜發展好局面，鞏固發展好勢頭。「十四五」時期，是我國在全面建成小康社會基礎上開啟全面建設社會主義現代化國家新征程的第一個五年。當前和今後一個時期，我國發展仍然處於重要戰略機遇期，但機遇和挑戰都有新的發展變化。當今世界正經歷百年未有之大變局，新冠肺炎疫情加劇了大變局的演變，國際環境日趨複雜，經濟全球化遭遇逆流，一些國家單邊主義、保護主義盛行，我們必須在一個更加不穩定不確定的世界中謀求我國發展。我國已進入高質量發展階段，經濟發展前景向好，同時發展不平衡不充分問題仍然突出，實現高質量發展還有許多短板弱項。對困難和

挑戰、阻力和變數，我們既不能遮掩迴避、視而不見，也不能驚慌失措、亂了陣腳。我經常講，中華民族偉大復興絕不是輕輕鬆鬆、敲鑼打鼓就能實現的。苦難鑄就輝煌。沒有一個國家、民族的現代化是順順當當實現的。儘管國際國內形勢發生了深刻複雜變化，但我國經濟穩中向好、長期向好的基本面沒有變，我國經濟潛力足、韌性大、活力強、迴旋空間大、政策工具多的基本特點沒有變，我國發展具有的多方面優勢和條件沒有變。我國具有全球最完整、規模最大的工業體系，有強大的生產能力、完善的配套能力，有超大規模內需市場，投資需求潛力巨大。我們要科學分析形勢、把握發展大勢，堅持穩中求進工作總基調，堅持新發展理念，統籌發展和安全，加快形成以國內大循環為主體、國內國際雙循環相互促進的新發展格局。

第二，堅持貫徹以人民為中心的發展思想。民心是最大的政治。我們黨是全心全意為人民服務的黨，堅持立黨為公、執政為民，把人民對美好生活的嚮往作為始終不渝的奮鬥目標。在近百年的奮鬥歷程中，我們黨不僅是這麼說的，也一直是這麼做的。在長征途中，紅軍經過汝城縣文明鄉沙洲村，我們的三位紅軍女戰士把僅有的一條被子剪下半條給鄉親們，留下了「半條被子」的故事。在抗擊新冠肺炎疫情鬥爭中，我們一開始就鮮明提出把人民生命安全和身體健康放在第一位。為了最大限度遏制疫情蔓延，我們在全國範圍調集最優秀的醫生、最先進的設備、最急需的資源，全力以赴投入疫病救治，救治費用全部由國家承擔。謀劃「十四五」時期

發展，要堅持發展為了人民、發展成果由人民共享，努力在推動高質量發展過程中辦好各項民生事業、補齊民生領域短板。要更加聚焦人民群眾普遍關心關注的民生問題，採取更有針對性的措施，一件一件抓落實，一年接着一年幹，讓人民群眾獲得感、幸福感、安全感更加充實、更有保障、更可持續。

第三，加強基層黨組織和基層政權建設。基礎不牢，地動山搖。只有把基層黨組織建設強、把基層政權鞏固好，中國特色社會主義的根基才能穩固。「十四五」時期，要在加強基層基礎工作、提高基層治理能力上下更大功夫。要加強和改進黨對農村基層工作的全面領導，提高農村基層組織建設質量，為鄉村全面振興提供堅強政治和組織保證。要加強和創新基層社會治理，堅持和完善新時代「楓橋經驗」，加強城鄉社區建設，強化網格化管理和服務，完善社會矛盾糾紛多元預防調處化解綜合機制，切實把矛盾化解在基層，維護好社會穩定。

第四，基層代表要更好發揮帶頭作用。全面建成小康社會不是終點，而是新生活、新奮鬥的起點。人民群眾中蘊含着豐富的智慧和無限的創造力。要把廣大基層群眾組織起來、動員起來、凝聚起來，充分激發人民群眾的積極性、主動性、創造性。黨員、幹部要充分發揮先鋒模範作用，人大代表要更加密切聯繫群眾，政協委員要更好聯繫和服務所在界別的群眾，農村致富帶頭人要更加積極發揮先富幫後富的作用，團結凝聚廣大基層群眾為創造更加美好的新生活而努力奮鬥。

最後，我要強調的是，社會主義中國發展到今天，取得的成就不是天上掉下來的，更不是別人恩賜施捨的，而是廣大人民群眾在黨的領導下用勤勞、智慧、勇氣幹出來的！在我們這麼一個有着十四億人口的國家，每個人出一份力就能匯聚成排山倒海的磅礴力量，每個人做成一件事、幹好一件工作，黨和國家事業就能向前推進一步。大家來自基層和生產一線，代表各行各業，要堅定理想信念，注重學習提升，矢志艱苦奮鬥，從一點一滴做起，把小事當大事幹，踏踏實實把正在做的事情做好，靠勤勞雙手成就屬於自己的人生精彩，共同創造我們的幸福生活和美好未來。

切實實現好、維護好、
發展好勞動者合法權益 *

（二〇二〇年十一月二十四日）

　　讓人民群眾過上更加幸福的好日子是我們黨始終不渝的奮鬥目標，實現共同富裕是中國共產黨領導和我國社會主義制度的本質要求。要堅持以人民為中心的發展思想，維護好工人階級和廣大勞動群眾合法權益，解決好就業、教育、社保、醫療、住房、養老、食品安全、生產安全、生態環境、社會治安等問題，不斷提升工人階級和廣大勞動群眾的獲得感、幸福感、安全感。要把穩就業工作擺在更加突出的位置，不斷提高勞動者收入水平，構建多層次社會保障體系，改善勞動安全衛生條件，使廣大勞動者共建共享改革發展成果，以更有效的舉措不斷推進共同富裕。要適應新技術新業態新模式的迅猛發展，採取多種手段，維護好快遞員、網約工、貨車司機等就業群體的合法權益。要建立健全困難群眾幫扶工作機制，把黨和政府的關懷送到困難群眾心坎上，讓他們感受到社會主義大家庭的溫暖。要堅持從群眾多樣化需求出發開展工作，打通服務群眾的新途徑，使服務更直接、更深入、更貼近工人階級和廣大勞動群

眾，以服務群眾實效打動人心、溫暖人心、影響人心、贏得人心。要健全黨政主導的維權服務機制，完善政府、工會、企業共同參與的協商協調機制，健全勞動法律法規體系，為維護工人階級和廣大勞動群眾合法權益提供法律和制度保障。要健全以職工代表大會為基本形式的企事業單位民主管理制度，推進廠務公開，充分發揮廣大職工群眾的積極性、主動性、創造性。

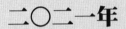

二〇二一年

江山就是人民，人民就是江山[*]

（二〇二一年二月二十日）

　　我們黨來自於人民，黨的根基和血脈在人民。為人民而生，因人民而興，始終同人民在一起，為人民利益而奮鬥，是我們黨立黨興黨強黨的根本出發點和落腳點。

　　我們黨的百年歷史，就是一部踐行黨的初心使命的歷史，就是一部黨與人民心連心、同呼吸、共命運的歷史。大革命失敗後，三十多萬犧牲的革命者中大部分是跟隨我們黨鬧革命的人民群眾；紅軍時期，人民群眾就是黨和人民軍隊的銅牆鐵壁；抗日戰爭時期，我們黨廣泛發動群眾，使日本侵略者陷入了人民戰爭的汪洋大海；淮海戰役勝利是靠老百姓用小車推出來的，渡江戰役勝利是靠老百姓用小船划出來的；社會主義革命和建設的成就是人民群眾幹出來的；改革開放的歷史偉劇是億萬人民群眾主演的。歷史充分證明，江山就是人民，人民就是江山，人心向背關係黨的生死存亡。贏得人民信任，得到人民支持，黨就能夠克服任何困難，就能夠無往而不勝。反之，我們將一事無成，甚至走向衰敗。

　　我們黨的章程開宗明義明確，中國共產黨是中國工人階級的先

---

[*] 這是習近平同志在黨史學習教育動員大會上講話的一部分。

鋒隊,同時是中國人民和中華民族的先鋒隊。黨章也明確規定,黨堅持全心全意為人民服務,在任何時候都把群眾利益放在第一位,同群眾同甘共苦,保持最密切的聯繫。這就要求我們必須堅持尊重社會發展規律和尊重人民歷史主體地位的一致性、為崇高理想奮鬥和為最廣大人民謀利益的一致性、完成黨的各項工作和實現人民利益的一致性,永不脫離群眾,與群眾有福同享、有難同當,有鹽同鹹、無鹽同淡。要教育引導全黨深刻認識黨的性質宗旨,堅持一切為了人民、一切依靠人民,始終把人民放在心中最高位置、把人民對美好生活的嚮往作為奮鬥目標,推動改革發展成果更多更公平惠及全體人民,推動共同富裕取得更為明顯的實質性進展,把十四億中國人民凝聚成推動中華民族偉大復興的磅礴力量。

團結帶領中國人民書寫了中華民族
幾千年歷史上最恢宏的史詩[*]

（二〇二一年七月一日）

中華民族是世界上偉大的民族，有着五千多年源遠流長的文明歷史，為人類文明進步作出了不可磨滅的貢獻。一八四〇年鴉片戰爭以後，中國逐步成為半殖民地半封建社會，國家蒙辱、人民蒙難、文明蒙塵，中華民族遭受了前所未有的劫難。從那時起，實現中華民族偉大復興，就成為中國人民和中華民族最偉大的夢想。

為了拯救民族危亡，中國人民奮起反抗，仁人志士奔走吶喊，太平天國運動、戊戌變法、義和團運動、辛亥革命接連而起，各種救國方案輪番出台，但都以失敗而告終。中國迫切需要新的思想引領救亡運動，迫切需要新的組織凝聚革命力量。

十月革命一聲炮響，給中國送來了馬克思列寧主義。在中國人民和中華民族的偉大覺醒中，在馬克思列寧主義同中國工人運動的緊密結合中，中國共產黨應運而生。中國產生了共產黨，這是開天闢地的大事變，深刻改變了近代以後中華民族發展的方向和進程，深刻改變了中國人民和中華民族的前途和命運，深刻改變了世界發

---

* 這是習近平同志在慶祝中國共產黨成立一百週年大會上講話的一部分。

展的趨勢和格局。

中國共產黨一經誕生，就把為中國人民謀幸福、為中華民族謀復興確立為自己的初心使命。一百年來，中國共產黨團結帶領中國人民進行的一切奮鬥、一切犧牲、一切創造，歸結起來就是一個主題：實現中華民族偉大復興。

——為了實現中華民族偉大復興，中國共產黨團結帶領中國人民，浴血奮戰、百折不撓，創造了新民主主義革命的偉大成就。我們經過北伐戰爭、土地革命戰爭、抗日戰爭、解放戰爭，以武裝的革命反對武裝的反革命，推翻帝國主義、封建主義、官僚資本主義三座大山，建立了人民當家作主的中華人民共和國，實現了民族獨立、人民解放。新民主主義革命的勝利，徹底結束了舊中國半殖民地半封建社會的歷史，徹底結束了舊中國一盤散沙的局面，徹底廢除了列強強加給中國的不平等條約和帝國主義在中國的一切特權，為實現中華民族偉大復興創造了根本社會條件。中國共產黨和中國人民以英勇頑強的奮鬥向世界莊嚴宣告，中國人民站起來了，中華民族任人宰割、飽受欺凌的時代一去不復返了！

——為了實現中華民族偉大復興，中國共產黨團結帶領中國人民，自力更生、發憤圖強，創造了社會主義革命和建設的偉大成就。我們進行社會主義革命，消滅在中國延續幾千年的封建剝削壓迫制度，確立社會主義基本制度，推進社會主義建設，戰勝帝國主義、霸權主義的顛覆破壞和武裝挑釁，實現了中華民族有史以來最為廣泛而深刻的社會變革，實現了一窮二白、人口眾多的東方大國

大步邁進社會主義社會的偉大飛躍，為實現中華民族偉大復興奠定了根本政治前提和制度基礎。中國共產黨和中國人民以英勇頑強的奮鬥向世界莊嚴宣告，中國人民不但善於破壞一個舊世界、也善於建設一個新世界，只有社會主義才能救中國，只有社會主義才能發展中國！

——為了實現中華民族偉大復興，中國共產黨團結帶領中國人民，解放思想、銳意進取，創造了改革開放和社會主義現代化建設的偉大成就。我們實現新中國成立以來黨的歷史上具有深遠意義的偉大轉折，確立黨在社會主義初級階段的基本路線，堅定不移推進改革開放，戰勝來自各方面的風險挑戰，開創、堅持、捍衛、發展中國特色社會主義，實現了從高度集中的計劃經濟體制到充滿活力的社會主義市場經濟體制、從封閉半封閉到全方位開放的歷史性轉變，實現了從生產力相對落後的狀況到經濟總量躍居世界第二的歷史性突破，實現了人民生活從溫飽不足到總體小康、奔向全面小康的歷史性跨越，為實現中華民族偉大復興提供了充滿新的活力的體制保證和快速發展的物質條件。中國共產黨和中國人民以英勇頑強的奮鬥向世界莊嚴宣告，改革開放是決定當代中國前途命運的關鍵一招，中國大踏步趕上了時代！

——為了實現中華民族偉大復興，中國共產黨團結帶領中國人民，自信自強、守正創新，統攬偉大鬥爭、偉大工程、偉大事業、偉大夢想，創造了新時代中國特色社會主義的偉大成就。黨的十八大以來，中國特色社會主義進入新時代，我們堅持和加強黨的全面

領導，統籌推進「五位一體」總體佈局、協調推進「四個全面」戰略佈局，堅持和完善中國特色社會主義制度、推進國家治理體系和治理能力現代化，堅持依規治黨、形成比較完善的黨內法規體系，戰勝一系列重大風險挑戰，實現第一個百年奮鬥目標，明確實現第二個百年奮鬥目標的戰略安排，黨和國家事業取得歷史性成就、發生歷史性變革，為實現中華民族偉大復興提供了更為完善的制度保證、更為堅實的物質基礎、更為主動的精神力量。中國共產黨和中國人民以英勇頑強的奮鬥向世界莊嚴宣告，中華民族迎來了從站起來、富起來到強起來的偉大飛躍，實現中華民族偉大復興進入了不可逆轉的歷史進程！

　　一百年來，中國共產黨團結帶領中國人民，以「為有犧牲多壯志，敢教日月換新天」的大無畏氣概，書寫了中華民族幾千年歷史上最恢宏的史詩。這一百年來開闢的偉大道路、創造的偉大事業、取得的偉大成就，必將載入中華民族發展史冊、人類文明發展史冊！

以鑄牢中華民族共同體意識為主線，
推動新時代黨的民族工作高質量發展 [*]

（二〇二一年八月二十七日）

　　要準確把握和全面貫徹我們黨關於加強和改進民族工作的重要思想，以鑄牢中華民族共同體意識為主線，堅定不移走中國特色解決民族問題的正確道路，構築中華民族共有精神家園，促進各民族交往交流交融，推動民族地區加快現代化建設步伐，提升民族事務治理法治化水平，防範化解民族領域風險隱患，推動新時代黨的民族工作高質量發展，動員全黨全國各族人民為實現全面建成社會主義現代化強國的第二個百年奮鬥目標而團結奮鬥。

　　回顧黨的百年歷程，黨的民族工作取得的最大成就，就是走出了一條中國特色解決民族問題的正確道路。改革開放特別是黨的十八大以來，我們黨強調中華民族大家庭、中華民族共同體、鑄牢中華民族共同體意識等理念，既一脈相承又與時俱進貫徹黨的民族理論和民族政策，積累了把握民族問題、做好民族工作的寶貴經驗，形成了黨關於加強和改進民族工作的重要思想，概括起來有以下方面。一是必須從中華民族偉大復興戰略高度把握新時代黨的民

---

[*] 這是習近平同志在中央民族工作會議上講話的要點。

族工作的歷史方位，以實現中華民族偉大復興為出發點和落腳點，統籌謀劃和推進新時代黨的民族工作。二是必須把推動各民族為全面建設社會主義現代化國家共同奮鬥作為新時代黨的民族工作的重要任務，促進各民族緊跟時代步伐，共同團結奮鬥、共同繁榮發展。三是必須以鑄牢中華民族共同體意識為新時代黨的民族工作的主線，推動各民族堅定對偉大祖國、中華民族、中華文化、中國共產黨、中國特色社會主義的高度認同，不斷推進中華民族共同體建設。四是必須堅持正確的中華民族歷史觀，增強對中華民族的認同感和自豪感。五是必須堅持各民族一律平等，保證各民族共同當家作主、參與國家事務管理，保障各族群眾合法權益。六是必須高舉中華民族大團結旗幟，促進各民族在中華民族大家庭中像石榴籽一樣緊緊抱在一起。七是必須堅持和完善民族區域自治制度，確保黨中央政令暢通，確保國家法律法規實施，支持各民族發展經濟、改善民生，實現共同發展、共同富裕。八是必須構築中華民族共有精神家園，使各民族人心歸聚、精神相依，形成人心凝聚、團結奮進的強大精神紐帶。九是必須促進各民族廣泛交往交流交融，促進各民族在理想、信念、情感、文化上的團結統一，守望相助、手足情深。十是必須堅持依法治理民族事務，推進民族事務治理體系和治理能力現代化。十一是必須堅決維護國家主權、安全、發展利益，教育引導各民族繼承和發揚愛國主義傳統，自覺維護祖國統一、國家安全、社會穩定。十二是必須堅持黨對民族工作的領導，提升解決民族問題、做好民族工作的能力和水平。我們黨關於加強和改進

民族工作的重要思想，是黨的民族工作理論和實踐的智慧結晶，是新時代黨的民族工作的根本遵循，全黨必須完整、準確、全面把握和貫徹。

做好新時代黨的民族工作，要把鑄牢中華民族共同體意識作為黨的民族工作的主線。鑄牢中華民族共同體意識，就是要引導各族人民牢固樹立休戚與共、榮辱與共、生死與共、命運與共的共同體理念。鑄牢中華民族共同體意識是維護各民族根本利益的必然要求，只有鑄牢中華民族共同體意識，構建起維護國家統一和民族團結的堅固思想長城，各民族共同維護好國家安全和社會穩定，才能有效抵禦各種極端、分裂思想的滲透顛覆，才能不斷實現各族人民對美好生活的嚮往，才能實現好、維護好、發展好各民族根本利益。鑄牢中華民族共同體意識是實現中華民族偉大復興的必然要求，只有鑄牢中華民族共同體意識，才能有效應對實現中華民族偉大復興過程中民族領域可能發生的風險挑戰，才能為黨和國家興旺發達、長治久安提供重要思想保證。鑄牢中華民族共同體意識是鞏固和發展平等團結互助和諧社會主義民族關係的必然要求，只有鑄牢中華民族共同體意識，才能增進各民族對中華民族的自覺認同，夯實我國民族關係發展的思想基礎，推動中華民族成為認同度更高、凝聚力更強的命運共同體。鑄牢中華民族共同體意識是黨的民族工作開創新局面的必然要求，只有順應時代變化，按照增進共同性的方向改進民族工作，做到共同性和差異性的辯證統一、民族因素和區域因素的有機結合，才能把新時代黨的民族工作做好做細做

扎實。

　　黨的民族工作創新發展，就是要堅持正確的，調整過時的，更好保障各民族群眾合法權益。要正確把握共同性和差異性的關係，增進共同性、尊重和包容差異性是民族工作的重要原則。要正確把握中華民族共同體意識和各民族意識的關係，引導各民族始終把中華民族利益放在首位，本民族意識要服從和服務於中華民族共同體意識，同時要在實現好中華民族共同體整體利益進程中實現好各民族具體利益，大漢族主義和地方民族主義都不利於中華民族共同體建設。要正確把握中華文化和各民族文化的關係，各民族優秀傳統文化都是中華文化的組成部分，中華文化是主幹，各民族文化是枝葉，根深幹壯才能枝繁葉茂。要正確把握物質和精神的關係，要賦予所有改革發展以彰顯中華民族共同體意識的意義，以維護統一、反對分裂的意義，以改善民生、凝聚人心的意義，讓中華民族共同體牢不可破。

　　鑄牢中華民族共同體意識是新時代黨的民族工作的「綱」，所有工作要向此聚焦。要全面推進中華民族共有精神家園建設，要在黨史、新中國史、改革開放史、社會主義發展史學習教育中，深入總結我們黨百年民族工作的成功經驗，深化對我們黨關於加強和改進民族工作重要思想的研究，加強現代文明教育，深入實施文明創建、公民道德建設、時代新人培育等工程，引導各族群眾在思想觀念、精神情趣、生活方式上向現代化邁進。要推廣普及國家通用語言文字，科學保護各民族語言文字，尊重和保障少數民族語言文字

學習和使用。

要推動各民族共同走向社會主義現代化。要完善差別化區域支持政策，支持民族地區全面深化改革開放，提升自我發展能力。民族地區要立足資源稟賦、發展條件、比較優勢等實際，找準把握新發展階段、貫徹新發展理念、融入新發展格局、實現高質量發展、促進共同富裕的切入點和發力點。要加大對民族地區基礎設施建設、產業結構調整支持力度，優化經濟社會發展和生態文明建設整體佈局，不斷增強各族群眾獲得感、幸福感、安全感。要支持民族地區實現鞏固脫貧攻堅成果同鄉村振興有效銜接，促進農牧業高質高效、鄉村宜居宜業、農牧民富裕富足。要完善沿邊開發開放政策體系，深入推進固邊興邊富民行動。

要促進各民族交往交流交融。要充分考慮不同民族、不同地區的實際，統籌城鄉建設佈局規劃和公共服務資源配置，完善政策舉措，營造環境氛圍，逐步實現各民族在空間、文化、經濟、社會、心理等方面的全方位嵌入。要深入開展民族團結進步創建，着力深化內涵、豐富形式、創新方法。要構建鑄牢中華民族共同體意識宣傳教育常態化機制，納入幹部教育、黨員教育、國民教育體系，搞好社會宣傳教育。

要提升民族事務治理體系和治理能力現代化水平。要根據不同地區、不同民族實際，以公平公正為原則，突出區域化和精準性，更多針對特定地區、特殊問題、特別事項制定實施差別化區域支持政策。要依法保障各族群眾合法權益，依法妥善處理涉民族因素的

案事件，依法打擊各類違法犯罪行為，做到法律面前人人平等。

要堅決防範民族領域重大風險隱患。要守住意識形態陣地，積極穩妥處理涉民族因素的意識形態問題，持續肅清民族分裂、宗教極端思想流毒。要加強國際反恐合作，做好重點國家和地區、國際組織、海外少數民族華僑華人群體等的工作。

加強和完善黨的全面領導，是做好新時代黨的民族工作的根本政治保證。各級黨委要增強「四個意識」、堅定「四個自信」、做到「兩個維護」，不斷提高政治判斷力、政治領悟力、政治執行力，牢記「國之大者」，認真履行主體責任，把黨的領導貫穿民族工作全過程，形成黨委統一領導、政府依法管理、統戰部門牽頭協調、民族工作部門履職盡責、各部門通力合作、全社會共同參與的新時代黨的民族工作格局。要加強基層民族工作機構建設和民族工作力量，確保基層民族工作有效運轉。要堅持新時代好幹部標準，努力建設一支維護黨的集中統一領導態度特別堅決、明辨大是大非立場特別清醒、鑄牢中華民族共同體意識行動特別堅定、熱愛各族群眾感情特別真摯的民族地區幹部隊伍，確保各級領導權掌握在忠誠乾淨擔當的幹部手中。要更加重視、關心、愛護在條件艱苦地區工作的一線幹部，吸引更多優秀人才。要重視培養和用好少數民族幹部，對政治過硬、敢於擔當的優秀少數民族幹部要充分信任、委以重任。要加強民族地區基層政權建設，夯實基層基礎，確保黨的民族理論和民族政策到基層有人懂、民族工作在基層有人抓。

堅持和完善人民代表大會制度，
不斷發展全過程人民民主 *

（二〇二一年十月十三日）

　　人民代表大會制度是符合我國國情和實際、體現社會主義國家性質、保證人民當家作主、保障實現中華民族偉大復興的好制度，是我們黨領導人民在人類政治制度史上的偉大創造，是在我國政治發展史乃至世界政治發展史上具有重大意義的全新政治制度。我們要堅持中國特色社會主義政治發展道路，堅持和完善人民代表大會制度，加強和改進新時代人大工作，不斷發展全過程人民民主，鞏固和發展生動活潑、安定團結的政治局面。

　　人民代表大會制度，堅持中國共產黨領導，堅持馬克思主義國家學說的基本原則，適應人民民主專政的國體，有效保證國家沿着社會主義道路前進。人民代表大會制度，堅持國家一切權力屬於人民，最大限度保障人民當家作主，把黨的領導、人民當家作主、依法治國有機結合起來，有效保證國家治理跳出治亂興衰的歷史週期率。六十多年來特別是改革開放四十多年來，人民代表大會制度為黨領導人民創造經濟快速發展奇蹟和社會長期穩定奇蹟提供了重要

---

* 這是習近平同志在中央人大工作會議上講話的要點。

制度保障。

　　黨的十八大以來，黨中央統籌中華民族偉大復興戰略全局和世界百年未有之大變局，從堅持和完善黨的領導、鞏固中國特色社會主義制度的戰略全局出發，繼續推進人民代表大會制度理論和實踐創新，提出一系列新理念新思想新要求，強調必須堅持中國共產黨領導，必須堅持用制度體系保障人民當家作主，必須堅持全面依法治國，必須堅持民主集中制，必須堅持中國特色社會主義政治發展道路，必須堅持推進國家治理體系和治理能力現代化。

　　當今世界正經歷百年未有之大變局，制度競爭是綜合國力競爭的重要方面，制度優勢是一個國家贏得戰略主動的重要優勢。歷史和現實都表明，制度穩則國家穩，制度強則國家強。我們要毫不動搖堅持、與時俱進完善人民代表大會制度，加強和改進新時代人大工作。

　　要全面貫徹實施憲法，維護憲法權威和尊嚴。全國人大及其常委會要完善憲法相關法律制度，保證憲法確立的制度、原則、規則得到全面實施，要加強對憲法法律實施情況的監督檢查。地方各級人大及其常委會要依法行使職權，保證憲法法律在本行政區域內得到遵守和執行，自覺維護國家法治統一。

　　要加快完善中國特色社會主義法律體系，以良法促進發展、保障善治。要加強黨對立法工作的集中統一領導，把改革發展決策同立法決策更好結合起來，統籌推進國內法治和涉外法治，統籌立改廢釋纂，加強重點領域、新興領域、涉外領域立法。要發揮好人大

及其常委會在立法工作中的主導作用，深入推進科學立法、民主立法、依法立法。

要用好憲法賦予人大的監督權，實行正確監督、有效監督、依法監督。各級人大及其常委會要聚焦黨中央重大決策部署，聚焦人民群眾所思所盼所願，推動解決制約經濟社會發展的突出矛盾和問題。要加強對法律法規實施情況的監督，完善人大監督制度。各級「一府一委兩院」要嚴格執行人大及其常委會制定的法律法規和作出的決議決定，依法報告工作，自覺接受人大監督。

要充分發揮人大代表作用，做到民有所呼、我有所應。要豐富人大代表聯繫人民群眾的內容和形式，更好接地氣、察民情、聚民智、惠民生。各級人大常委會要加強代表工作能力建設，支持和保障代表更好依法履職。人大代表肩負人民賦予的光榮職責，要站穩政治立場，履行政治責任，密切同人民群眾的聯繫，展現新時代人大代表的風采。

要強化政治機關意識，加強人大自身建設。各級人大及其常委會要不斷提高政治判斷力、政治領悟力、政治執行力，全面加強自身建設，成為自覺堅持中國共產黨領導的政治機關、保證人民當家作主的國家權力機關、全面擔負憲法法律賦予的各項職責的工作機關、始終同人民群眾保持密切聯繫的代表機關。

要加強黨對人大工作的全面領導。各級黨委要把人大工作擺在重要位置，完善黨領導人大工作的制度，定期聽取人大常委會黨組工作匯報，研究解決人大工作中的重大問題。要支持人大及其常委

會依法行使職權、開展工作，指導和督促「一府一委兩院」自覺接受人大監督。各級人大常委會黨組要認真執行黨的領導各項制度，落實好全面從嚴治黨主體責任。

民主是全人類的共同價值，是中國共產黨和中國人民始終不渝堅持的重要理念。評價一個國家政治制度是不是民主的、有效的，主要看國家領導層能否依法有序更替，全體人民能否依法管理國家事務和社會事務、管理經濟和文化事業，人民群眾能否暢通表達利益要求，社會各方面能否有效參與國家政治生活，國家決策能否實現科學化、民主化，各方面人才能否通過公平競爭進入國家領導和管理體系，執政黨能否依照憲法法律規定實現對國家事務的領導，權力運用能否得到有效制約和監督。

民主不是裝飾品，不是用來做擺設的，而是要用來解決人民需要解決的問題的。一個國家民主不民主，關鍵在於是不是真正做到了人民當家作主，要看人民有沒有投票權，更要看人民有沒有廣泛參與權；要看人民在選舉過程中得到了什麼口頭許諾，更要看選舉後這些承諾實現了多少；要看制度和法律規定了什麼樣的政治程序和政治規則，更要看這些制度和法律是不是真正得到了執行；要看權力運行規則和程序是否民主，更要看權力是否真正受到人民監督和制約。如果人民只有在投票時被喚醒、投票後就進入休眠期，只有競選時聆聽天花亂墜的口號、競選後就毫無發言權，只有拉票時受寵、選舉後就被冷落，這樣的民主不是真正的民主。

民主是各國人民的權利，而不是少數國家的專利。一個國家是

不是民主，應該由這個國家的人民來評判，而不應該由外部少數人指手畫腳來評判。國際社會哪個國家是不是民主的，應該由國際社會共同來評判，而不應該由自以為是的少數國家來評判。實現民主有多種方式，不可能千篇一律。用單一的標尺衡量世界豐富多彩的政治制度，用單調的眼光審視人類五彩繽紛的政治文明，本身就是不民主的。

黨的十八大以來，我們深化對民主政治發展規律的認識，提出全過程人民民主的重大理念。我國全過程人民民主不僅有完整的制度程序，而且有完整的參與實踐。我國全過程人民民主實現了過程民主和成果民主、程序民主和實質民主、直接民主和間接民主、人民民主和國家意志相統一，是全鏈條、全方位、全覆蓋的民主，是最廣泛、最真實、最管用的社會主義民主。我們要繼續推進全過程人民民主建設，把人民當家作主具體地、現實地體現到黨治國理政的政策措施上來，具體地、現實地體現到黨和國家機關各個方面各個層級工作上來，具體地、現實地體現到實現人民對美好生活嚮往的工作上來。

人民代表大會制度是實現我國全過程人民民主的重要制度載體。要在黨的領導下，不斷擴大人民有序政治參與，加強人權法治保障，保證人民依法享有廣泛權利和自由。要保證人民依法行使選舉權利，民主選舉產生人大代表，保證人民的知情權、參與權、表達權、監督權落實到人大工作各方面各環節全過程，確保黨和國家在決策、執行、監督落實各個環節都能聽到來自人民的聲音。要完

善人大的民主民意表達平台和載體，健全吸納民意、匯集民智的工作機制，推進人大協商、立法協商，把各方面社情民意統一於最廣大人民根本利益之中。

責任編輯	阿　江
書籍設計	吳冠曼
書籍排版	何秋雲

書　　名	論堅持人民當家作主
著　　者	習近平
出　　版	三聯書店（香港）有限公司 香港北角英皇道 499 號北角工業大廈 20 樓
香港發行	香港聯合書刊物流有限公司 香港新界荃灣德士古道 220-248 號 16 樓
印　　刷	中華商務彩色印刷有限公司 香港新界大埔汀麗路 36 號中華商務印刷大廈 14 樓
版　　次	2022 年 7 月香港第一版第一次印刷
規　　格	16 開（170 mm × 240 mm）328 面
國際書號	ISBN 978-962-04-4973-4（平裝） ISBN 978-962-04-5067-9（精裝）

© 2022 三聯書店（香港）有限公司

Published in Hong Kong